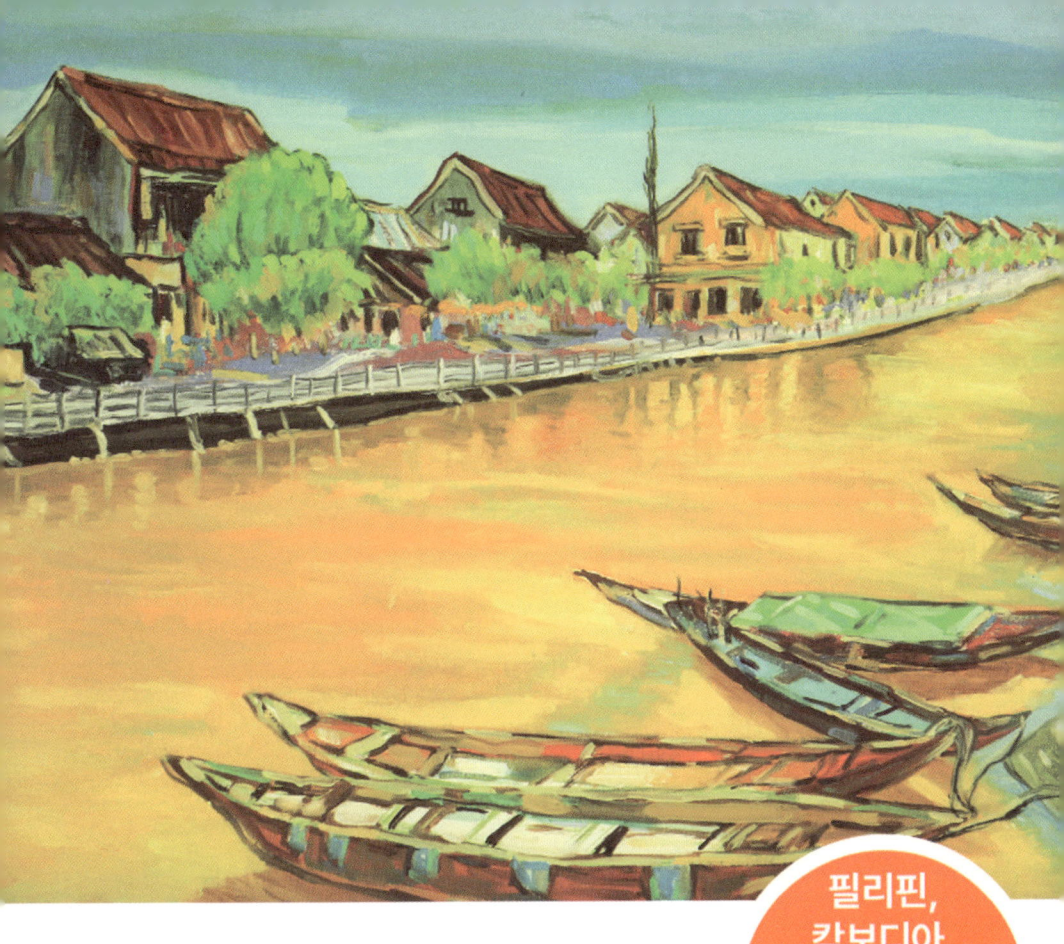

황금빛 풍경들

필리핀,
캄보디아,
말레이시아,
라오스,
싱가포르

황금빛 동남아

필리핀, 캄보디아, 인도네시아,
말레이시아, 라오스, 싱가포르

첫판 1쇄 펴낸 날 2025년 1월 10일

글·그림 · 이국현
펴 낸 이 · 유정숙
펴 낸 곳 · 도서출판 등
기   획 · 유인숙
관   리 · 류권호
편   집 · 김은미, 김현숙

ⓒ 이국현 2025

주   소 · 서울시 노원구 덕릉로 127길 10-18
전   화 · 02.3391.7733
홈페이지 · dngbooks.co.kr
이메일 · socs25@naver.com

정 가 · 19,500원

• 이 책은 저작권법에 따라 보호받는 저작물이므로 무단 전재와 무단 복제를 금합니다.
• 이 책의 전부 또는 일부를 이용하려면 저자와 도서출판 〈등에 동의를 받아야 합니다.
• 이 책에 쓰인 사진은 정해진 절차에 따라 저작권자(이국현)의 동의를 받아 사용하였습니다.

황금빛 풍경들

글 · 그림 이국현

차례

머리글

Ⅰ. 생애 세 번째 해외여행 필리핀

20 계획에 없었던 의탁 여행의 시작
21 수동식 필름 카메라를 분실하다
25 바탕카스에서의 바캉스
30 섬 안의 섬 그리고 그 섬 안에 있는 따알 화산으로

Ⅱ. 내 삶의 교훈 캄보디아

44 아픔으로 떠났던 씨엠리업(Siem Reap) 추억의 단상
47 성실함과 책임감이란 이런 것, 씨엠리업의 뚝뚝이 기사
51 호수 근처에서 만난 마을 아이들
53 추억을 찾아 다시 떠난 여행
55 안타까움이 밀려온 앙코르 왕도(王都)
56 삶이라는 일터의 아이들과 이데올로기의 희생자들
58 이념과 권력은 위정자의 전유물인가 묻고 싶은 현장
62 사암의 변색이 매력적이며 가족애라는 그림이 펼쳐진 사원
67 자연을 이길 수 없음을 깨닫게 하는 거대한 용수(溶樹)
70 앙드레 말로(Angdre Malraux)가 사랑한 반띠아이 쓰레이(Banteay Srai)
74 교사의 자존심 톤레삽 호수(Tonle Sap Lake)

Ⅲ. 먹고 기도하고 사랑하라 인도네시아

86 『먹고, 기도하고, 사랑하라』를 읽고 신들의 나라 발리 우붓으로

90	발리의 라이프
94	길거리에서 만난 한국형 우붓 경찰
95	발리의 스파 마사지 Taksu Putri 그리고 Patte
97	여행은 사람과 사람을 잇는 다리
100	우붓에서 만난 사람 사는 세상
106	신들의 바다 발리의 향기
108	브두굴 가는 길
111	친절한 그녀, 다이안 리스타리 리스타리(Dian Restari Restari)

Ⅳ. 나의 첫 이주 탐사지 말레이시아

122	라오스로 가는 여정에 다시 찾은 페낭
124	사퍼 그리고 사퍼하우스
130	사퍼 아주머니의 삶을 느꼈던 소중한 시간
132	바투 페링기
135	페낭 힐(Penang Hill)로 가는 길
139	공항으로 향하는 버스에서 만난 한류
142	출국 심사에서 벌어진 황당한 일
144	다시 말레이시아 보르네오 구눙 물루(Gunung Mulu)로
148	아내를 웃게 한 탄중아루 비치의 추억
151	자연과 생명의 보고 물루(MULU)로
153	강인한 여인과의 만남
155	태고의 자연이 살아 숨 쉬고 있는 동굴로
158	멜리나(Melina) 강의 원시 부족
161	물루의 깊은 열대우림 속으로
163	자연과의 교감 그리고 깊이를 알 수 없는 깨달음
166	용의 승천에 마음을 빼앗긴 시간
171	물루 여행 중의 단상

174 물루에서 미리(MIRI)로
176 해마의 축복 석유의 도시 미리(MIRI)
178 탐험가의 자세로 미리를 탐험하다
182 코파 카바나가 아닌 해변 그 이름은 코코 카바나
186 두려움의 람비르 힐스 국립공원(Rabmir Hills National Park)
193 고양이의 도시 쿠칭(Cuching)으로
195 고양이가 없는 고양이 도시 쿠칭 돌아보기
199 같은 듯 다른 매력의 쿠칭의 석양
201 여유와 낭만이라는 이름의 사라왁 강 주변의 풍경

V. 나의 삶을 찾아, 미소의 나라 라오스

214 명예퇴직 그리고 정신적 아픔 후 첫 해외여행
216 고요와 평화 그리고 불심과 여행의 심도가 교차한 비엔티엔
222 자연의 그림이란 이름으로 찾아온 방비엥으로
223 눈이라는 붓으로 그린 방비엥 첫 스케치
230 블루 라군으로 가는 길목에서 만난 나의 아버지
234 남송 강변에 울려 퍼진 독도 아리랑
236 서양인들의 못 말리는 자연 훼손
239 돈의 가치를 알아 버린 아이들
242 루앙프라방으로 가는 길, 곡예하는 미니버스
247 비어 라오의 심각한 매력
250 이런! 라오스에서도?
252 해탈의 길을 걷는 새벽 스님들의 탁발 행렬과 타락의 문화
256 한 폭의 수채화 쫌 펫(Chompet) Village
259 우리와 닮은 듯 다른 장례문화
262 학교를 만나면 자동으로 멈추는 발길
265 서양인들의 유별난 물 사랑 꽝시폭포

268	메콩강에서 욕심과 허상의 두건을 쓴 나를 바라보다
275	자연의 그러데이션
281	다시 라오스 남부로, 불만을 토해내는 아내
285	공항에서 찾아온 상념, 만족과 불만족의 차이는 종이 한 장
286	다양한 시행착오는 덤이었던 빡세(Pakse)로 가는 길
291	순박함과 정직함으로 다가온 빡세(Pakse)
296	빡세의 매력은 삶의 현장에 스며있었다
301	천 개의 섬, 천 개의 마음, 천 개의 삶을 찾아
307	여행에서 자전거는 더없이 좋은 교통수단
311	거센 물이 흐르는 바위에서 곡예 하는 어부
315	나의 고향, 나의 작은 학교
320	자연이라는 이름의 아이들
322	오토바이로 바람을 가른 곳은 볼라벤고원
324	자만심이라는 옷을 입고 하게 된 고생
326	유년시절을 떠올리게 한 과일 집 모녀

Ⅵ. 세기의 회담 싱가포르

338	코비드 19 펜데믹의 끝이 보이다
340	짊어진 배낭보다 무거운, 습하고 더운 날씨
341	향(香)의 향연 리틀 인디아
346	싱가포르 유일의 미개발지 플로우 우빈 섬으로
347	미 개발 자연과 호흡한 여행다움의 시간
353	세기의 담판이 이루어졌던 센토사 섬
358	압도적인 야경과 추억의 도시국가 싱가포르
362	딸아이와의 추억이 소환된 시간, 멀라이언 파크
366	노인들의 여유로움이 부러운 차이나타운
368	주거지 탐방의 잔잔한 즐거움

머리글

내게 안주하지 못한다는 건 오래 전부터 익숙한 일이다. 초등학교 5학년 어린 나이에 제 몸보다도 큰 자전거를 타고 왕복 80km가 넘는 길을 떠났었고 중학 시절에는 자전거 하이킹을 한다고 몇 명의 친구를 모집해 공주, 논산, 부여를 돌아왔으며, 이루지는 못했지만 고교 시절에는 금강을 뗏목으로 탐사한다며 뗏목까지 만들었으니 말이다.

평범한 일상으로 본다면 그런 성정은 불행일 수 있다. 더욱이 한 가장으로써 가족에게는 무책임한 일을 저지르는 것이다.

많은 사람은 다복한 가정에서 부모 형제들과 정을 나누며 어린 성장기를 거치고 성인이 되서는 평범하게 가정을 꾸미며 자녀를 낳고 기르는 삶에서 소박한 행복을 담으며 살아간다. 바꿔 말하면 나는 굴곡이 좀 있었다는 이야기다. 외로웠던 어린 시절과 평범하지 않은 삶 속에서 어쩌면 안주하지 않음이 자연스럽게 스며든 게 아

닌가 싶다. 그러나 그런 삶의 과정을 이유로 떠도는 삶을 합리화하고 싶은 생각은 추호도 없다. 떠돈다는 건 어쩌면 내 삶의 여정에서 필연일 수도 있으리라. 그것이 비록 불행한 삶의 결과로 이어진다 해도 필연이니 어쩔 수 없는 일 아닌가.

깊은 파도를 헤치고 망망대해를 항해하듯 마음은 언제라도 떠남을 향하고 있다. 그렇게 떠난 길, 마치 버려진 애완견처럼 떠돌다 보면 때때로 찾아오는 추억에 눈물이 나기도 한다. 특히 가족이 함께했던 장소를 지나치거나 휴대폰에 저장한 가족사진을 보면 더욱더이다.

여행을 하면서 힘든 게 있다면 바로 그것이다. 아이의 목소리, 해맑은 눈동자가 떠오르고 두고 온 부정(父情)에 마음이 아파진다. 하지만 굳이 굳어진 생활방식을 바꾸고 싶지는 않다. 그것이 내 존재 가치를 높일 수 있으니 말이다. 그래서 지금도 그 길을 걷고 또 걷는 중이다. 그 중심에는 늘 나의 딸이 있으니, 무엇이 문제겠는

가. 그러니 타고난 기질대로 여행가로서 삶을 찾아 뚜벅뚜벅 거침없이 나아가련다.

지난 30여 년의 동남아 여정을 담았다. 20대 후반 유럽을 시작으로 많은 나라를 다녔지만 동남아는 특히 나의 여행 감성을 담기에 더없이 좋은 여행지였다. 가족, 지인과 함께일 때보다는 혼자 여행할 땐 특히 그랬다. 혼자 동남아 오지를 다니는 동안 가족에 대한 사랑, 지난 나의 삶, 현재의 위치 등 많은 생각이 함께했다. 그래서 여행기라기보다는 여행 자서전에 가깝다.

책을 낼 수 있도록 많은 지도와 도움을 주신 도서출판 등의 유정숙 대표님께 깊은 감사를 드리며 아울러 묵묵히 나의 기질을 참아내고 이해하려 애쓴 아내와 딸에게도 고마움을 전한다.

필리핀

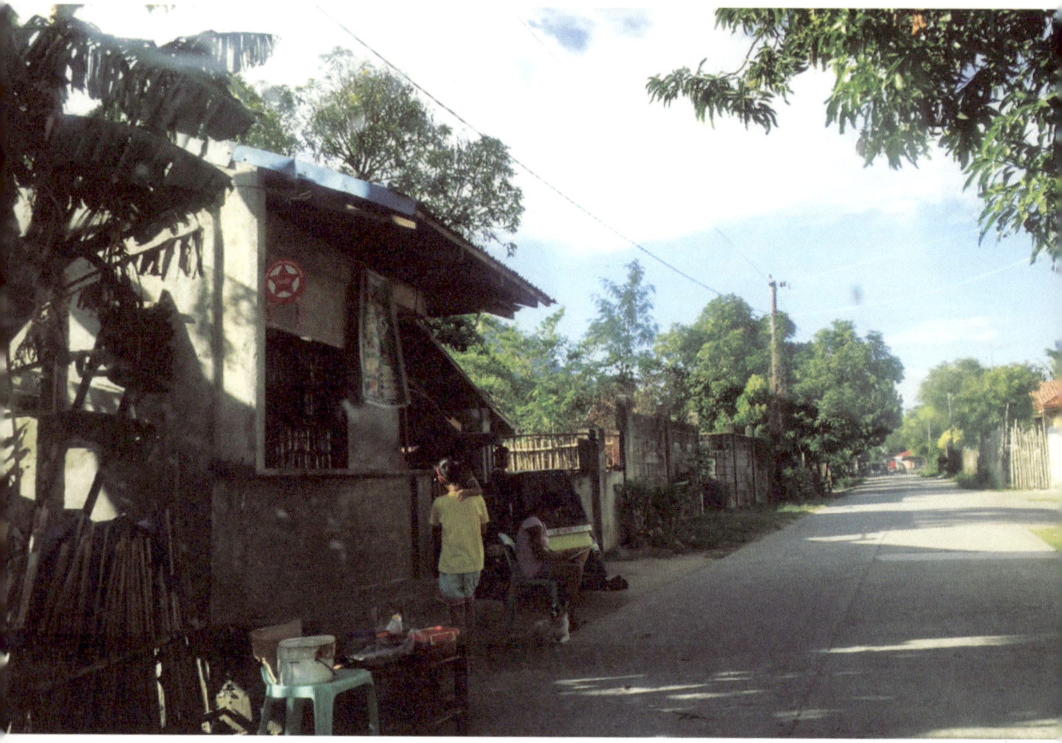

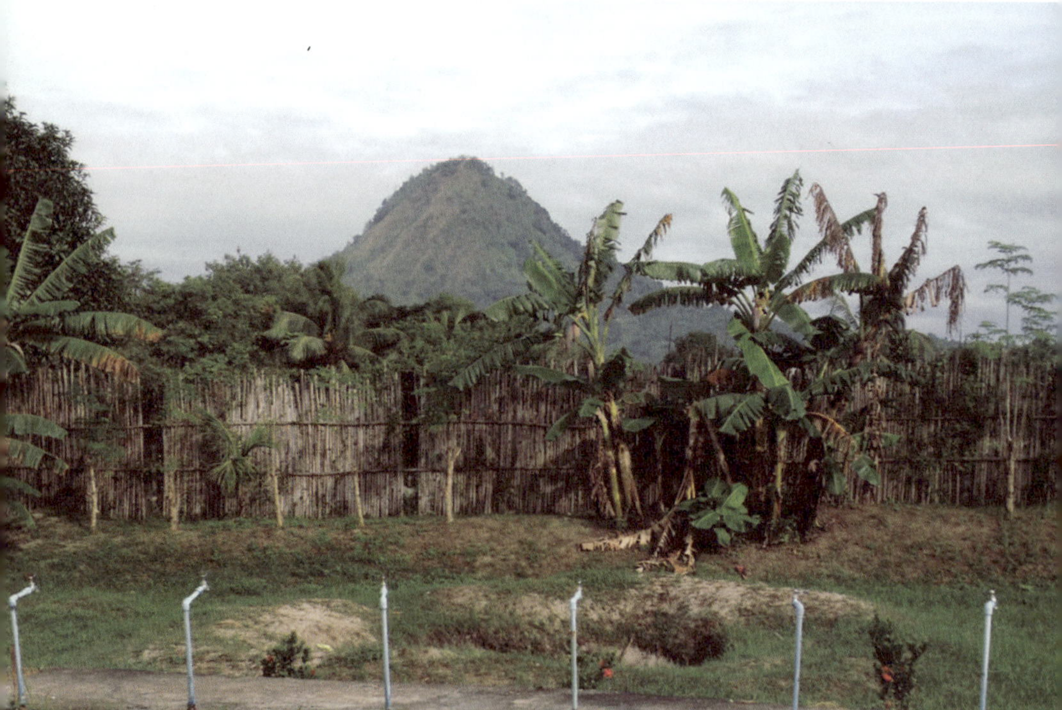

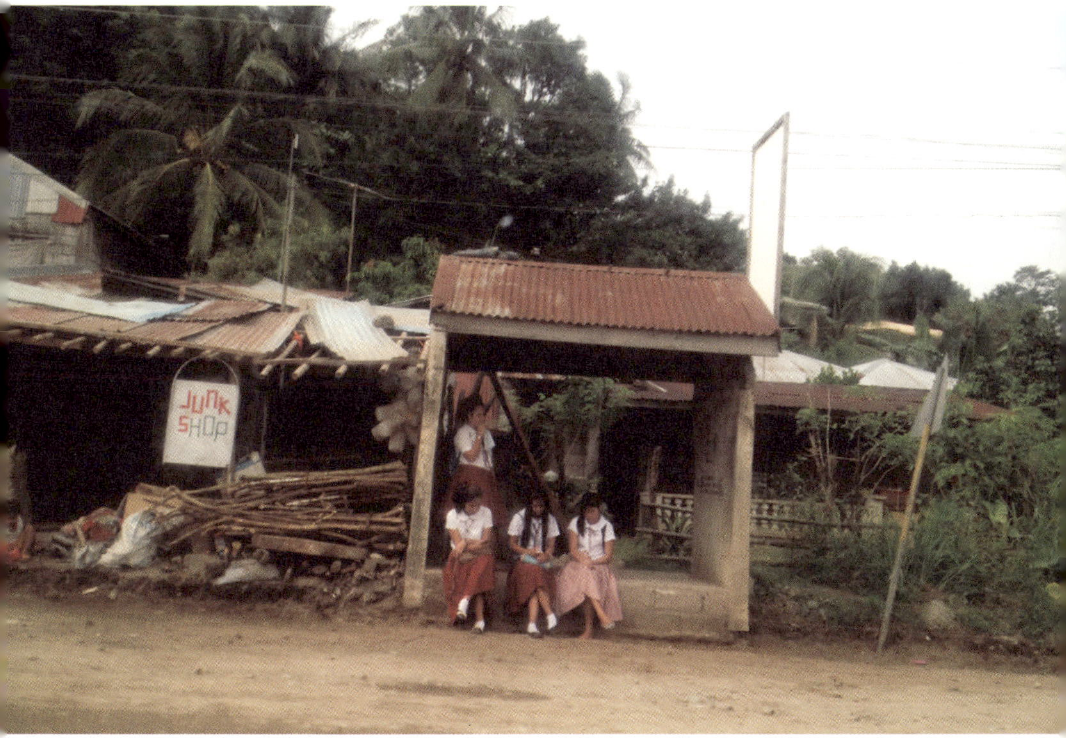
JUNK
SHOP

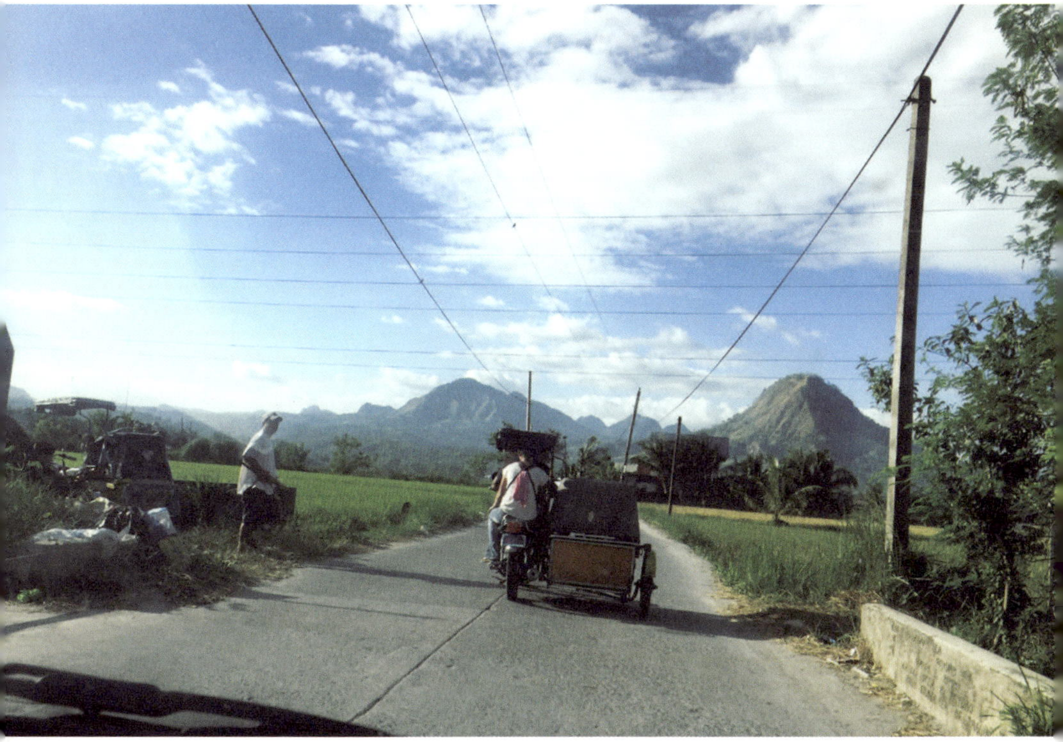

생애 세 번째 해외여행
필리핀

Ⅰ. 생애 세, 번째 해외여행
필리핀

계획에 없었던 의탁 여행의 시작

"여보세요?"

"잘 지내는가?"

"아 오랜만입니다. 어찌 지내시는지요?"

"그럭저럭 잘 지낸다네. 나 필리핀에 있다네. 시간 내서 한번 오지 그래?"

불혹의 나이 40에 들어설 무렵 어느 날 학창시절부터 성당 선후배 사이로 지냈던 지인으로부터 전화가 왔다.

나의 필리핀으로의 첫 여행은 그렇게 시작됐다. 1998년 겨울 필리핀으로의 여행은 1993년 유럽으로 첫 배낭여행을 다녀온 이후 세 번째 해외여행이면서 동남아 여행의 첫 시작이기도 했다.

필리핀 마닐라 공항에 도착했을 때 처음 접한 분위기로 마음이 어수

선했고 머리는 띵했다. 후덥지근한 공기와 북적이는 사람들 검정 바지에 푸른 제복을 입고 권총을 찬 공항 직원들의 모습이 그랬다. 입국 심사부터 긴장감에 맥박은 빨라졌고 가슴은 쿵쾅거렸다. 한편으로는 겨울임에도 불구하고 후덥지근한 날씨가 신기하기도 했다. 입국 심사를 마치고 짐을 찾아 공항 청사를 빠져나왔다. 과정은 복잡했고 쉽지 않았다. 긴장감 때문이다. 공항을 나오니 멀리 지인이 밖에서 날 기다리고 있었다.

공항을 빠져나와 지인이 머무르는 집으로 향했다. 차창 밖으로 보이는 마닐라 시내는 생각보다 복잡했고 현대적인 도시였고 도시는 온통 반짝이는 스테인리스에 원색으로 치장한 트럭들이 물결을 이뤘다. 지인은 나에게 서민들의 대중교통인 지프니라고 일러줬다. 그 모습은 열대의 뜨거움보다 더욱 강렬했다. 다양한 색과 그림으로 치장한 트럭 내부는 사람들로 빼곡했고 심지어 매달려 있기까지 했다. 그런가 하면 차의 꽁무니에서는 시커먼 매연이 연신 뿜어져 나왔다. 그 같은 수많은 지프니의 풍경은 신기함을 넘어 충격으로 다가왔다. 나의 무의식 사고에 자리한 저개발 국가의 초라한 모습은 고층빌딩이 즐비한 마닐라 시내 광경을 보며 여지없이 무너졌다.

수동식 필름 카메라를 분실하다

마닐라 근교의 전원 숲 깊숙한 곳에 자리한 빌리지는 나의 편견을 또

한 번 깨부쉈다. 지인의 또 다른 지인이 세를 들어 살고 있는 빌리지 내의 주택은 건평 200여 평의 2층 주택이었고 대지는 대략 1,000여 평은 족히 넘어 보였다. 너른 주방과 거실 그리고 6개의 방에 화려한 욕조가 갖추어진 화장실이 3개나 있는 그야말로 대주택이었다. 그런데 이곳 빌리지에서는 소박한 편이라 한다. 외국인들이 주로 사는 빌리지 입구에서는 무장한 경비가 철저히 통제하고 있었고 차량 번호와 드나드는 사람들의 용모도 꼼꼼하게 확인했다. 보안 면에서도 그 부유함이 느껴졌다.

저택에 거주하는 부부의 삶도 궁금했다. 타고난 촌놈인 난 저택은 서울에나 있는 것으로 알고 있었다. 지인도 이들에게 기대어 사는 그 사정 또한 매우 궁금했다. 지방 도시의 작은 아파트에서 살고 있는 난 이들의 삶이 그저 부러웠다.

"피곤할텐데 짐 풀고 푹 쉬어."

처음 보는 손님에게 그것도 자기의 집에 얹혀사는 사람의 지인에게 선뜻 방 한 칸을 내주며 음료와 과일까지 내준 집 주인의 호의에 고마움을 느끼며 짐을 풀었다. 그런데 나의 보물 1호인 수동식 필름 카메라(SRL)가 없었다. 챙겨온 짐을 다 풀어 헤치고 몇 번을 찾아도 카메라는 보이지 않았다. 나중에 안 사실이었다. 트렁크에 안전장치 즉 자물쇠로 채우지 않으면 고가의 물건들은 공항에서 잃어버리는 경우가 다반사라고. 그러한 행위의 주인공은 거의 공항 직원이란다.

당시 교사인 나의 한 달 월급(30만 원)에 해당하는 고가의 카메라 그것도 아끼고 아꼈던 카메라의 분실은 마음을 무척 쓰라리게 했다. 보통의 상식을 가진 나였다. 그래서 보통의 상식을 뛰어넘을 어떤 일들에 대비했어야 했는데 그렇지 못한 것은 나의 불찰이었다.

"형님 4B연필과 작은 드로잉북 한 권만 구해주시죠."

카메라가 없으니 그 느낌을 연필 스케치로나마 대신할 생각이었다.

다음날 마닐라 시내를 돌아봤다. 매연이 코안에 묵직하게 밀려드는 복잡하고 어지러운 도심과 고층 빌딩 숲을 뚫고 열대 수목이 웅장한 마닐라 대성당에 도착했다. 대성당에서는 때마침 결혼식이 열리고 있었는데 젊은 부부를 축하하기 위한 하객들이 성당을 가득 메웠다. 다소 자유분방하게 느껴지는 혼인성사를 지켜보면서 나도 그들의 앞날에 축복을

보냈다. 언어는 달라도 미사를 진행하는 방식은 같았으니 낯선 듯 익숙함도 있었다.

마닐라 대성당의 역사와 건축양식을 담아내고 필리핀 사람들의 종교의식까지 경험하고 나니 카메라 분실이라는 그 불쾌함은 아름드리나무 사이로 불어오는 바람과 함께 사라졌다. 대신해서 살아가는 일상의 유사성에 친근함이 밀려왔다. 태평양을 바라보며 서 있는 대포들과 나무 그늘에 앉아 여유롭고 애정어린 낭만을 즐기는 젊은 연인들 그리고 마차에 관광객을 싣고 말을 이끄는 마부의 표정에서 평화가 느껴졌고 이들의 모습을 담아내기 여념없는 여행자까지 마닐라 시내의 한 장소에서 한가한 일상이 펼쳐졌다.

점심을 먹기 위해 시내의 한 식당을 찾았다. 식당은 물론이려니와 상점 곳곳에서도 무장한 경찰관이 제복을 입고 허리에는 권총을 차고 있거나 심지어는 작은 기관총까지 들고 삼엄한 경비를 서고 있었다. 무슨 테러라도 발생했나 싶었다. 드나드는 손님들을 살펴보는 그들의 무표정한 모습에서 공포를 느끼지 않을 수 없었다. 경직된 표정으로 긴장하는 나에게 지인은 등을 툭툭 치며 웃으면서 말을 건넸다.

"사설 경비원이야. 필리핀은 법적으로 무기 소유를 허용하는 나라이기 때문에 가끔 무장 강도 사건이 발생하고는 해. 그래서 어지간한 식당이나 점포 등에는 저렇게 사설 경비원이 서 있는 거야."

경찰관이 아니라 사설 경비원이라는 말에 또 놀랐다. 우리로는 상상할 수 없는 일. '법적으로 무기 소유를 허용하는 나라는 미국이 아니었어? 필리핀이라는 나라가 이렇게 무서운 나라인가?' 하는 의문이 꼬리를 물었다.

점심을 먹는 동안 마음이 편하지 않았다. 그러한 나의 마음을 눈치챈 지인은 겁낼 것 없다고 안심시켰다. 사람을 죽이는 일은 일상에서 일어날 확률이 극히 희박하며 대개는 마닐라 외곽의 빈민가나 특별히 원한 관계가 있는 부유한 사람들을 대상으로 일어나는 일이라며.

바탕카스에서의 바캉스

"오늘은 바탕카스라는 곳에 가 볼 거야?"

바탕카스 이름도 생소했다. 필리핀이라는 나라를 처음 여행하는데다 지명도 한국어가 아니니 당연했다. 어쨌든 오롯이 지인에 기대 여행하는 입장에서 그곳이 어디라도 감사한 마음으로 따라나설 수밖에 없었다. 미안함과 고마움을 반반씩 담아 길을 나섰다.

자가용에 기사가 딸린 승용차에 올랐다. 영어를 구사하는 기사와 선배의 모습에서 자연스럽게 주눅이 들었다. 영어라고는 'Hello! Good Morning!' 이 전부인 나의 빈곤한 영어 구사 능력으로 주눅은 당연했다. 게다가 여행경비를 위해 가던 길 중간 은행에 들러 빳빳한 돈뭉치를 찾아 나오는 선배의 모습을 보니 더욱 그랬다. 이럴 때는 그저 모른 척 상황에 몸을 맡기고 창 밖의 이국적 풍경에 빠져드는 것이 상책이었다.

필리핀 바탕카스 해변

　두 시간 정도 달려 바닷가에 도착했다. 열대림이 우거진 탁 트인 바다가 보이는 곳이었다. 바탕카스라는 지인의 말이 이어졌다. 작은 보트가 기다리고 있었고 선배와 난 보트에 올랐다. 선배는 보트를 방카라고 부른다고 알려줬다. 길이는 10m 폭은 3m 정도의 작은 보트였다. 특이한 점은 배의 양옆에 긴 장대를 매단 것이었다. 배의 폭이 좁기에 배가 한 방향으로 기우는 것을 방지하는 역할을 하는 것으로 추측했고 그 장대를 왜 매달았는지 궁금해서 묻고 싶었다. 하지만 묻지 않았다. 몸만 다니는 입장에서 귀찮게 하는 것 같아 나의 호기심은 물리적 역할을 추정하는 것으로 대신했다.

필리핀이라는 나라는 처음 접한 데다 해외여행은 이제 겨우 세 번째이니 나의 호기심의 크기는 클 수밖에 없었다. 궁금한 것이 한두 개가 아니었는데도 나의 의지를 통한 질문은 수시로 접고는 했다.

바다로 향하는 뱃머리 건너 크고 작은 섬이 보였고 그 섬을 담은 바다의 색은 황홀하기 그지없었다. 어쩌면 이렇게도 바다색이 예쁘고 투명할 수 있는지 이토록 아름다운 바다를 처음 접한 나의 시각은 이색의 열대 바다가 주는 환상적 광경에 감각의 촉수를 모을 수밖에 없었다.

배가 스쳐 지나는 외딴섬 바닷가에 한 쌍의 남녀가 눈에 들어왔다. 그들은 선글라스를 착용한 채 비키니와 수영복을 입고 야자나무 그늘에서 낭만을 즐기고 있었다. 바다라는 자연에 파고든 연인은 인생을 즐길 줄 안다는 생각도 들었다. 부러웠다. 저들의 근사한 낭만적 분위기는 내 맘 깊숙이 감추어진 부러움을 꺼냈다. 저들이 즐기는 방식의 낭만적 시간을 한 번도 경험하지 못했기에 그랬다.

약 삼십 분 만에 이름을 알 수 없는 작은 섬에 도착했다. 하얀 고운 모래와 에메랄드 바다로 둘러싸여 있는 섬이었다. 작은 그늘에서 열대 바다의 아름다움을 마음껏 만끽하는 동안 배를 몰았던 사람은 불을 피우고 생선을 굽는 등 음식 준비를 했다. 연기와 어우러진 생선 내음이 침샘을 강하게 자극했고 새콤한 과일즙을 뿌린 생선은 처음 접한 맛이었다. 그 새로운 맛만큼이나 우리와 전혀 다른 모습의 바캉스 이국의 맑은 바다와 열대과일 자연에서 즐기는 음식 등 지금까지 경험하지 못한 신세계는 낭만을 모르고 살았던 나의 삶에 신선한 자극을 줬다.

섬 안의 섬 그리고
그 섬 안에 있는 따알 화산으로

"멀리서 왔는데 필리핀 이곳저곳 많이 돌아다니고 싶지만 내가 시간이 많지 않네. 오늘도 마닐라에서 멀지 않은 곳을 갈 거야. 화산인데 풍광이 제법 볼만할 거야."

따알 화산으로 갈 거였다.

이른 아침 빌리지로 승합차 한 대가 도착했다. 깡마른 체구에 하얀 제복을 입은 청년은 우리를 바라보고 환하게 웃으며 손을 흔들었다.

"세 시간 정도로 그리 멀지 않은 거리니까 부담이 없을 거야. 따알 화산은 따알 호수 안에 있는 작은 화산으로 지금도 활동하는 화산이지. 따알 호수도 화산의 분화로 생긴 호수니까 화산 속 또 다른 화산이라 할 수 있는데 경치가 제법 좋아."

얼마나 지났을까, 자동차는 어느 언덕 앞에 멈춰 섰다.

"내려 이곳에서 멀리 따알 호수의 경치가 한눈에 보이는 전망대로 올라갈 거야. 저기 있는 지프니를 타면 돼."

처음 접한 형태의 대중교통에다 갖가지 원색과 반짝이는 텅스텐으로 개조한 지프니에 대한 궁금증은 당연했다. 마닐라 시내에서 굉음과 함께 검은 연기를 뿜으며 거리를 누비던 지프니를 드디어 타게 된 것이다. 줄지어 서 있는 관광객을 태우고 가파른 구불길을 오르내리는 지프니의 행

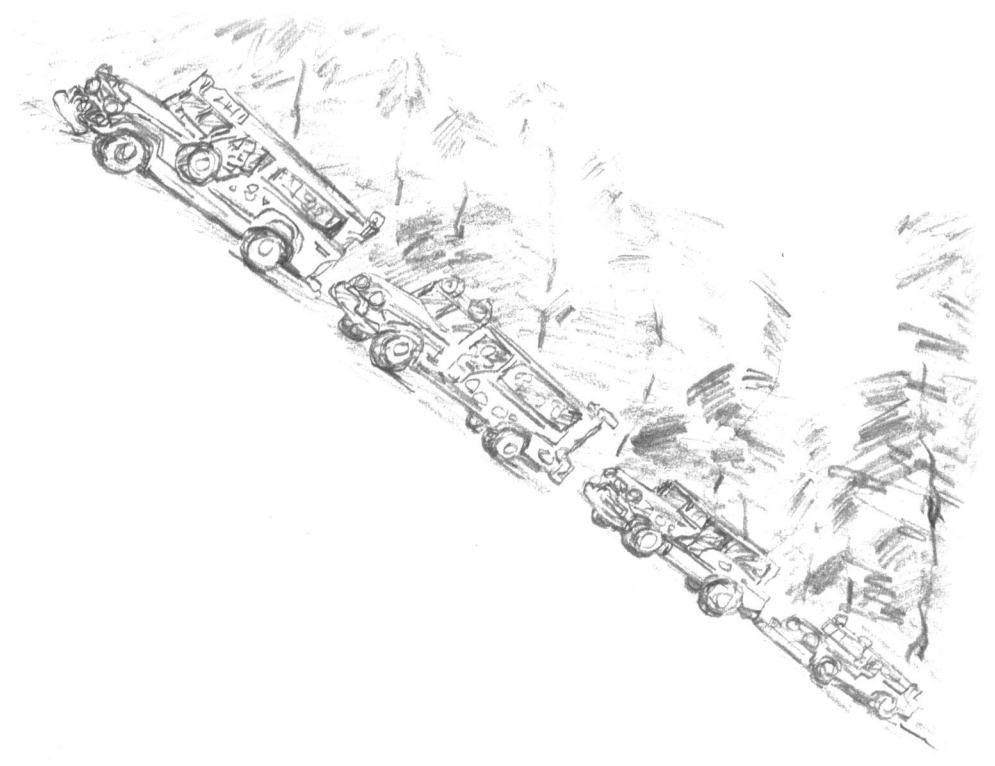

렬은 마치 나무를 기어다니는 애벌레 같기도 했다.

탁 트이고 시원한 조망이 눈앞에 펼쳐졌다. 뜨겁고 습한 공기는 안개처럼 사라지고 제법 선선하고 건조한 바람이 불어왔다. 마닐라 시내와는 비교할 수 없는 맑고 상쾌한 날씨였다. 시커먼 매연으로 쌓였던 코가 깨끗이 정화되는 듯했다. 눈앞에 광활하게 펼쳐진 따알 호수 안에 자리한 따알 화산은 그 규모가 작지 않음에도 불구하고 앙증맞은 느낌을 주었다. 따알 호수가 그만큼 크다는 증거였다.

언덕 아래 펼쳐진 자연의 풍광은 날 단숨에 압도했다. 호수에 반짝이는 햇살이 하늘과 쌍을 이루며 상하로 대칭의 자연 빛을 발했고 광활하고 청명하며 시원한 풍광의 파노라마는 어떤 말로도 표현이 부족할 지경이었다.

흉내 낼 수 없는 자연의 풍경에 재빨리 스케치를 해나갔다. 극히 일부분이나마 그 느낌을 담아내고 싶어서였다. 타인을 의식하는 천성적 수줍음으로 자세한 감정을 담아내지 못함이 아쉽기만 했다.

"이제 선착장에서 따알 호수를 건너 호수 안 따알 화산으로 들어갈 거야."

따알 화산을 가기 위해서는 배를 타야 했고 배를 타는 곳에 도착하니 많은 방카가 관광객들을 맞이했다.

칼데라 호수인 따알 호수의 짐작할 수 없을 정도의 크기가 느껴졌다. 멀리 따알 화산은 그 안에 다소곳한 모습의 실루엣으로 다가왔다.

배는 시원한 호수의 물살을 가르며 30분 만에 화산 아래에 도착했다. 화산의 분화구까지 오르는 방법은 말을 타고 오르는 방법과 도보로 오르는 방법이 있다고 한다. 배에서 내리자마자 마부들이 모여들었다. 말은 내가 생각한 것보다 그렇게 크지 않았다. 과연 사람의 몸무게를 지탱할 수 있을까, 하는 안타까움과 걱정이 앞섰다.

"충분해 저들도 말 한 마리에 온 가족의 생계를 지탱하는 것이고 또 이럴 때 색다른 경험도 해보는 거야."

나의 걱정을 눈치챈 선배가 씨익 웃으며 나의 등을 두드렸다.

화산재가 쌓여 검회색 먼지가 일어나는 화산 길을 마부는 슬리퍼를 신은 채 도보로 안내했고 말 위에 올라탄 관광객은 마스크를 쓴 채 몸을 흔들었다. 여러 감정이 교차했다. 왠지 모르게 불편한 마음이 든 한편 삶의 한 방편으로 인정해야 했지만, 우리의 삶과 다른 삶의 모습이 낯설고

당황스러웠다.

　내가 탄 말을 이끄는 마부는 앳돼 보이는 여성이었다. 엉덩이는 삐걱이고 등줄기는 땀으로 차올랐다. 더운 날씨에 고생하는 사람에 대한 미안함과 안쓰러움 때문이었다. 삶의 다른 모습을 겸허하게 받아들이는 것이 정말 필요했다. 우리의 옛 생활이 그랬듯.

　뽀얀 먼지가 얼굴을 두껍게 분칠할 무렵 따알 화산 분화구에 도착했다. 따알 호수의 선착장. 다시 말해 전망대에서 바라보던 따알 화산은 작고 아담했는데 오르고 보니 제법 웅장한 느낌이 들었다. 진 녹색의 칼데라 호수가 파란 하늘색을 화선지에 물이 스미듯 받아들여 더 깊고 오묘한 색을 뽐냈다.

　자연이 만든 색과 형태는 신비롭게 다가와 나의 마음을 흔들었다. 한국에서라면 볼 수도 느낄 수도 없는 자연의 경이로움이었다. 시야가 탁 트인 풍광은 마닐라에서 이곳으로 오는 내내 지인에게 오롯이 의지한 여

행에서 갖는 마음의 부담마저 연기처럼 사라지게 했다.

드로잉북과 연필을 꺼냈다. 그리고 궁색하게나마 사진으로 담을 수 없는 아쉬움을 대신해 빠른 스케치로 그 아쉬움을 채워갔다.

올랐던 길 뒤돌아 나와 말에서 내리니 엉덩이가 찌릿찌릿했다. 그 아픔은 마부 아가씨의 환한 미소가 말끔하게 치유해 줬고, 가족을 위해 최선을 다하는 그의 모습에 안쓰러움도 느꼈지만, 그의 표정은 더없이 당당했다. 나는 미소로 손을 흔들어 인사를 건넸다. 형식이 아닌 진심을 담은 인사를.

따알 호수를 다시 건너 선착장에서 그리 멀지 않은 곳에 이른 장소는 돼지 바비큐 장이었고 그곳에서는 작은 돼지 한 마리가 쇠꼬챙이에 꼬인 채 숯불 위에서 땀을 뻘뻘 흘리며 돌아가고 있었다.

새콤한 과일즙이 들어간 간장 소스에 잘 익은 돼지 껍질과 고기 한 점을 찍어 입에 밀어 넣었다. 입안에 들어선 고기 한 점은 혀의 예민한 촉수를 강하게 자극했다. 담백함과 바삭한 촉감은 '먹는 즐거움이 바로 이런 것이야'라고 말했다. 돼지고기 특유의 잡냄새도 없을뿐더러 어릴 때 많이 봤던 탱자와 그 모양이 비슷하게 생긴 새콤한 과일즙에 크기는 작지만, 우리의 청양고추보다 훨씬 더 매운 고추를 잘게 썰어 넣은 간장 소스는 돼지 바비큐의 풍미를 한층 높여 줬다. 부드럽고 매콤한 맛이 입안을 맴돌며 살짝 씹히는 쫀득함은 부드럽게 입안에 녹아들었다.

"탱자 비슷하게 생겼지? 깔라만씨라고 불리는 과일인데 많은 음식의 소스로 활용하고 음식에도 많이 뿌려 먹지."

깔라만씨는 레몬만큼이나 신맛이었지만 향은 그렇게 강하지 않았다. 그 새콤함에는 약간의 단맛도 포함돼 있어 간장에도 잘 어우러졌다.

"이 돼지고기는 레촌이라고 불러. 필리핀 사람들이 잔치에 빼놓지 않는 음식이지. 특히 바삭한 돼지 껍질은 이들이 제일 좋아하지."

씹을 때 그 바삭함이 매력적인 돼지 껍질은 바삭하고 고소하면서도 부드러운 것이 결코 돼지 껍질이라는 느낌이 들지 않았다.

음식은 그 나라의 문화를 대표하는 것 중의 하나다. 그 문화의 차이 중 하나가 음식이다 보니 더욱 색다를 수밖에 없었다. 레촌은 나에게 값진 문화적 경험을 선사했다.

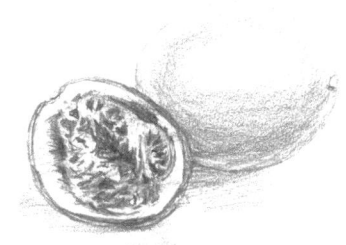

I. 생애 세 번째 해외여행 필리핀　35

캄보디아

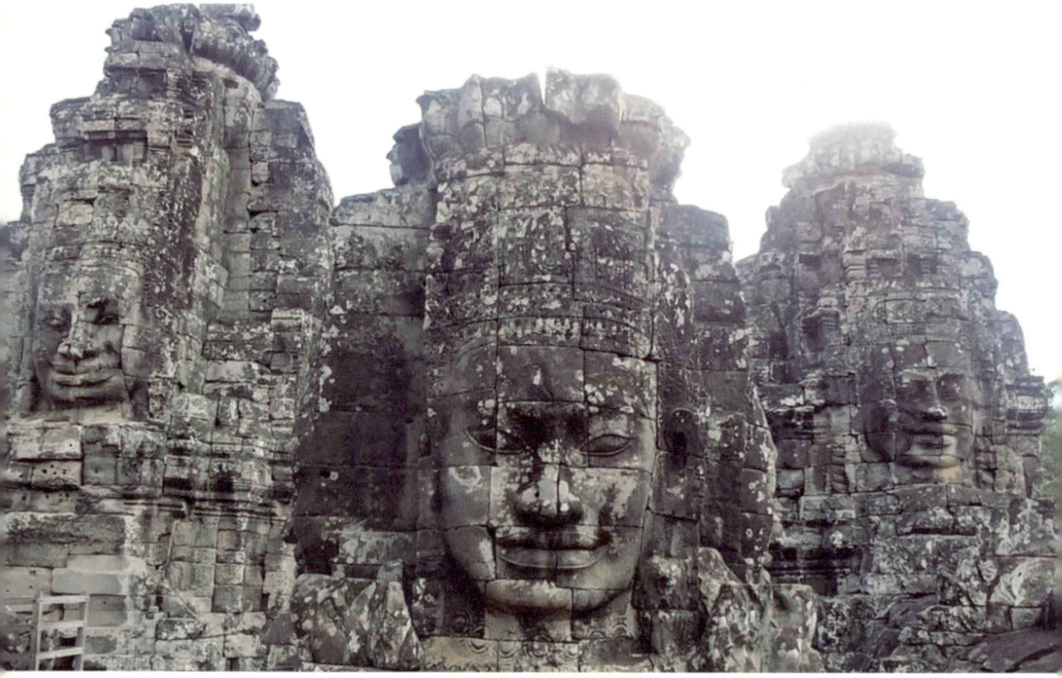

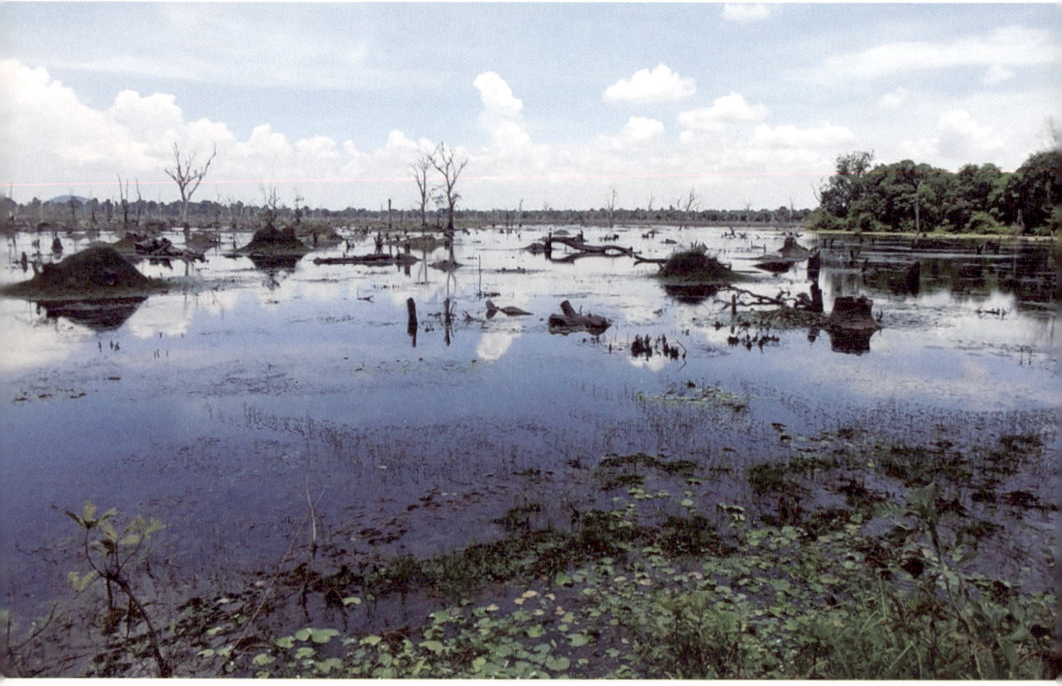

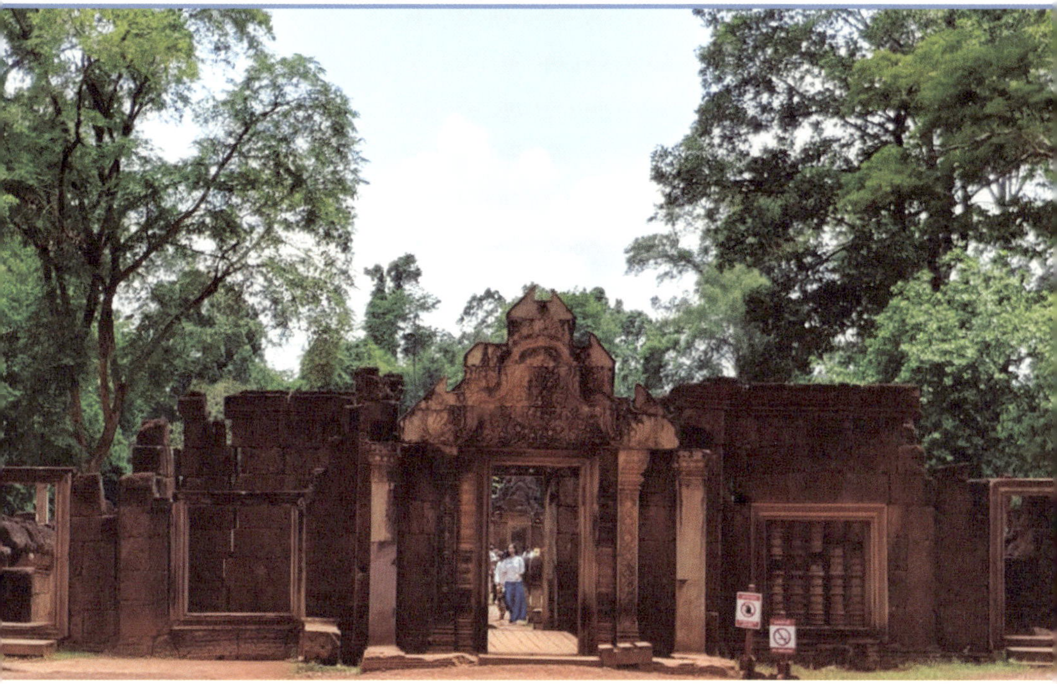

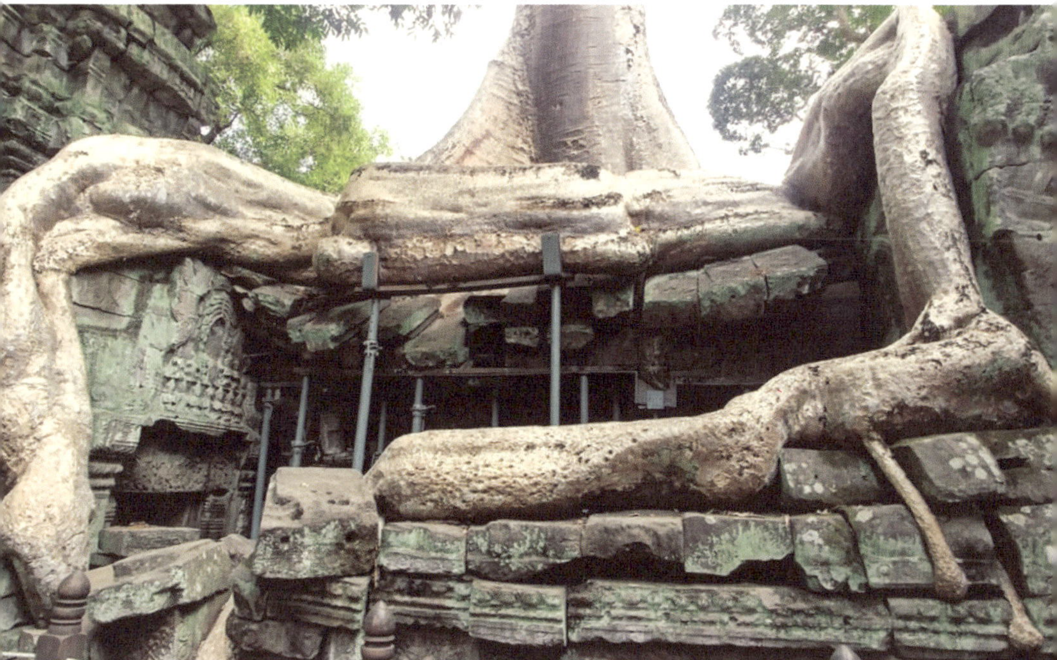

내 삶의 교훈
캄보디아

II. 내 삶의 교훈
캄보디아

아픔으로 떠났던
씨엠리업(Siem Reap) 추억의 단상

화살같이 흐른 지난 세월은 종종 나의 내면 깊은 곳 감성 속에 지난 여행의 아련한 추억을 안개처럼 떠올리게 한다. 가을을 재촉하는 비와 음악이 함께하니 더욱 그랬다. 그 한가운데 캄보디아 씨엠리업(Siem Reap)이 있었다.

여러 일들로 마음의 병이 깊어진 2003년 여름방학이 한창이던 어느 날 오늘날의 나처럼 불현듯 짐을 꾸려 비행기에 올랐고 방콕 돈므앙에 도착한 후 곧바로 택시를 잡아타고 방콕 남부터미널로 향했다. 캄보디아 앙코르와트로 가기 위한 여정이었다.

방콕의 남부터미널에서 출발하는 버스로 태국과 캄보디아 국경도시인 아란 아프라야넷까지 2시간 정도 소요되는데 차창 밖으로 펼쳐지는 처음 접한 태국의 색다른 풍경에 취해 고개가 아파질 무렵 버스는 버스터미널에 도착했다. 아란 아프라야넷은 작고 아담한 도시였다. 지금 같 았으면 버스에 도착하자마자 그 도시의 구석구석을 돌아보며 사람 내음 맡기에 정신없었을 텐데 그러지 못했다. 그때만 해도 혼자 여행의 경험 이 많지 않기 때문이다. 그래서 아란 아프라야넷은 십수 년이 지난 오 늘에도 아쉬움이 남는 도시다.

당시에는 태국에서 캄보디아 씨엠리업으로 가기 위해서는 육로로 이 동하는 것이 일반적이었는데 씨엠리업으로 들어가려면 반드시 거쳐야 하는 태국의 국경도시가 아란 아프라야넷이다. 그래서인지 저렴하고 깔 끔한 호텔을 구하기는 어렵지 않았다.

호텔에서 꿀 같은 휴식을 취한 후 캄보디아로 들어가기 위한 여정은 뚝뚝을 잡아타는 것으로 시작됐다. 기사는 굳이 목적지를 말하지 않아도 알아서 움직여 줬다. 외국인이 이곳 국경도시에서 자신의 뚝뚝을 잡아탔 다면 목적지는 물어볼 필요가 없었을 것이다.

'뚝뚝'을 잡아타고 뜨거운 열대 국가의 아침 공기를 가르며 십여 분 달리니 캄보디아 접경 지역이 나왔다. 본격적으로 국경 넘기를 위해 뚝 뚝에서 내려 태국 측에서 출국심사를 한 후 캄보디아 출입국 관리 사무 실로 향했다.

"헬로! 완 달라! 완 달라!"

여러 정보를 통해 어느 정도 예상은 했지만 무리 지어 달려드는 아이 들에게 둘러싸인 나는 적지 않게 당황했다.

출입국관리사무소까지 가는 길은 참으로 고역이었다. 캄보디아의 첫 느낌은 생각보다 좋지 않았다. 물론 경제적 관점에서였다. 캄보디아 국민의 내면적 행복 지수는 우리와 다를 것이지만 분명한 것은 그 아이들은 돈의 위력을 관광객들이 던져준 완 달러로 알아버린 것이다. 일종의 생존 본능이라면 그럴 수 있겠다는 생각도 들었다.

뜨겁고 몸을 가누기 힘들 정도의 극한 더위와 수많은 아이 그리고 남루한 행색의 신체장애인과 상인들이 뒤엉켜 있는 캄보디아의 첫 땅을 헤집고 출입국사무소에 도착했다. 그곳에는 캄보디아로 들어가려는 배낭여행자들이 줄지어 있었다. 곧이어 나의 차례가 왔다. 국방색 제복을 입은 사나이가 물끄러미 날 쳐다보더니 손을 내밀었다. 그에게 여권과 비자비용을 내어주니 즉석에서 비자를 만들어 줬다. 사무소를 나오자마자 붉은 황토색 흙먼지가 나의 머리와 몸을 스치는가 싶더니 콧속으로 사정없이 들이쳤다. 정식으로 캄보디아 땅을 밟는 순간이었다.

태국 국경에서 가까운 포이펫을 거쳐 씨엠리업까지 가는 교통은 마치 갱 영화의 한 장면처럼 트럭 짐칸에 앉아 두건을 뒤집어쓰고 가는 방법과 개인이 운영하는 승용차를 이용하는 방법이 있었다. 트럭은 현지인들도 많이 이용하고 포이펫을 비롯해 중간 마을에도 정차하기에 대략 6시간 정도 소요되는데 승용차는 그보다는 한 시간 정도 절약된다고 했다. 여행 경비를 생각하며 선택의 고민하던 중 작고 깡마른 사람이 다가왔다.

"씨엠리업까지 트럭을 이용하면 심한 먼지와 더위에 매우 힘들 거야."

그는 야릇한 미소를 지으며 자신의 승용차로 이동하기를 권했다. 요금은 21달러를 제시했다. 그는 나의 고민을 단번에 접게 했다. 눈앞의 여러 모습을 보면서 트럭을 탄다는 것이 감히 엄두가 나지 않았기 때문이다.

가는 길은 시뻘건 먼지와 중간중간 길이 움푹 파여 있었고 그 파인 길에 나무판을 얹어 자동차의 두 바퀴만 간신히 걸쳐 지나갈 수 있게 한 열악한 도로가 연속적으로 이어졌다. 자가용 안에서 두건을 뒤집어쓴 채 스쳐 가는 트럭 위 사람들을 보면서 그들과 섞여 있는 나의 모습을 상상했다. 다시 생각해도 잘했다는 생각이 들었다.

성실함과 책임감이란 이런 것, 씨엠리업의 뚝뚝이 기사

게스트하우스 주변엔 현지인 가이드, 다시 말해 뚝뚝 택시들이 관광객들을 상대로 생업에 종사하고 있었는데 1일에 6~10달러 정도면 그들을 고용해 앙코르와트 등 씨엠리업의 주요 관광지를 돌아 볼 수 있었다. 게스트하우스 앞에서 난 한 명의 뚝뚝 택시 가이드를 만났다. 내가 만난 그 사람은 순수하고 착한 가장이었다. 나이는 그리 들어보이지 않았다. 그는 아이가 6명이나 딸린 가장이라고 했다. 내가 태어날 무렵 우리의 부모님들이 그랬듯 이 사람도 다자녀를 낳는 것을 당연한 것으로 받아들였을 것이다. 6명의 삶을 책임져야 하는 가장으로써 그 어깨에 짊어진 삶의 무게는 결코 가볍지 않았을 것이다. 그는 성실하게 가이드 역할을 하며 자신을 고용한 여행자에게 최선을 다했고 난 그런 그의 모습에서 책임감 넘치는 가장의 모습을 볼 수 있었다. 3일 동안 성실하게 자신의 가정을 돌보는 모습을 보면서 '어려운 삶은 성실함을 동반했고 다자녀는 흔들리지 않은 책임감을 키우는 것'이라 생각했다. 잠시 겪었던 별것 아닌 어려움에 좌절하고 고통스러워하며 탈출구 삼아 씨엠리업을 찾은 나 자신이 참으로 무책임하고 어리석다는 생각마저 들었다.

고백하자면 나에게 거센 파도처럼 몰아친 마음의 상처는 나의 박약한 의지로는 어찌할 도리가 없었고 자포자기의 심정으로 많은 시간을 술과 함께 살다가 무너지고 싶지 않은 절박함에 지푸라기라도 잡는 심정으로 찾은 씨엠리업이었다. 그곳에서 난 강인하고 성실한 가장을 만난 것이다.

한 사나이의 성실함과 책임감을 보면서 나 자신이 얼마나 어리석었는지를 깨닫게 됐다. 어깨가 훤히 들여다보이는 옷을 입고 때가 잔뜩 낀 모자를 눌러쓴 채 자신과 가족을 위해 성실하게 책임을 다하는 모습을 줄곧 보여줬으니 말이다.

난 가지고 있었던 옷이며 생활에 도움이 될 것 같은 것을 그에게 건넸다. 달리 준비해간 것이 없었기 때문이다. 한사코 받지 않으려는 그였지만 끝까지 나의 고집을 꺾지 않았다. 그런 나에게 그는 부끄러워하면서 몇 번이고 감사의 인사를 건넸다.

앙코르와트는 2박 3일 입장권이 일반적이었다. 2박 3일 동안 그는 파이고 굴곡진 도로를 지날 때마다 나에게 미안한 표정을 지었다. 그 미안함은 열악한 환경인 자신의 나라를 대신한 듯싶기도 했다. 그는 날 조금이라도 편하게 해주려고 무척이나 애를 썼다. 주요 관광지로 향하는 도로는 넓게 확장되었지만, 이면도로는 포장되지 않았다. 도로포장에 앞서 길을 곧게 다져놓은 딱 그런 상태였다.

여행자인 내가 접한 씨엠리업의 짙은 인상은 12세기 앙코르 왕조의 역사 또는 자야바라만 1세가 건립했다는 앙코르 돔도 아니었다. 나와 함께 했던 한 가정의 가장을 포함해 그들의 삶과 생활 그와 반대인 삶을 살아가는 나의 일상과 교차 돼 대조적인 느낌. 그것이었다. 성실한 가장과 함께하면서 의사소통은 시원하지 않았지만 느낌만으로도 그의 삶을 어느 정도 알 수 있었고 또한 그 사람의 생각과 감정을 읽을 수 있었다.

짧은 여행을 통해 그들의 삶을 이야기하고 생활을 이해한다는 것은 편견일 수 있다. 아니 분명 편견이다. 그러나 여행의 목적은 짧은 여정 속에서도 내가 느끼지 못했던 것들 특히 여행지의 환경과 사람들의 삶이 나와 무엇이 다른지 느끼고 나의 감각으로 최대한 진솔하게 엮어내는 것 아닌가. 난 그런 여행의 목적에 맞게 짧은 시간 동안 그 남자의 숨결을 느끼고 싶었다. 그래서 나의 모든 감각을 세워 그 사람의 표정과 말투 하나하나 그리고 이따금 전달되는 가장으로써의 삶 등을 나의 삶과 견줘보면서 열심히 솎아내고 담아내려 했다. 관광지보다는 주로 그들의 삶을 느낄 수 있는 시장에서 그들의 음식을 있는 그대로 접하고 싶었고 삶의 모습을 온전히 느끼고도 싶었다. 강한 향채가 가득 담긴 쌀국수를 함께 했고 얼음을 동동 띄운 맥주도 같이하면서 이제까지 느끼지 못했던 그런 여행을 담아내고 싶었고 또 그렇게 했다. 그것은 유럽과 미국 등을 다니며 선진문화에 대한 문화적 열등감으로 바라봤던 여행이 아닌 느끼는 여행이었다.

십수 년이 흐른 지금, 그는 어떻게 지내고 있을지 아이들은 잘 자랐는지 참으로 궁금했다. 점심을 같이할 때도 부끄러워 고개를 들지 못했던 사람, 관광객의 우쭐함과 거만함을 감당하기에 마음이 여린 듯 보이는 사람이었지만 특유의 성실함으로 고용한 나 자신을 부끄럽게 만든 사람이었다.

현직 교사에서 은퇴한 지금 난 함께했던 아이들을 떠올리면서 가끔 십수 년 전 그 남자와의 추억을 되새기곤 한다. 한때 교육자로서 또한 자식을 가진 부모로서 가정을 책임져야 하는 가장의 무게를 이제는 이해할 수 있기 때문이다. 사실 지금까지 난 가장의 책임감을 생각하지 않았었다.

기억을 소환하며 또 많은 생각을 한다. 행복이란 무엇인가. 행복의 기준은 또 무엇인가. 보장받을 수 없는 미래의 행복을 꿈꾸며 매 순간 힘들게 생활하는 우리들을 생각하니 나의 기억 속 깊은 곳에 있는 그 남자의 삶이 자연스럽게 떠올랐다.

호수 근처에서 만난 마을 아이들

 씨엠리업에서 돈레삽 호수까지는 그리 멀지 않은 거리였다. 오토바이 뒤에 매달려 약 30분 정도 달리니 넓은 호수와 함께 순박한 삶의 모습이 다가왔다.
 똔레삽 호수로 가는 길은 양옆으로 허름한 집들이 줄지어 있었다. 길 아래 언덕을 향해 기둥을 세우고 평평하게 나무 바닥을 만든 다음 집의 뼈대를 세우고 철판으로 대충 감싼 집들이 대부분이었다. 한 눈에도 척박한 삶이 느껴졌다.

시각의 방향에 따라 사물의 형태도 달라 보이는 법이다. 마음의 시각도 그랬다. 나의 시각으로 본 그들의 겉모습은 삶에 찌들거나 지친 모습은 아니었다. 평온한 얼굴 모습에서 그렇게 느꼈다. 경제적 어려움이나 환경의 척박함 따위에 힘겨워하지 않는 그들의 삶과 마주치며 작은 어려움도 이겨내지 못하는 나 자신이 또 한 번 부끄러웠다.

혼자 호수 반대편 마을에 들어가 보고 싶어 남자를 잠시 호숫가에 있도록 하고 주변 마을 깊숙이 들어갔다. 오솔길 작은 도로를 따라 들어가니 군데군데 모여 있는 소규모 마을과 학교가 눈에 들어왔고 순박한 작은 아이들이 이방인인 나를 신기한 표정으로 쫓아다녔다. 국경을 넘을 때 '원 달러! 원 달러!'를 외치던 조금은 사악(?)한 돈때 묻은 그 아이들과는 달랐다. 푸석한 머리와 남루한 옷차림의 아이들은 환한 미소와 웃음으로 마음의 풍요를 내보였다. 난 그 아이들에게 준비 해온 연필을 건넸고 아이들과 함께 땅바닥에 그림도 그려봤다. 그리 길지 않은 시간이었음에도 마음의 평화는 길게 이어졌다.

복잡하고 무거운 고뇌의 탈이 벗겨졌던 아이들과의 시간과 한 가장과의 시간은 그때까지 얻어본 적 없었던 소중한 경험이기에 십수 년이 지난 지금도 생생하게 남아 있다.

여행이란 느낌이다. 느낌을 말하지 않고는 여행의 추억을 담기 또한 어렵다. 이제 난 어느덧 나이 60을 넘겼다. 편안함을 추구할 나이다. 하지만 난 캄보디아의 추억을 떠올리며 여행을 통해 가급적 많은 현지의 삶을 담아내는 여행을 계속할 것이다.

추억을 찾아
다시 떠난 여행

아련하면서도 뚜렷한 기억을 되짚어 보고 싶었다. 그때 나를 태우고 다녔던 그 사람도 순박한 얼굴을 하고 볼펜 한 자루를 받아들며 기쁜 미소를 지었던 아이들도 그리고 단편적으로 떠오르는 그들의 일상도 다시 한번 느끼고 싶었다. 그래서 난 십수 년 만에 다시 캄보디아 씨엠리업(Cambodia Siem Reap)을 찾아 나섰다. 태국에서 국경을 넘어 황톳길을 따라 수 시간을 달려야만 닿을 수 있었던 곳을 비행기로 편안하게 도착했다. 같은 길 다른 느낌이었다.

5월의 캄보디아는 건기에서 우기로 넘어가는 시기다. 공항에 도착하니 뜨거운 열기가 온몸을 파고들었고 먼지와 습기를 머금은 공기와 남국의 냄새가 코끝을 자극해 왔다. 알 수 없는 반가움도 찾아들었다. 몸이 먼저 반응했고 빠른 속도로 적응함도 느꼈다.

공항에서 30달러를 지급하고 비자를 신청하니 한 달의 여행 비자를 내줬다. 나 외에도 많은 사람이 비자를 발급받기 위해 카드를 작성하느라 분주했다. 그런 모습은 여행의 기분을 낼 수 있는 양념 같은 모습이다. 여행의 첫 장소는 늘 이런 분주함이 반기면서 기분을 상승시키고는 했다. 더욱이 그 속에 녹아든 나의 모습도 당연히 여행의 한 부분일 테니 말이다. 그 분주함에 차분히 동참하다 보면 낯섦은 어느새 익숙함으로 바뀌고는 한다.

쌤(Sam)이라고 자신을 소개한 사람이 운전한 택시로 호텔로 향했다. 원래는 호텔에서 픽업 서비스할 예정이었으나 호텔에서 제공하는 서비스는 생략했다. 기다림과 절차가 귀찮아서였다. 사실 생략한 것이 아니라 포기였다. 호텔로 몇 차례 전화해도 받지 않아 선택한 것이다. 호텔에서는 내가 퇴실하는 날 픽업 서비스를 해주지 않은 비용을 다시 돌려줬다.

"처음이세요? 며칠 계실 건가요?"

"15년 전에 방문하고 이번이 두 번째 방문이네요. 일주일 정도 있을 예정입니다."

"그때와 지금의 씨엠립은 크게 다르지요. 내일은 어디를 가실 건가요?"

그렇게 대화를 이어가면서 자연스럽게 일정을 잡았다. 3일을 대여해 첫날은 대 순회 코스를 시작으로 프놈바켕(Phnom Bakheng)의 일몰로 끝을 맺고, 둘째 날은 새벽에 앙코르 왓(Angkor Wat)에서의 일출을 시작으로 앙코르 돔(Angkor Thom). 셋째 날은 톤레삽 호수(Tonle Sap Lake)와 멀리 반데 스레이(Banteay Srei)를 돌아보는 코스였다. 잠시 비용을 생각해서 뚝뚝 택시를 이용할까도 생각했지만 안전을 생각해 쌤의 승용차를 이용하기로 했다.

안타까움이 밀려온 앙코르 왕도(王都)

첫날, 쌤은 정확하게 약속된 시간에 호텔로 왔다. 투어 첫 만남부터 성실함이 느껴졌다. 솔직히 공항에서 호텔로 이동할 때만 해도 여행객을 상대로 한 호객 느낌이 컸는데 정반대의 느낌이 든 것이다. 하긴 이들의 삶이야말로 관광객을 상대로 영위해 나가는 것이니만큼 적극적 호객이 없다면 그만큼 경쟁에서 뒤처질 것이다. 열심히 일해야 하는 아이와 아내를 가진 가장이니 어찌 소극적인 생활을 할 수 있겠는가. 그러니 여행자를 상대로 한 가이드 제안은 어쩌면 당연했다. 결론적으로 약삭빠름을 잠시나마 탓했던 건 나의 거만함 때문이었다.

30여 분 달려 도착한 사원 유적지 길목에 있는 티켓 창구에서 외국인에게 발부하는 3일 입장권을 구매 후 사원 유적지로 향했다. 가장 먼저 들른 곳은 쁘레 룹(Pre Rup)이었다.

쁘레 룹은 라젠드라 바라만 2세에 의해 건축된 힌두사원의 하나로 석양 무렵이면 많은 사람이 모여들어 붉게 물든 서쪽 하늘을 바라보며 땀을 식히는 곳이라 한다. 3층 구조의 기단에 다섯 개의 탑으로 이루어진 피라미드형은 형태이면서 형태가 아닌 독특한 구조의 조형미를 보여줬다. 가운데는 석관인 듯이 직사각형의 돌 구조물로 되어 있었다.

누군가는 태어나고 또 누군가는 죽는 시간의 연속성에 석관에 담겨 있는 사자(死者)의 모습을 떠올렸다. 종족 보존의 본능에 의해 태어났을 것이고 또 척박한 환경에서 자랐을 것이며 죽음을 맞이한 순간에는 또 빈손으로 떠났을 시간은 아니었을지. 죽음을 맞는 순간은 누구도 예외 없이 빈손이라는 지극히 평범한 진리를 깨닫는 순간이었다.

열대의 더위는 아침부터 피부를 매우 끈적거리게 했다. 에어컨 바람이 시원하게 불어주는 택시 안은 그야말로 천국이었다. 택시는 날 이스트 메본(Eest Mebon)으로 데리고 갔다.

10세기 전반 앙코르 왕조는 왕위 계승을 둘러싼 치열한 다툼으로 국정이 분열되었지만 라젠드라 바라만 2세에 의해 안정을 되찾고 통일의 위업을 달성한 후 곳곳에 힌두사원을 축조하는데 이스트 메본도 그중 하나였다. 현재는 물이 말라 황토로 뒤덮여 있지만 당시에 거대한 저수지였던 호수는 배로 건널 정도였다고 한다. 세월의 흔적을 말해주듯 거대한 용수에 휘감긴 사원 한쪽 모퉁이를 돌아 흙먼지를 벗 삼아 걷다 보니 창조의 신 브라와 태양신 비슈누, 파괴의 신 사바의 세계가 궁금해졌다.

삶이라는 일터의 아이들과 이데올로기의 희생자들

타 솜(Ta Som)으로 향하는 길은 숨이 멎을 만큼 끈적거림과 뜨거운 열기가 지면 위로부터 얼굴로 사정없이 향해왔다. 매우 더운 날씨였다. 39도를 넘나드는 그 시간, 타 솜으로 들어가는 입구에는 10살 전후로 보이

는 어린 소녀가 동생을 업고 엽서와 책갈피 그리고 작은 기념품 등을 팔았고 그 옆에는 아버지로 보이는 한 남자가 해먹 위에서 낮잠을 즐기고 있었다. 마음이 편치 않았다. 15년 전 보았던 그 모습 그대로 세월의 흐름이 정지한 듯 이들의 삶은 멈추어 있는 것 같았다.

사원 유적지 어디에서나 볼 수 있는 이 같은 아이들의 모습을 난 어떻게 받아들여야 할지 난감했다. 그들의 삶을 내면 깊숙이 들여다볼 수는 없다. 하지만 그들의 척박한 삶은 굳이 들여다보지 않아도 자연스럽게 와 닿았다. 어른들은 그렇다 하더라도 하루빨리 아이들만은 생활 전선에 뛰어들지 않아도 될 정도의 경제력이 뒤 바침 되었으면 하는 간절함이 밀려왔다. 또래의 딸을 둔 아빠라서 더욱 그랬다.

이곳을 세운 자야바르만 7세 왕, 그는 후세 사람들의 이런 고단함을 알고 있을까? 그가 세운 타 솜의 동 탑 문은 용수(뽕나무과의 일종)에 에워싸여 허물어져 가고 있었고 탑 문에 새겨진 사면체 보살상마저 용수에 휘감겨 이들의 삶을 대변하듯 고통스럽게만 느껴졌다.

이념과 권력은 위정자의 전유물인가 묻고 싶은 현장

안타까움을 가라앉힌 후 긴 해자를 건넜다. 해자의 다리는 나무를 잇대어 만들어져 있었다. 다양한 수생식물과 난(蘭) 그리고 호수 한가운데 듬성듬성 무덤 모양으로 된 수초 덩이와 많은 고사목이 한데 어울려 비현실적인 분위기를 연출하는 가운데 탁한 호수 위 맑은 공기에 솜 같은 흰 구름은 푸른 하늘에 실려 사진보다 더 선명하게 호수로 투영됐다. 그 사이로 부는 바람조차 이런 조화로움을 맞추려는 듯 다른 지역과는 다르게 청량하게 불어오며 물리적 뜨거움과 시각적 시원함이 마치 한 가을에 서 있는 듯 착각에 빠지게도 했다.

중앙의 큰 연못과 사방의 작은 연못으로 조성된 니악 뽀안은 작은 연못으로 흘러 들어가는 물줄기 입구에 동쪽으로부터 차례로 인간과 소,

사자, 코끼리 등의 얼굴이 조각되어 있었고 중앙 관음당 두 마리의 큰 뱀은 서로 얽힌 상태로 날 노려봤다. 그 시절 어떤 자비와 힘이 왕과 나라 그리고 속세의 사람들에게 내려졌는지 참으로 궁금했다.

대 순회 코스 중 가장 큰 불교사원인 프레야 칸(Preah Kahn)으로 향했다. 우거진 숲길 사이를 지나 사원으로 향하는 곳에 길게 드리워진 그늘과 우거진 열대림의 시각적 시원함이 바람을 대신했다. 건기의 마지막을 보내는 메마른 땅은 한 걸음 뗄 때마다 푸석이면서 흙가루를 발밑으로 밀어 넣어 바지와 운동화는 밀가루를 뒤집어쓴 듯 하얗게 변했다.

먼지가 이는 길 가운데 또 한 무리의 아이가 호객하고 있었다. 또다시 집에 있는 딸아이가 떠올라 마음이 아팠다. 딱 내 딸 또래의 아이들이었다. 부모의 보호 아래 사랑을 듬뿍 받을 나이의 아이들이 왜 거리로 나와 돈을 벌어야 하나 생각하니 이념과 권력 유지에만 혈안이 된 위정자들의 행태에 분노가 차올랐다.

사원으로 들어가기 위해서는 석축 기단으로 축조한 수십 개의 문을 지나야 했는데 문의 가장자리에 조각된 다양한 문양들로 인해 마치 기하학적 사차원의 세계로 들어가는 느낌이 들었다. 소박하면서도 화려했고, 장엄하면서도 우아했다. 앙코르 사원 건축양식으로는 드물게 그리스 신전과 같이 원기둥으로 세운 석조 건물도 눈에 들어왔다.

자야바르만 7세가 따 프롬에 이어 부왕(父王)의 영혼을 기리기 위해 세웠다는 불교사원인 프레야 칸은 2층 구조로 되어 있는데 사원을 둘러싼 벽 가운데 탑 문 옆에는 새의 신 가루다가 숙적 뱀의 신인 나가를 포획하

캄보디아 타프롬의 용수

는 모습도 부조돼 있었다. 앙코르 왕국의 위대한 왕 자야바르만 7세도 절대 신이 필요했던 것일까. 아니면 곳곳에 수많은 사원과 섬세한 조각을 통한 자비를 구한 것이 민중의 삶보다 중요한 것이었던가. 또는 권력을 이루고 지키고자 하였던 마음이 종교의 힘을 빌려 나타난 것은 아닐까. 땀을 닦는 이방인의 마음에는 땀보다 진한 궁금함이 남았다.

시원한 코코넛 1개를 손에 들었다. 목이 탔기 때문이다. 한가히 앉아 있던 세 아이의 엄마는 분주한 손과 몸놀림을 했다. 그의 몸놀림에 삶의 치열함이 느껴졌다. 많은 상인 사이에서 그리 많지 않은 관광객을 상대로 하는 경쟁이라는 생각이 들어서다.

망가진 쪽 배 한 척이 사원 끝 호수에 애처롭게 방치돼 있었다. 고기잡이 아버지의 손으로 만들어졌을 것이고 가족의 생계를 위해 부지런히 몸을 움직였을 가장과 함께 제 역할을 다했을 쪽 배 아니던가. 삶의 조화를 같이 일구어냈을 그 시간이 호수 저 너머로 살짝 드리웠다. 나도 그래야 하거늘 하는 생각과 함께.

사암의 변색이 매력적이며
가족애라는 그림이 펼쳐진 사원

바이욘은 1회랑과 2회랑으로 둘러싸여 중앙에는 높이 42m의 본전(本殿)이 높이 솟아 있었고 49사면체의 관음보살상이 신비로운 미소를 머금

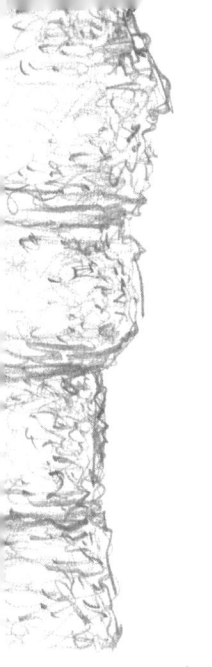

고 서 있었다. 관음상의 미소도 조형적 우수성을 보였지만 49사면체의 관음보살상을 하나하나 살펴보니 하나의 돌덩이가 아니라 각기 다른 돌 조각들이 연속해 이어지면서 결국 하나의 형태를 이뤄낸 조형성이 특징으로 다가왔다. 더욱 놀라운 것은 각기 다른 돌덩이에 새겨진 조각들을 잇대었음에도 톱니바퀴처럼 아귀가 제대로 맞는 형태의 정교함이었다. 놀라운 기술이라 생각됐다. 더위가 아니었으면 더욱 자세히 조형적 특징을 살펴보았을 매력적인, 사암의 오랜 변색에 오히려 더 큰 매력을 느꼈던 바이욘 사원이다.

사원 한 귀퉁이에서 불어오는 작은 바람조차 시원함을 느꼈다. 그만큼 바람 한 점 없는 무더운 날씨였다. 멀리 떠 있는 뭉게구름이 눈 안으로 들어올 듯 가깝게 느껴졌다. 그 기막힌 가시거리의 황홀감에도 불구하고 비가 한바탕 내렸으면 싶었다. 하지만 사람들의 호기심은 그러한 더위조차 아랑곳하지 않고 모두가 바쁜 잰걸음이었다. 나 또한 그들의 모습을 하고 프놈바켕(Penon Bacheng)으로 향했다.

"한 시간 반 정도 소요될 겁니다. 언덕으로 걸어 올라가면 프놈바켕입니다. 저는 저쪽 주차장에서 기다리겠습니다."

쌤은 사람의 무리 속에 나를 내려놓았다. 그곳에는 코끼리 등에 올라 이색적인 놀음을 즐기는 사람들과 깃발을 든 사람을 선두로 많은 사람이

뒤엉켜 있었다. 중국인 관광객들이었다. 중국어 특유의 높고 센 억양은 남을 생각하지 않는 중국인의 행동에 더해져 큰 울림을 줬다.

주요 길목에는 어김없이 지뢰 피해자들로 구성된 악단이 있었다. 그들의 연주를 뒤로하고 오솔길을 따라 올랐다. 바람이라도 있으면 좋으련만 바람 한 점 없는 숲길은 오르내리는 사람들의 땀 내음으로 가득했다. 땀을 훔치며 30여 분 올라 프놈바켕 정상에 세워진 사원에 이르렀다.

프놈바켕은 높이 60여m의 앙코르 삼성산(三聖山)의 하나로 지금도 사람들의 두터운 신앙 대상이라고 한다. 프놈바켕 정상에 세워진 사원은 출입증을 지녀야 오를 수 있었다.

네모난 형태의 출입증은 그 숫자가 한정돼 있어서 사원을 돌아 나오는 사람들에게서 받은 출입증을 받아 올라야 했다. 그래서인지 줄이 제법 길게 늘어서 있었다. 길게 늘어선 줄 속에서는 10여 명의 캄보디아 한 가족이 가족애를 즐기고 있었다.

매우 끈끈함이 느껴지는 모습이었다. 부러웠다. 많은 사람으로 한 가족을 이뤘고 하나같이 행복에 겨운 표정들이었다. 어린아이들과 부모, 할머니와 할아버지 그리고 일가친척으로 보이는 사람들이 아이들의 재롱에 푹 빠져있었다. 나도 가족을 떠올리며 아이의 귀엽고 천진한 모습에 함께 빠져들었다.

얼굴이 따가웠다. 손으로 만져보니 버석거렸다. 흙먼지가 땀으로 범벅된 얼굴에 잔뜩 붙은 것이다. 씻을 수 없는 공간이다 보니 내 특유의 적응력이 발휘됐다. 아니 오히려 저 너른 평원과 숲 그리고 인공 호수 사이로 빠져들 태양빛의 환상이 기다리고 있으니 이런 불편함도 노 프라블래모(No Problemo)였다.

이윽고 하루해가 이쪽 세상에 환한 생명을 선사한 후 또 다른 세상을 향해 떠나고 있었다. 발길을 옮기는 그의 모습은 한마디로 장관이었다. 지평선과 맞닿은 태양 빛은 호수 위에 붉고 반짝이는 윤슬을 펼쳤고 하늘을 향해서는 진홍색의 깊고 너른 띠를 둘렀다. 색 병풍을 휘감은 옅은 구름 속 자연이 만든 예술은 가히 환상이었고 빛과 구름과 하늘이 출연한 장엄함이었다. 그렇게 빛이 뒤엉킨 카오스는 자연의 질서를 찾아 거대한 모습을 한 채 서쪽 하늘을 맴돌았고 나를 포함한 많은 사람은 개성 넘치는 표정과 감성으로 그 광경을 마음껏 품었다. 매일 일어나는 광경, 어디서나 볼 수 있는 자연 현상이지만 마음에 와닿는 느낌이 이렇게 다를 수 있을까 싶었다. 사실 석양이라는 고정불변의 자연은 어디에나 있는 것이다. 바다에도 있고 산에도 있다. 그러나 그 느낌은 장소와 날씨 기온에 따라 그리고 보는 사람의 마음에 따라 다르다. 아니 달라야 한다. 느낌이 같다면 여행길을 나설 이유가 없지 않겠는가. 그 진리를 프놈바켕에서의 일몰이 증명했다.

이제 더는 참을 수 없는 더위였다. 수은주는 섭씨 38도에 육박했다. 지난 달은 40도가 넘는 더위였다며 이달은 그나마 살만하다는 쌤의 말도 공허하게 들렸다. 쉼이 필요했다. 잠시 후 다행히 먹구름이 짙게 드리우더니 곧이어 굵은 빗줄기가 쏟아졌다. '파다닥' 하고 달구어진 땅이 식어가는 소리가 들렸다. 그리고 시원한 바람이 피부를 파고들었다. 열대의 또 다른 모습이었다. 언제나 느끼는 거지만 이런 열대의 느낌이 난 더

할 나위 없이 좋았다.

자연을 이길 수 없음을 깨닫게 하는 거대한 용수(溶樹)

둘째 날이 됐다. 새벽 5시 15분을 정확히 지킨 쌤은 전날과 마찬가지의 모습으로 날 기다렸다.

"오늘은 앙코르 왓으로 환상의 일출을 보러 갑니다. 식사는 하셨나요?"

새벽 공기를 가르며 도착한 앙코르 왓 사원은 이미 많은 사람이 도착해 있었다. 사원 뒤편으로 장엄하게 떠오르는 일출을 보기 위해서다. 하늘은 구름이 가리어 있는 가운데 그 사이로 붉은색이 서서히 물들기 시작했다. 동그란 원형의 뚜렷한 아침 태양은 아니었지만, 앙코르 사원을 앞에 둔 옅은 구름에 숨은 태양의 실루엣은 전면 해자의 반영과 어울려 그림보다 더 그림 같은 광경을 연출했다.

자연과 인공이 함께 만든 버라이어티한 연출에 탄성이 절로 나왔다. 너비가 200여m쯤 돼 보이는 해자 안의 꽃과 그 모든 광경을 담아낸 호수의 전체 그림은 최적의 조화미였다. 난 이러한 아침의 대서사시를 즐기며 차 한 잔과 간단한 아침 식사로 긴 여운을 남겼다. 생애 몇 안 되는 멋진 아침이었다.

영화 툼레이더의 촬영지로 유명한 타 프롬(Ta Proim)은 불교의 수호자

앙코르 왓의 일출

임을 선언한 자야바르만 7세가 앙코르 돔을 만들기 전에 모후의 극락왕생을 기리기 위해 세운 불교사원이라 한다. 제법 큰 규모였을 것이었지만, 자연의 침식으로 곳곳이 무너져 내렸고 거대한 용수(溶樹 : 열대 아시아에 분포하는 뽕나무과의 상록수)에 뒤 덥힌 채 힘겨워했다. 그 모습이 안쓰러워 애써 눈을 돌렸지만, 사원으로 들어가는 입구부터 계속해서 유난히 많은 용수와 깊고 습한 숲이 길게 이어졌다. 지역적으로 다른 지역에 비해 습하고 침식이 활발한 지역 탓인 듯 유난히 허물어진 사원 벽과 담들이 많았다. 인간이 만든 거대한 조형물은 자연의 현상에는 속수무책이었다. 자연의 힘을 어찌 이길 수 있을까. 그러나 거스를 수 없는 자연의 섭리로 허물어지고 나무줄기에 휘감긴 사원의 애처로운 모습에서 오히려 더 큰 신비감을 느끼게 했다.

앙드레 말로(Angdre Malraux)가 사랑한 반띠아이 쓰레이(Banteay Srai)

소박한 식당에서 소박한 아침을 먹고 서유럽에서 '동양의 모나리자'라고 극찬했다는 테바다 여신상을 찾아 반띠아이 쓰레이(Banteay Srai)로 향했다. 씨엠립에서 북동쪽으로 40여 km쯤 떨어져 있는 곳이다.

씨엠립 주변 사원으로 가는 길은 예전에 비해 포장도 잘 돼 있고 비교적 도로의 상태가 좋은 편이었지만 반띠아이 쓰레이로 가는 도로는 포장이 돼 있으나 중간중간 움푹 패어 있었다.

흰 소 떼와 함께 건초를 짊어진 농부가 힘겹게 걸어가고 있는 길 양옆으로 끝이 보이지 않는 메마른 대지에는 야자나무 일종인 탄 나무가 듬성듬성 넓게 퍼져 있었다. 건기 막바지의 높은 열기에 자연마저도 뼈마디만 내민 채 높게 솟은 탄 나무들도 가쁜 숨을 몰아쉬는 듯했다.

차창 밖 풍경을 벗 삼아 1시간여 정도를 달리니 허리가 아팠다. 다행히도 찌릿한 통증이 올라올 무렵 사원 주차장에 도착했다.

프랑스의 작가 앙드레 말로(Angdre Malraux)가 테바다 여신상에 반해 본국으로 가져가려다가 실패했고 결국 그의 소설에서 다룰 정도로 아름답다는 테바다 여신! 그 자태가 어떨지 몹시 궁금했다.

사원으로 가는 분위기는 씨엠립의 다른 사원과 사뭇 달랐다. 그 흔한 정글의 느낌도 아니었다. 잘 가꾸어진 전원 속 아담한 사원의 모습이랄까. 사원을 축조한 돌 역시 붉은 사암으로만 돼 있었다. 무엇보다 규모는 작았지만, 사원에 조각된 부조들의 조형적 아름다움은 웅장함에서 느껴지는 것과는 차별된 미적 가치를 선보였다. 사원의 규모는 웅장하지도 화려하지도 않았다. 오히려 세월의 흔적이 세련되게 부조된 붉은 사암 면과 모서리 문양 등에 그대로 묻어 있어 고색창연한 느낌을 주었다. 앙드레 말로가 감탄할 만했다.

잔잔한 미소를 짓고 있는 테바다 여신이 나를 내려다봤다. 다양한 문양 속 여신의 미소가 나의 마음에 전달된 듯 마음은 평온했다.

사원 기단의 상층부는 여신이 쓰고 있는 갓 모양을 그대로 본뜬 듯 정교했고 각각의 돌 속에도 수많은 문양이 새겨져 전체적으로 완벽한 조형

쁘레야 칸의 호수

미를 이뤘다. 위아래 여러 갈래 유연한 손동작의 여신을 보고 있노라니 마치 캄보디아 여인의 전통춤을 보는 듯도 했다.

사원 건축의 붉은 사암들도 적당하게 퇴적되면서 같은 계열 다른 색들이 어우러져 묘한 하모니를 이루며 마치 한국의 아름다운 정원 속 예쁜 사찰을 연상시켰다. 멀다고 포기했다면 분명 후회했을 시각의 모습이요 광경들이었고 더위조차 지긋하게 누르고 있는 아름다움이었다.

교사의 자존심 톤레삽 호수(Tonle Sap Lake)

똔레삽 호수(Tonle Sap Lake)는 앙코르 와트와 함께 캄보디아 하면 가장 먼저 떠오르는 동남아 최대의 인공 호수로 시내에서 30여 분이면 닿을 수 있을 곳에 있는, 십수 년 전 황토물이 가득했던 호수다.

호수에 다다를 무렵 멀리 호수를 조망할 수 있는 바위산과 전망대가 눈에 들어왔고 그때 찾았던 마을 아이들의 해맑은 모습이 스쳐지나갔다. 예전 그대로의 모습인 골목 한가운데에서 먼 추억들이 아련히 떠오르며 지금쯤 청년으로 성장했을 그 아이들은 무엇을 하고 있을지가 궁금했다.

호수 한가운데로 가려면 보트를 타고 황갈색 물을 거슬러 올라 15분 정도 가야 했다. 우기였다면 배에 오르는 장소부터가 호수였을테지만 건기인 톤레삽은 강의 윤곽이 확연히 드러나 있었다. 강 옆으로는 맹그로브 나무숲이 우거져 있었고 그 아래 강가의 중간중간 그물을 던지는 어부들의 손놀림은 분주했다. 보트에 동승한 가이드의 설명에 따르면 이곳에서 잡은 물고기는 캄보디아 전역의 도시로 거의 다 팔려나가며 많은 식당에서 먹을 수 있는 물고기 요리는 이곳 호수에서 잡은 것이 대부분으로 그 수종은 약 450여 종에 달한다고 한다.

물비늘 넘실대는 강가 숲속에서 한 가족이 무언가를 열심히 수확하고 있었다. 아빠와 엄마는 열심히 일하고 어린 아기는 해먹 위에서 잠을 자고 있었다. 고단한 일상과 평화로움의 두 모습이 비현실적인 느낌으로 교차했다. 그들의 일상은 우리의 일상과 겉모습만 달랐지 내면은 같은 모습일 것인데도 다른 느낌으로 다가온 것은 여행 감성 때문이라 생각했다.

건기에는 수심이 매우 낮아 평균 40cm에서 1m를 넘지 않기 때문에 마을 깊숙이 들어가려면 더 작은 보트로 갈아타야 한다고 해 중간 정박지에서 내렸다. 그런데 갈아탈 작은 보트 요금을 다시 내야 한단다. 요금은 20달러였다. 기분이 살짝 상했다. 하지만 여행을 원활히 하려면 일단 이들의 안내를 믿고 따라야 했다. 여행은 늘 예기치 않은 일이 벌어지게 돼 있고 그것 또한 여행의 일부이니 내 기분대로 바라보면 안 된다. 이들의 방식을 존중해야 할 이유다.

황갈색 황토물 한가운데 수상가옥이 빼곡했다. 이곳 수상 마을에 거주하는 주민은 약 3,000명 정도라 하는데 대략 집의 숫자만 보아도 그쯤 돼 보였다. 학교와 병원 보트를 수리하는 공장과 불교사원도 있었다. 집과 집 사이로 작은 보트들이 물건을 싣고 드나들었다. 일종의 이동 슈퍼였다. 머리를 감는 아낙과 낮잠을 즐기는 사나이 무언가를 열심히 닦고

돈레쌉 호수의 가옥

조이는 어부, 설거지하는 아주머니 모두가 우리 일상의 모습이었다. 수초들과 고기를 잡기 위해 설치한 구조물 사이 빼곡한 집들이 먼 수평선과 맞물려 이색적인 느낌으로 다가오는 가운데 물에 반사된 햇볕은 그렇지 않아도 뜨거운 날씨를 더욱 부채질하며 온몸을 땀으로 적셨다.

사람의 적응력은 참 뛰어나다고 생각했다. 문명에 적응한 사람이라면 이들이 살아가는 방식으로는 살아갈 수 없는 그래서 문명의 거센 물결에 맞춰 격렬한 경쟁 속에서도 경쟁으로 느끼지 못하고 살아가듯 이들 또한 자연에 순응하며 불편을 불편으로 느끼지 않고 깊이 적응하고 살아가는 것 아닌가 하는.

돌아 나오는 길에 수상 마을 학교를 방문했다. 아니 뱃사공이 나를 그곳으로 안내했다. 이들에게 몸을 맡긴 여행자라면 누구나 들러야 하는 일상적 코스인 듯했다.

아이들이 반갑게 손을 흔들었다. 학생 수는 약 200여 명 정도라는데, 그중 절반은 부모가 있고 또 절반은 부모가 없는 아이들이라고 한다. 부모를 잃은 아이들은 학교에서 먹고 잔다는 선생님의 설명이 이어졌다. 교사동 뒤로는 그런 아이들이 쉬는 곳이 있었다.

학교를 돌아보는 동안 등줄기에 폭포처럼 땀이 흘러내렸다. 더위 때문만은 아니었다. 아이들 앞에 서 있는 것이 왠지 어색했고 이유를 알 수 없는 미안함이 그렇게 나의 몸에 반응시킨 것이다. 아무것도 준비하지 않아 아이들에게 어떤 도움도 줄 수 없기에 어떻게 처신해야 할지 참으로 난감했다.

열심히 설명하는 선생님은 사진을 찍어도 좋다며 천천히 교실을 돌아보라 했다. 하지만 그럴 수 없었다. 아이들의 눈빛과 그 아이들에게 아무 것도 줄 수 없는 자괴감이 교차했기 때문이다.

교사 생활을 30여 년이나 했던 나는 잘 안다. 공개 수업 시간 외 교실에는 그 누구도 출입할 수 없고 더욱이 수업 시간을 들여다본다는 것은 절대 있을 수 없다는 것을 말이다. 미안하고 또 미안한 일이었다. 그러니 땀이 안 난다면 그것이 오히려 이상한 일이었다.

이들에게 수업보다는 이방인의 도움이 더 필요한 것임을 굳이 설명하지 않아도 알 수 있었다. 마을을 방문하는 사람들에게 학교 견학을 유도하는 이유도 알 수 있었다. 그렇기에 적당히 경제적 성의를 표하고 마음 편하게 돌아보면 될 일이었다. 하지만 난 약간의 돈을 건네고 서둘러 나왔다. 아이들을 보기가 민망했기 때문이다. 그곳으로 안내한 뱃사공이 원망스러울 지경이었다. 파란 하늘 흰 구름의 청명함도 이 순간만큼은 눈에 들어오지 않았다. 단순한 시각으로 비친 아이들의 느낌이 아니라 세포가 함께하는 마음으로 받아보는 느낌이어야 한다고 생각하며 아이들이 있는 공간을 나왔다.

여행은 기억을 삼키고 추억을 낳는다. 수많은 자연과 인공적 형태, 인간의 삶과 역사의 아픔, 사암의 조형미, 아이들의 어른스러운 모습 등이 필름 속 영상으로 자리잡으며 그 여행의 끝은 또다시 시작될 것이다. 늘 그랬듯이 내일이면 간절히 원하는 새로운 시간을 준비할 것을 다짐하며 톤레삽 호수를 뒤로하고 짧은 캄보디아 여행을 마무리했다.

인도네시아

'HEALING CENTRE'
CV. DIARY
印刷
BROCHURE
TAG
名刺
パンフレット
タグ
LABEL
ラベル

PERMAN

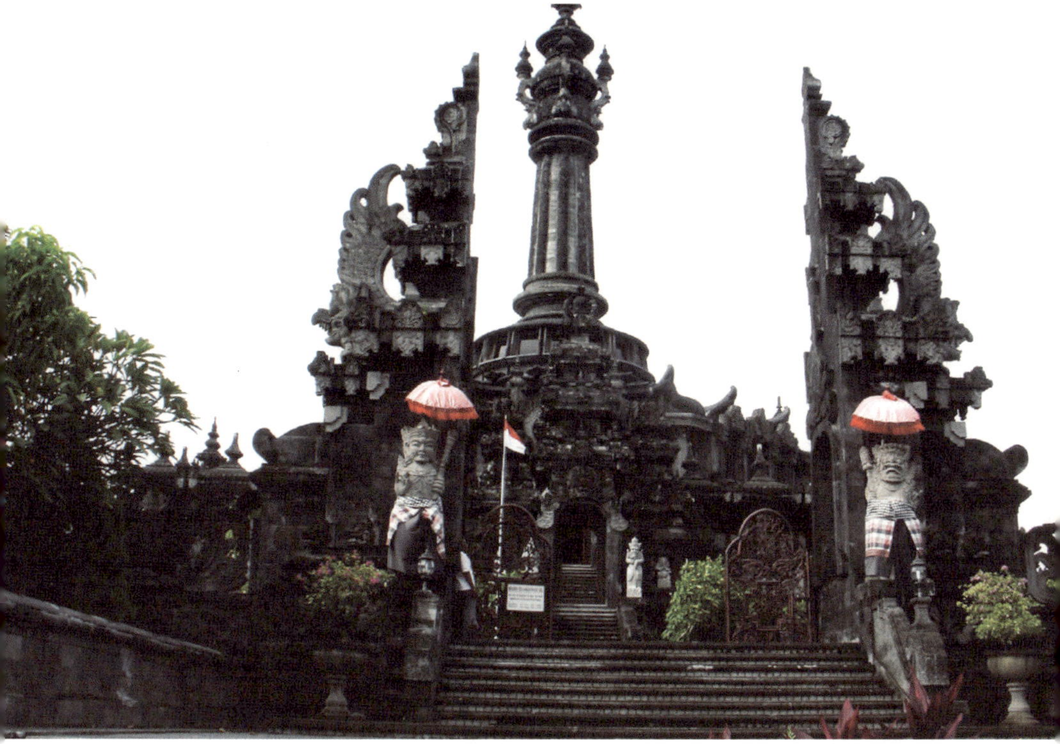

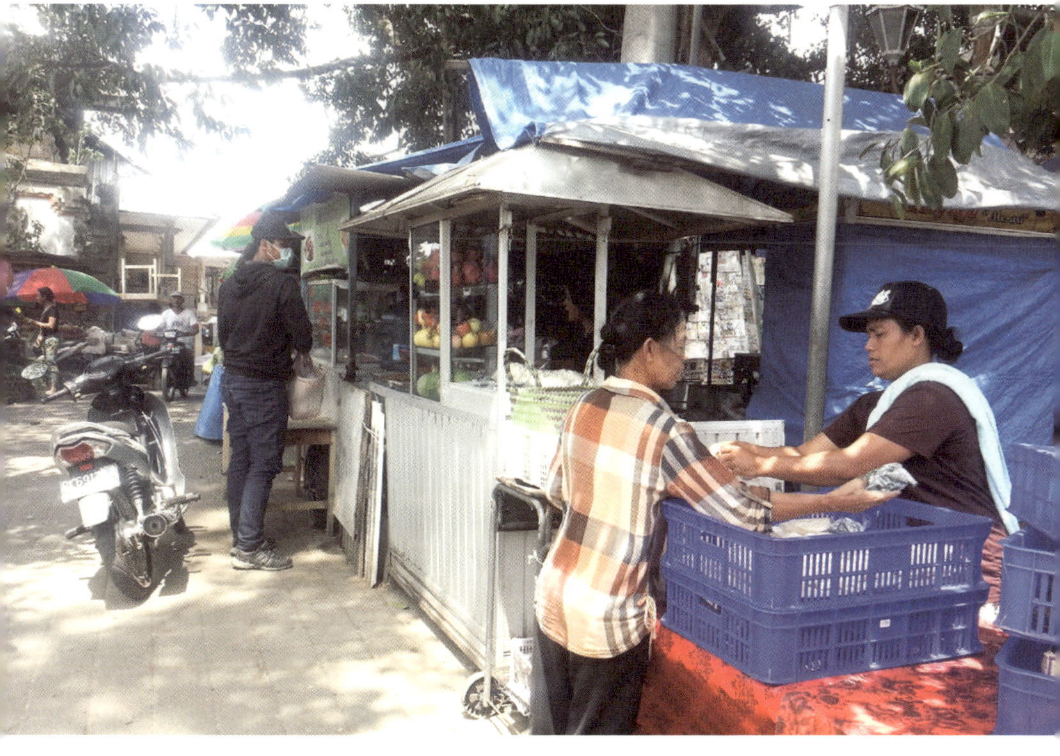

먹고 기도하고 사랑하라
인도네시아

Ⅲ. 먹고 기도하고 사랑하라 인도네시아

『먹고, 기도하고, 사랑하라』를 읽고 신들의 나라 발리 우붓으로

열대지역에서만 느낄 수 있는 분위기에 빠져본 지도 벌써 십수 년이 되었다. 열대지역인 발리 덴파사르 옹우라라이 국제공항에 도착하자마자 뜨겁고 습한 공기가 나의 촉각과 열정적 감각을 강하게 자극했다. 열대 느낌을 받으니, 나의 전생은 열대지역 아니었는가 싶게 마치 고향에 온 느낌마저 들었다. 그러면서도 도착한 시간이 새벽인 고로 택시 서비스로 향하는 나의 발걸음은 빨라졌고 등줄기는 땀이 연신 흘러내렸다.

우붓(Ubot)까지는 택시로 약 두 시간 정도의 거리였다. 낮과 밤의 큰 가격 차이였지만 새벽 시간 어려움 없이 오를 수 있음에 감사한 일로 여기고 하늘색 꽃무늬 유니폼을 입은 드라이버를 따라 택시에 올랐다. 곧이어 빠른 속도로 공항을 벗어나 깜깜한 외곽 도로를 달려 나갔다.

우붓까지 7시간이라는 시공간은 오묘한 자연의 변화를 느낀 시간이었다. 한국의 추운 겨울 눈꽃 세상을 빠져나와 한여름과도 같은 뜨거운 열기에 후끈 달아오른 나의 몸을 택시 속 에어컨 바람에 식히는 것이 그랬고 전속력으로 발리의 어둡고 좁은 새벽길을 달린 속도감이 그랬다. '이들에게도 시간은 돈이겠지?' 빠르고 거칠게 운전하는 그의 시선을 힐끔 쳐다보는 것으로 무언의 항의를 했지만, 기사는 아랑곳하지 않았다. 난 애써 발리 우붓이 내게 가져다줄 여행의 선물은 무엇일까를 생각했다. 그러다 보니 정말 궁금해졌다. 어떤 새롭고 신비로운 경험을 맞이하게 될지.

발리 우붓을 찾은 이유는 한 권의 책 때문이었다. 몇 년 전 패키지여행으로 불현듯 찾았던 발리는 나의 기억 속에 원숭이 떼가 성가시게 군 울루와뚜 사원과 푸른 바다와 거대한 바위에 하얗게 부서지는 파도가 있는 해변인 스미냑의 작고 예쁜 부티크 숍이 기억의 전부였다.

그런 발리 우붓을 『먹고 기도하고 사랑하라』를 두 번 읽고 나서 다시 찾은 것이다. '다시 자신을 찾게 될 것이다' 라는 예언자의 말에 우붓을 다시 찾아 예언자를 아버지처럼 따르며 우붓의 자연과 삶 속에 빠져들며 우붓에서의 작가의 삶뿐만 아니라 작가가 글 속에 생생하게 그려놓은 우붓의 분위기도 궁금했고 딸과 함께 사는 건강원 아주머니도 짐짓 궁금했다.

택시 기사는 그렇게 여행의 시작점에서 호기심에 빠져있는 날 예약해 둔 우붓 방갈로에 무사히 내려놓았다.

인도네시아 우붓의 골목

우붓의 힌두사원

발리의 라이프

주도로인 몽키 포레스트 로드(mongkey forest Rd)와 하누만 로드(hanuman Rd)에는 목각 공예품 상점과 브띠끄 숍 여행객을 위한 레스토랑 그리고 스파 숍이 즐비해 있었다. 아침이면 발리 힌두신께 바치는 공양 음식과 향 내음이 코끝을 자극해 왔고 그들의 정성에 나의 소원도 살짝 끼워 넣었다.

우붓은 도시가 크지 않기 때문에 걸어 다니기에 무리가 없었지만, 어지간한 더위쯤은 이겨낼 수 있는 인내심이 있어야 했다. 거리를 오고 갈 때는 '스파!'와 '택시!'를 외치는 사람들을 자주 볼 수 있었는데 외국자본이라는 거센 바람이 부는 도시의 틈바구니에서 생존을 경쟁하는 이들의 모습도 우붓이라는 도시를 연출하는 하나의 소품은 아닐까 하는 생각이 들었다.

나의 첫 아침은 열대지역 특유의 바람과 새소리 마당을 쓰는 직원의 슬리퍼 소리로 시작됐다. 그렇듯 우붓도 전형적인 열대 국가 아침의 모습이었다.

아침의 정경을 피부로 느끼며 우

붓 시내뿐만 아니라 발리 외곽을 천천히 돌아볼 요량으로 숙소 인근에 있는 오토바이 대여점에서 모터바이크를 대여했다. 머리에 흰 두건을 두른 선한 얼굴의 주인 남자로부터 모터바이크 사용에 대한 안내를 받고 나서 길을 나섰다.

나의 모터바이크 운전 경험은 수십 년 전이다. 운전은 당연히 어색했고 헬멧의 무게는 경추를 압박했다. 그러나 인간은 환경에 뛰어난 적응력을 발휘하는 동물이다. 나 역시 그런 인간임을 잠시 후 알게 됐다.

우붓의 중심도로는 단순했다. 몽키 포레스트 로드 북쪽 끝 왕궁 삼거리에서 우회전해 빵집을 지나 왼쪽 길로 들어서면 고급 레스토랑 두 곳과 쎄니만 커피(seniman coffee)를 만날 수 있는데 그곳은 아침부터 많은 여행자로 붐볐다. 카페 길 건너로 커피공방을 겸하고 있는 쎄니만 커피는 갓 볶은 신선한 원두에 커피 장인의 카리스마가 느껴지는 만큼 커피 맛도 일품이었다.

키 크고 잘생긴 커피 장인은 매일 아침 갓 볶은 커피 향과 맛을 점검한다고 한다. 여러 명 바리스타가 커피를 추출하는 개성 넘치는 모습은 물론이고 간편히 아침도 즐길 수 있는 카페는 인터넷도 즐길 수 있었다. 세련된 서빙과 카페다운 분위기를 느낄 수 있기에 많은 사람이 찾는 것일지 싶었다. 긴 머리를 말아 묶고 허름한 티셔츠의 카리스마 넘치는 바리스타와 드립 커피 한 잔은 여행자의 격과 분위기에 딱 맞는 맛이었다.

우붓에는 현지인뿐만 아니라 외국인들도 많이 찾는 카페가 두 개가 더 있었다. 센드미니 커피(Sendminy Coffee)와 아노몰리 커피(Anomoli

Coffee)가 그곳이었다.

  두 카페를 여러 번 경험한 느낌으로 볼 때 하뉴만 로드 코너에 있는 아노몰리 커피에서는 레게족, 히피족, 흡연족(순전히 내 느낌으로 붙인 이름)들을 많이 볼 수 있었지만, 아노몰리 커피 길 건너 골목에 위치해 발리 분위기가 물씬 베어있는 센드미니 커피는 주로 젊은 서양 여행객과 우붓에 정착한 듯 보이는 서양 중년의 사람들이 찾는 것 같았다. 커피 맛의 차이

는 바리스타의 정성과 어떤 커피콩을 사용하는가에 따라 다를 것이니 그 커피 맛과 향의 차이는 별개로 치더라도 두 카페가 주는 분위기는 사뭇 달랐다.

내가 생각하는 내가 선호하는 여행지의 카페는 커피맛을 즐김과 동시에 카페 분위기에 빠져 독서하거나 여행의 피곤함을 달래며 생각의 정리와 앞으로의 일정 짜기 등을 할 수 있는 편안한 휴식 공간이어야 한다는 것이다. 두서너 번의 경험으로 두 카페의 분위기를 판단하는 것은 다소 무리겠지만 과감하게 나의 편견을 꺼낸다면 이랬다.

개인의 취향과 추구하는 여행의 방향에 따라 그 편안함의 느낌은 다를 것이고 카페의 컨셉(concept)에 맞춰 인테리어를 할 수밖에 없으며 또 그래야만 한다.

그렇게 보면 지극히 당연한 현상임에도 나의 그런 편향된 시각은 다양성을 인정하는 데 인색하다는 것이다. 바꿔 말해 분명 인테리어의 차이점과 그 차이점으로 찾는 사람들도 다를 것인데 나의 잣대로만 받아들이고 있다는 점이다. 그러나 '편견 또한 주관적이니 그냥 내 느낌대로 받아들이는 것이 여행의 묘미다' 라는, 그런 나의 편견을 애써 정당화했다.

내게 시나몬 카페가 훨씬 편하고 커피 맛이 좋은 것처럼 내가 관심 있게 혹은 호기심으로 바라본 레게, 콜, 히피, 흡연 족 등 그들은 아노몰리 커피가 훨씬 편한 공간일 것이다. 다름을 이해하고 공감하는 것의 중요성과 함께 편견 속에 나를 가두면 가둘수록 세상을 바라보고 사람을 이해하는 폭이 그만큼 좁아질 거라 생각하면서도.

길거리에서 만난 한국형 우붓 경찰

우붓 중심도로와 몽키포레스토가 만나는 왕궁 삼거리에 경찰초소가 하나 있었는데 이곳부터 두 번째 주도로인 하누만 로드를 만나는 길까지는 일방도로였다.

아침 커피를 마시고 발리섬 북부에 있는 브드골(Budgol)로 가기 위해 의도치 않게 역주행했다. 아니 교통경찰이 불러 세우기 전까지는 일방통행인 줄 몰라 아무 생각 없이 도로에 들어서자마자 직무 중인 우붓 경찰에게 걸려버린 것이다. 우붓 경찰은 진갈색 바지에 저채도의 연갈색 제복을 입고 선글라스를 착용한 모습으로 위압감이 느껴졌다. 경찰이 부르는 순간 일방 도로임을 알았지만 이미 적발된 후였다. 직무에 충실한 것을 탓할 이유는 없고 위반한 것 또한 사실이니 당연히 벌금을 내고 가던 길 가는 것이 순리였다.

그는 나에게 운전 교육을 받았는지를 따져 물었다. 난 당연히 받지 않았다. 아니 못했다. 인도네시아에서 모터바이크를 타려면 운전 교육을 받아야 하는지 전혀 몰랐다. 그는 모터바이크 드라이브 교육을 받지 않았을 때 벌금 250,000RP 일방통행 위반 시 250,000RP의 벌금이 있다면서 벌금 딱지를 떼려 했다. 그런데 그것은 그냥 모션(시늉)이었다. 곧이어 300,000RP만 내면 바로 해결해 주겠다는 말을 건넸다.

젊은 시절 어느 날 산행을 마치고 집으로 돌아오는 길에 속도위반이라며 교통경찰이 나의 자동차를 잡아 세웠다. 속도를 측정하는 카메라도 없었고 더군다나 자동차 계기판의 속도는 규정 속도인 60km를 가리켰다.

"아니 속도위반이라니요? 규정 속도로 달렸는데 무슨 말씀인가요?"

"에이 고급 승용차를 타시면서 왜그러세요."

당시 성행했던 우리나라의 교통 문화가 떠오르며 마음도 그 시절로 회귀했다. 이럴 때는 에누리가 제격. 그래서 사정했다. 사정이 통했는지 아니면 원래 그런 것인지는 알 수 없었지만 결국 200,000RP를 내고 가던 길을 재촉했다. 나중에 보니 세 개의 중심도로는 모두가 일방통행이었다.

발리의 스파 마사지 Taksu Putri 그리고 Patte

발리섬의 특징 중 하나가 스파 마사지가 아닐까. 하는 생각이 든 것은 주요 도로 곳곳에 줄지어 서 있는 스파 마사지 숍들을 보면서부터다. 좀 그럴듯한 분위기와 복장을 갖추고 큰 도로 가의 숍은 그 규모나 시설로 보아 외국자본에 의해 운영되는 게 분명했다. 현지인들이 운영하는 듯한 숍은 하나같이 길에서 한참 들어가 있었고 시설과 복장도 세련되지 않았으니 말이다. 그런 세련되지 않은 곳 중 하나가 탁수 스파(Taksu Spa)였다.

탁수는 발리어로 '드러나지 않는 내면의 부드러운 아름다움'이라 하는데 그런 뜻의 의미를 느껴보고자 탁수 스파에서 마사지를 해봤다. 탁수 스파는 요가와 레스토랑을 겸한 마사지 숍이었다. 숲길 사이를 한참 지나는 곳에 마치 신성한 성전 같은 분위기를 느낄 수 있는 숍이기도 했다. 그곳에서 난 프로페셔널한 마사지사의 노련함을 느낄 수 있었다. 강한 듯 부드럽고 힘이 들어가지 않으면서도 하체의 모든 근육이 서서히 이완되는 느낌은 여행의 피로를 풀어주는데 전혀 손색이 없었다. 발 마사지 30분에 200,000RP로 비교적 비싼 편이었지만 그 이상의 가치를 충분히 해냈다.

우붓에서 낀따마니로 향하는 언덕길 네카미술관(Neka) 길 건너에 뿌뚜리 스파(puturi spa)가 있었는데 역시 외국인이 운영하는 스파 마사지 숍이다. 뿌뚜리 스파는 헤어 두피 마사지 1시간과 전신 마사지 1시간 포함해서 200,000RP이었다. 탁수 만큼은 아니지만 제대로 된 서비스라는 느낌이 들었고 편안하게 휴식을 취할 수 있는 곳이었다.

사실 난 마사지를 받는 것에 익숙하지 않은 편이다. 누군가에게 대접받는 것에 몸이 배어있지 않아서다. 그런 나의 익숙하지 않은 마음을 익숙함으로 느끼게 한 곳이 있었다. 그곳은 편안함은 물론 서민의 동질감을 동시에 느낄 수 있는 곳으로 빠떼(Patte)라는 이름의 아가씨, 그리고 그의 어머니 라라(Rara)가 운영하는 스파 숍이었다.

진지하고 점잖은 표정으로 프로다운 분위기에 눌려 마사지를 받는지 몸의 터치를 느끼는지 모를 그런 고급스러움보다는 순박하고 웃음 넘치는 그래서 서비스를 받는 게 아니라 정당한 가치를 공유할 수 있었다.

영어로 'excuse me sir'와 'finish'를 반복하는 순박한 빠떼의 마사지가 훨씬 편하고 시원했다. 감기에 걸려 콜록콜록 기침하면서 미안해하는 그런 곳이라서 정말 좋았다. 모녀가 운영하는 것도 나중에 안 사실이었다. 왜 다시 안 올 걸로 생각했는지 알 수 없었지만, 다시 오지 않을까 걱정하는 그녀의 말이 고맙기까지 했다. 이웃 같은 편안함이 있는 곳이었다. 그 후 난 몇 차례 더 그녀의 소박하고 편안한 서비스를 받았다.

여행은 사람과 사람을 잇는 다리

여행지에 가면 잠을 깨우는 불청객이 하나쯤 있게 마련이다. 일본 홋카이도에서는 커다란 까마귀 떼가 새벽잠을 설치게 했고 영국 스코틀랜드 에버딘에서는 갈매기 울음소리에 잠을 설치곤 했는데 우붓에서도 독특하고 기이한 소리에 몇 번씩 잠에서 깨고는 했다.

숲과 들판을 끼고 땅에 직접 맞닿아 있는 방갈로의 특성 때문일지 싶었다. 그 소리는 '뽀드드드! 뽀드드드! 카뚝! 까뚝! 까뜩! 까~' 하며 반복된 후 점점 잦아지는 패턴의 소리였다. 독특한 울음소리는 흉내 내기조차 어려웠는데 첫날부터 밤과 새벽에만 울어댔다. 그 기이하고 기이한 소리에 삼 일되는 날부터는 처음 시작하는 울음 '뽀' 하는 소리에조차 잠에서 깨곤 했다.

마사지 집 주인 라라에게 소리를 흉내 내며 '무슨 동물인지 아느냐?'

고 물으니 모르겠단다. 재차 최대한 소리를 똑같이 흉내 내니 '어찌 그 소리냐?' 면서 배를 잡고 웃었다.

현지인들이 듣는 소리는 '또께 또께 또께!' 라는데 정체는 일종의 도마뱀으로 길고 녹색의 선인장 꼬리를 하고 있으며 밤과 새벽에만 운다고 한다. 재미있어 죽겠다는 표정으로 나의 등을 마구 두드렸다. 그렇게 난 기이한 울음소리의 주인공이 도마뱀임을 알았다. 울음소리가 독특하고 컸기에 며칠 동안 아침에 일어나자마자 그 정체를 찾아 여기저기 들여다볼 정도로 그 정체가 몹시 궁금했었다. 다시 말해 많은 나의 호기심이 술

래잡기 인간으로 만든 것이다.

여행은 이렇듯 작은 곳에서 호기심이 발동하기도 하고 그 호기심이 해결되는 과정에서 사람과 사람을 살갑게 이어주기도 한다. 고마운 아줌마 그 이름은 '라라'였다.

작고 아담한 분위기의 커피집 쿠우(Kue)는 1층은 베이커리고 2층은 커피숍이다. 장 단기 여행객들이 오고 가며 아침을 해결하는 곳 같았다. 난 우붓 외곽으로 나가기 전 커피 한 잔의 여유를 즐기기 위해 2층으로 올랐다. 강배전의 커피 원두에 진한 롱 블랙 한 모금은 무겁고 진한 맛으로 혀끝에 닿았다. 분위기로 느끼는 맛, 그러니까 쓴맛이 식도를 지나 위를 타고 넘으며 감성에 닿는 맛이었고 여행자의 여유로움이 밴 분위기의 맛이기도 했다. 요가원과 가까워서인지 아침과 함께하는 요가 복장의 사람들이 눈에 많이 띄었다. 의자와 테이블 그리고 벽 등의 인테리어는 소박해서 오히려 편안함을 줬다. 주변의 각종 소음은 오히려 아침 카페의 분위기와 자연스럽게 동화되면서 낭만이 있는 아침으로 이끌었다.

나는 한국에서도 커피를 즐기러 카페에 가면 원두 가는 소리와 커피 파우더를 내리기 위해 좌우로 흔들 때 부딪치는 소리, 에스프레소 커피머신에서 뿜어내는 수증기 소리가 참 좋았는데 이곳도 예외는 아니었다.

와얀 누리사(Wayan Nurisha)의 그 집은 『먹고 기도하고 사랑하라』에서 묘사되었듯 옛집 그대로였고 볏짚으로 엮은 지붕이며 안으로 깊숙이 들어간 건강원도 책에서 읽은 그대로였다. '왜 많은 돈을 기부받고도 새로 집을 짓지 않았을까?' 궁금했다.

난 마음에 드는 책은 서너 번 읽는 습관이 있다. 그래서 이 책도 여러 번 읽었다. 난 책 속 그녀(집주인)의 긴 머리를 독서하며 연상 됐던 상황과 대비시켜 봤다.

그리고 그 집에서 딸인지는 모르지만, 젊은 아가씨와 이야기하는 모습의 그녀를 보았다. 과연 책을 읽으며 연상했던 모습과 그 느낌이 비슷했다. 하긴 그것이 나와 무슨 상관이던가. 소설 속 주인공들은 나뿐만 아니라 전 세계 독자들에게 나름의 모습으로 살아 있을 것이고 책 속에 영원히 존재할 것이니 난 수시로 읽고 상상하고 마음으로 생명을 불러오면 될 일이었다. 그렇게 생각하고 이제 책에서 나와 모터바이크를 이용, 발리의 곳곳에 있는 신을 만나는 일에 충실하자고 마음먹었다.

우붓에서 만난 사람 사는 세상

한낮 뜨거운 태양과 찜통 같은 뜨거움도 이른 아침이면 시원했다. 방 밖에 놓여 있는 탁자와 손님용 의자에 앉아 눈 앞에 펼쳐진 녹음과 우거진 나무숲을 바라보며 재잘대는 새소리를 들으면 공간이 좁혀져 한국이고 또한 발리였다.

홈스테이 아주머니와 주인장 아저씨의 부지런함도 우리의 시골 아침 정경이었다. 싱그러운 아침에 정성스레 담아 차려준 아침을 먹고 법정 스님의 '아름다운 마무리'처럼 나의 여행도 마무리를 향해 갔다. '삶은 순간순간이 아름다운 마무리이자 새로운 시작이어야 한다'는 법정 스님의 말을 되새겨 보며 내가 현재 살아가고 있는 모습 그리고 살아왔던 지난 날의 생활 태도를 깊이 생각했다. 앞으로 어떻게 살아야 순간순간 아름다운 마무리를 하고 새로운 시작될지도 함께.

돌이켜보면 지금까지의 삶은 나의 능력 이상의 많은 것을 얻으려 치열하게 부딪치고 갈등하며 살아왔다. 스크루지 영감과 같은 소유욕으로 많은 번뇌와 갈등의 연속이었으니 삶 또한 팍팍할 수밖에 없었다. 어느 순간 그 부질없는 삶에서 벗어나야 한다는 자각을 했고 명퇴를 감행했으며 소유보다는 존재에 가치를 두는 삶을 살기로 마음 먹었었다. 고백하건대, 그럼에도 난 그 독한 결정과는 상관없이 예전의 똑같은 패턴의 삶을 살고 있다. 그런 나의 현주소를 법정 스님의 책을 통해 또다시 발견한 것이다.

홈스테이에서 이른 아침 테이블에 놓인 커피 한 잔을 앞에 두고, '저항하지 말라. 그 어떤 것에도 장벽을 쌓아 두지 말라. 온갖 사소한 충동, 강제와 욕구로부터 그리고 그 자질구레한 모든 갈등과 위선으로부터 진정으로 온전히 자유로워져라. 그러면 팔을 활짝 벌리고 삶의 한복판을 뚜벅뚜벅 당당하게 걸어갈 수 있으리라'

법정 스님의 말씀이 가슴에 짙게 와닿는 발리의 아침을 맞으며 삶이 좀더 여유롭고 갈등으로부터 벗어날 수 있는 제일 좋은 방법은 소유하지 않으며 욕심부리지 말고 그저 가을바람이 불어 귓가를 스칠 때까지 기다리며 내버려 두는 것임을 자각했다.

나는 사람들 만나는 즐거움이 그 어떤 즐거움보다 크다. 그만큼 사람과 사람 사이의 인연을 중요하게 생각하고 만남 속에서 나의 호기심은 충족되며 삶의 가치 또한 어디에 두어야 할지 그 방향과 올바른 방법을 제시받기도 한다. 그래서 나는 여행의 목적은 사람들을 만나고 그들의 삶을 일부나마 들여다보는 것에 두려고 노력한다.

여러 차례 동남아 여행을 통해 느낀 것 중의 하나는 그들에게는 우리에게 부족한 인간의 순수함이 존재한다는 사실이다. 적어도 외형으로는 그들의 삶이 우리가 누리는 삶보다 결코 녹녹한 삶은 아닐 것이다.

인간의 행복은 외형이 아닌 내면, 즉 마음의 풍요가 결정짓는다고 한다. 낙천적인 웃음과 선한 표정 그리고 수줍은 행동을 지닌 그들은 내면

이 풍요로울 뿐만 아니라 선천적으로 그런 기질을 타고났음을 여러 번 동남아 여행을 통해 경험했다. 시장에서 가격을 흥정할 때도 불쾌한 감정을 드러내지 않는다. 물건을 팔고자 치열하게 흥정하는 삶의 현장에서도 각박하고 천박한 생존력보다는 그들 특유의 낙천적인 웃음과 소박함을 잃지 않는데 그것은 선진국에서 종종 경험하게 되는 의례적이며 도식적인 친절과는 비교할 수 없는 것이다. 게다가 흥정과 작은 바가지를 씌우기도 하는 이른바 시장 상술의 묘미를 느낄 수 없이 가격이 고정된 기계적 선진시장에서 느끼지 못하는 소중한 자산이며 이것이 동남아 시장 사람들의 매력이 아닐까. 우붓 마켓의 시장 사람들과 작은 시골 마을 파얀간(Payangan)의 시장 사람들이 꼭 그랬다.

난 발리 우붓에서 5일간 모터바이크를 이용해 낀따마니와 부드골 그리고 여러 작은 마을을 돌아다니면서 백합같이 하얗고 순수한 마음을 지닌 현지인들을 만났다. 사람 한 명 만나기 힘든 낀따마니의 작고 꾸불거리는 좁은 길을 따라가다가 시골 아낙의 감미로운 빨래 소리가 정겨워 가던 길 멈추고 그 정겹고 평화로운 일상의 협주곡을 감상하며 순수한 매력에 빠져들었다. 그야말로 오랜만에 들어보는 추억의 선율이었다. 그의 옆에서는 아낙의 남편과 두 아이가 야자열매를 따는 소박한 일상이 보였는데 부자의 얼굴이 얼마나 평화로웠는지 보는 나도 그들에게 동화됐다. 나의 참을 수 없는 호기심이 발동해 실례를 무릅쓰고 그들에게 다가가 말을 건넸다. 하지만 어김없이 다가온 소리의 장벽, 즉 의사소통이 문제였다. 그러나 사람과 사람 사이에 연결되는 느낌의 교류는 그리 유창한 언어가 필요 없다는 것을 난 여러 여행 경험을 통해 알고 있었다. 느낌의 언어는 그야말로 만국 공통어다.

젊은 부부는 한눈에도 무척 다정해 보였다. 흐르는 냇물에 돌판으로 된 팔래터를 맴돌며 아내의 수고로움을 아이들에게 야자열매를 따주면서 보상하고자 하는 마음이 그랬고 애정이 가득 담긴 눈으로 아내를 바라보는 그의 모습이 그랬으며 내가 말을 건넬 때는 수줍게 손을 맞잡고 응대하는 모습이 그랬다.

쁠레가라는 작은 시골 마을에 사는 이들 부부는 논농사와 함께 닭과 돼지 등의 가축을 기르며 야자열매 등을 팔아 아이들을 학교에 보낸다는데 쥬니어 오후반에 다니는 두 아들이 있어서 행복하단다. 깊은 열대림 숲 사이의 내리막 작은 집에서 우연히 아니, 일부러 찾아 들어가 만난 이들 가정의 행복한 모습에서 많은 부러움을 느꼈다.

땀뿍씨딩이라는 작은 마을에는 그 마을에 딱 맞는 작은 구멍가게가 있었다. 옆에 있는 가솔린 가게에서 모터바이크에 가솔린 한 병을 넣고 물을 사기 위해 가게에 올라섰다. 가게는 걸어들어갈 수 없는 높이에 맨발로 들어서야 했다. 깨끗하게 청소된 타일 바닥이기 때문이었다.

1평 조금 넘어 보이는 아담한 가게의 예쁘게 생긴 젊은 안주인은 나를 보고는 수줍게 미소 짓더니 안으로 들어가고 이윽고 머리가 살짝 벗겨진 아기 아빠가 나왔다. 물을 찾으니 작은 냉장고를 가리켰다. 하지만 물은 보이지 않았다. 재차 '워터'를 외쳤다. 그는 작은 스포츠음료를 보여주더니 머리를 긁적이며 어색한 웃음을 지었다. 영어를 잘 못한다는 표정임이

　분명했다. 그는 동그란 플라스틱 의자를 내놓았다. 편히 쉬었다 가라는 말씀이었다. 난 실례를 무릅쓰고 의자에 앉아 가게 주위를 살펴봤다. 진열된 물건은 몇 개의 빵과 도넛 그리고 얼마 되지 않는 과자와 멜론, 수박을 잘라 봉지에 넣어 작은 바구니에 놓은 것이 전부였다. 가게에 진열된 물품만 보더라도 이곳 현지인들의 소박한 삶을 엿볼 수 있었다.
　음료수를 마시는 나의 옆에서 그의 작고 눈이 큰 아이가 장난감 오토바이를 가지고 놀고 있었다. 아이에게 수박과 멜론을 한 조각씩 건넸지만 아이는 큰 눈을 깜박이며 그저 웃기만 했다.
　"이름이 뭐니? 몇 살이야?"
　아이의 이름은 '네오나따' 라고 했다. 첫째 아이라 하니 당연히 '와얀

'네오나따'일 것이었다. 첫째 아이에게는 '와얀'이 붙여진다고 했으니 말이다. 얼굴을 똑바로 보지 않는 아이 그러나 할 짓은 다 하는 '네오나따'를 보면서 행복한 가족에 대한 삶의 가치는 무얼까를 생각했다.

우리나라였다면 필시 이 정도 나이의 아이라면 영어 유치원이나 수학학원에서 치열하게 경쟁할테고 자아가 형성되지 않은 시기임에도 부모의 욕심에 따라 또래의 아이들과 경쟁하는 방법부터 배워야 할 텐데 하는 생각이 들었다. 물론 전직 교육자였던 나 또한 당연히 그런 분위기에 일조한 것도 부인할 수 없다.

신들의 바다 발리의 향기

인도네시아에서 주민이 가장 많이 거주하는 자바(JAVA) 섬은 이슬람을, 발리섬은 많은 사람이 힌두교를 믿는다고 한다. 인도의 힌두교와는 다르게 발리 힌두교의 특징은 발리의 토착신앙과 인도의 불교 그리고 힌두교가 조합된 것으로 특별히 '발리 힌두교'라고 불린다고 하는데 그래서인지 시바신과 더불어 다양한 신들 특히 석가모니상도 눈에 띄었다. 이런 독특한 점을 종교가 없는, 엄밀히 말하면 있으되 없는 것과 마찬가지인 나에게 편견과 배타적 마음 없이 흥미롭게 바라볼 수 있게 했다.

발리인들의 두터운 신앙심은 그들의 의식과 사원에서도 엿볼 수 있었다. 특히 우붓에서는 힌두사원 이외의 종교시설은 찾아보기 힘들었다.

다만 낀따마니 등 고산지역에서 인근 자바섬에서 이주해 온 이슬람인들을 간간이 목격할 수 있을 뿐이었다. 거리 곳곳 상점과 각 가정에는 그들의 신께 바치는 크고 작은 제단, 즉 일종의 사원 같은 것들이 있었는데 아침이면 음식과 함께 향이 피워져 있었다.

천상의 신께 바치는 제물인 '차낭'과 지상의 신께 바치는 제물인 '차루'를 하루에 세 번 하루도 거르지 않고 대문과 방문, 부엌 그리고 각 건물 입구와 제단에 제물을 바치는 이들의 정성은 감탄스럽기까지 했다. 시간이 없는 상인들은 신께 바치는 제물을 만들어 파는 길거리의 행상에게 사서 간단하게나마 차루를 올린다고 한다. 내가 머물던 홈스테이 주인아주머니인 마데도 많은 제물을 일일이 정성스럽게 만들어 직접 신께 올렸는데 제를 올리면서 가족의 건강과 행복 그리고 건강이 함께하기를 기원한다고 한다. 제의를 차려입고 꽃과 향 그리고 하찮은 미물에게도 밥 알갱이로 먹을 것을 바치는 모습에서 이들, 발리 사람들의 넉넉한 인심과 신앙심을 느낄 수 있었다.

난 이런 발리의 삶과 향기가 좋았다. 소박함과 두터운 신앙심이 좋았고 축수를 뿌리며 액운을 내쫓는 유연한 손동작이 좋았다. 또한 꽃과 함께 피워진 향 내음이 좋았고 신앙에 깃든 그들의 마음과 동작을 모두 읽어낼 수는 없었지만, 그들의 삶 속에 은은히 묻어나는 인간적 향내음이 나는 정말 좋았다.

나는 비를 그다지 좋아하지 않는 편이다. 반면에 뜨거운 태양이 작열하고 녹색 물결이 어우러진 자연을 좋아한다. 나만의 방식으로 그러한 자연의 강렬함을 즐길 줄 아는 감성이 있기도 하지만 태양과 녹음, 땅,

그리고 길고 긴 낮 등은 젊음을 느끼게 하기 때문이다.

강하게 내리쬐는 뙤약볕을 이겨내고 찾아 들어간 우거진 수목 아래의 그늘은 그 어떤 것보다 시원하며 강한 청량감을 준다. 그렇기에 난 강렬한 햇빛과 극명하게 대비되며 일체된 조화로움을 만들어내는 열대 분위기를 정말 좋아 한다.

우기의 발리, 그동안 비가 내리지 않아 이곳이 계절적으로 우기에 해당하는 남반구가 맞는지 의구심을 갖게 했었는데 이틀 동안 연속 스콜이 이어졌고 그 기세가 매우 강력했다.

오픈된 커피숍에서 로스터 장인의 숨결과 커피 볶을 때 뿜어내는 열기를 느끼며 술라웨시 미디엄(커피 브랜드명) 한 잔의 향미와 함께 퍼붓는 비를 바라보는 것도 그리 나쁘지 않았다. 비 오는 풍경과 습한 공기 아래 마시는 오늘의 슬라워시 드로우 한 잔은 그 어떤 커피보다 더 진한 커피 향을 전했다. 빗소리가 커피숍의 분위기에 더해져 더욱 깊은 커피 맛을 줄 수 있다는 것을 안 색다른 경험이었다. 발리 우붓의 소낙비는 정말 그 모습도 열대다웠다. 비를 싫어하는 내가 비 오는 풍경도 그리 나쁘지 않다는 것을 느낀 것은 순전히 커피 향과 비 오는 모습이 잘 어울리는 발리였기 때문일 것이다.

브두굴 가는 길

브두굴을 향해 길을 나섰다. 브두굴은 해발 1,600m 높이에 브라딴,

부얀, 톰 블링 안이라는 세 개의 호수를 가지고 있는 곳이다. 지도상으로는 길이 복잡해 찾아갈 수 있을지 걱정됐지만, 호흡을 크게 한 후 모터바이크의 핸들을 잡았다.

현지인뿐만 아니라 외국 관광객들도 많이 찾는 시원한 명소답게 브두굴 초입의 꼬불거리는 고갯길에는 각종 차량과 오토바이 행렬이 길게 꼬리를 물고 있었다. 그 자동차 사이를 비집고 추월하는 오토바이의 행렬에 나도 기꺼이 동참하며 우붓에서 출발한 지 2시간 30여분 만에 브두굴에 도착했다.

브두굴 마켓은 여느 관광지가 그렇듯 전통 공예품과 기념 액세서리, 건과일 등을 팔고 있었다. 규모는 그리 크지 않지만, 삶의 역동성만큼은 활화산 같았다. 이슬람계가 대다수인 상인들이 마켓을 찾은 관광객을 상대로 물건 하나라도 더 팔고자 치열하게 움직이는 모습이 그랬다.

마켓에서 5분 정도 더 가야 트레킹과 보테니컬 가든(Botanical Garden) 그리고 세 개의 호수로 유명한 브두굴이다. 난 비도 오고 트레킹 준비를 하지 않은 관계로 호수만 둘러보기로 하고 울룬다누 사원 주차장에 들어섰다. 이미 입구에는 많은 사람이 입장을 위해 운집해 있었다. 브라딴 호수 위에 세워진 울룬다누 사원을 보기 위한 관광객의 행렬과 비 오는 풍경 속 호숫가에 우뚝 솟은 사원은 몽환적 느낌의 풍경화를 보는 것 같았다. 비 오고 흐린 날의 회색 정경과 더욱 짙어진 녹음 잿빛 호수와 반짝이는 사원의 조합은 잠시 꿈을 꾸는 듯 그런 느낌이었다.

사원을 돌아본 후 우붓에서 작은 모터바이크를 타고 브두굴까지 온 외국인인 나를 보며 놀라움과 걱정스러움을 건넨 관광버스 기사의 얼굴을 뒤로 하고 우비를 다시 둘러썼다. 우붓으로 돌아가기 위해서다.

부두굴로 향할 때의 그 비교적 어렵지 않았던 길은 그 반대가 됐다. 비가 오는데 다 부두굴로 향할 때 촘촘히 기억 속에 저장 해두었던 길은 연기처럼 사라진 것이다. 통하지 않는 언어는 나에게 춤을 추는 몸짓을 만들었고 그 몸짓은 애처로움으로 나타나 지나던 현지인의 도움으로 이어졌다. 그 어떤 길도 그 어떤 장벽도 '궁하면 다 통하게 된다.' 라는 진리를 깨달은 길이다. 도전, 특히 여행에 있어서 도전에 대한 두려움을 크게 가질 필요 없음도 깨달았던 길이었다. 만용만은 부리지 말 것도 함께였다.

친절한 그녀, 다이안 리스타리 리스타리
(Dian Restari Restari)

발리의 자연은 평화로움과 아름다움을 가져다주었고 사람들의 표정과 친절함은 정을 가득 느끼게 했다. 그 속에 있는 것만으로도 마음의 평화가 느껴졌고 여행은 만족으로 채워졌다.

브두굴에서 시작된 비는 평지에 가까워질 때까지 이어졌다. 그 비를 맞으며 내려오는 동안 난 자연의 신비로움과 함께 내가 왜 그토록 여행에 목말라하는지 그 이유를 알 것 같았다. 아무 거리낌 없는 자유로움과 평화 그리고 오롯이 나만의 세계를 만끽할 수 있는 삶. 그것이 나의 성정(性情)임을 깊이 깨달았다. 자연과 낯섦, 사람들의 순박함으로부터 난 평화와 안정을 얻고 그 평화와 안정 속에서 나의 진정한 모습을 들여다볼 수 있으며 그 안에서 나를 존중하고 있음도 깨달았다. 그동안 자신을 비난하고 원망하며 가치 없는 삶이라 여겼던 의지박약한 나로부터 나의 존엄성을 느끼게 해주는 길은 바로 여행길임을 여행 중에 만난 사람들을 통해 더욱 단단해졌다.

브두굴에서 우붓으로 돌아갈 때 만난 한 인연이 있었다. 거리의 과일상과 소녀의 해맑은 웃음과 좌판에 앉아 두리안을 까먹는 현지인의 얼굴은 한마디로 만족이었다. 사실 나의 마음 가득 뭉클함이 느껴졌으니, 단순히 언어적 표현인 '만족' 으로는 부족했다. 그 모습을 색으로 표현한다면 노랑과 파랑에 녹색을 조금씩 섞어 만든 연한 에메랄드색이라 할까.

그 묘한 감성을 느끼며 잠시의 휴식을 취하는 중 생리현상이 급해졌다. 길가에서 노상 방뇨하기도 그래서 화장실이나 적당한 장소가 나올 때까지 참기로 하고 계속 길을 재촉했다. 참을 수 없는 순간에 이르러 무작정 방뇨하기로 마음먹고 길에서 최대한 벗어난 골목길로 접어들었다. 그 끝 허름한 가옥 주변에서 일을 벌이려던 순간 선하게 생긴 노인 한 분이 무슨 일인가 싶은 표정을 하고 내게 다가왔다. 멋쩍은 웃음으로 '토일릿 토일릿' 을 외쳐도 웃기만 할 뿐 대답이 없었다. 생리의 원천인 그곳을 가리키며 '쉬 쉬' 라고 하자 그제야 알겠다는 표정을 지으며 날 화장실로 데려갔다. 깔끔하게, 후회하지 않을 일을 시원하게 해결하고 나니 손주로 보이는 한 아이가 웃으며 다가왔다. 그리고 곧이어 그 노인의 딸로 보이는 젊은 아기 엄마가 아기를 업고 나타났다.

그녀의 이름은 다이안 리스타리 리스타리(Dain Restari Restari). 리스타리를 반복한 이름으로 보아 이슬람계 같기는 한데 집의 분위기로는 꼭 그런 것 같지도 않았다. 노인과의 사이를 물어보니 그녀는 노인의 며느리며 남편은 목공 일을 하고 자신은 초등학교 교사란다. 나도 미술 교사라고 소개하니 무척 반가워했다. 곧이어 학교생활 이야기를 이어갔다.

다이안은 아이들을 굉장히 좋아하며 학교생활은 그런 만큼 재미있단다. 그리고 자기의 어린아이들도 학교에 데리고 갈 수 있어 양육의 문제가 해결되니 교사 생활을 하는데, 큰 지장이 없다고 한다. 그렇게 이야기를 이어나가던 중에 그녀는 잠시 실례한다며 자리를 떴다.

난 그의 어린 딸과 그 동생과 장난을 시작했다. 아뮤라는 이름의 딸은 4살로 수줍음은 많았지만 밝고 명랑하며 장난도 아주 좋아했다. 아뮤의 동생은 아직 걷지 못해 바닥에 앉아 손을 흔들며 무언가를 열심히 먹고 있었다. 노인의 손녀 아뮤와 쫓기 장난을 하는 동안 눈썹이 유난히 하얀 노인은 평온한 미소를 지으며 우릴 바라봤다.

잠시 후 다이안이 커피와 간식 그리고 도넛을 가져왔다. 전통 과자인데 '발리 커피와 함께 먹으면 맛있다' 며 내 손에 집어 줬다. 작은 기념품조차 지니지 않은 나에 대한 원망이 스쳤다. 여행에서 만난 인연, 또는 호의, 아니 꼭 그런 것이 아니더라도 기념될 만한 그 무엇 하나쯤 선물하는 것은 여행자의 기본이다. 하지만 난 오래 전 캄보디아 여행 후 그런 준비에 소홀해 왔다. 그 소홀함은 다이안 가족의 호의로 더욱 민망한 이유가 되었고.

다이안은 보잘것없는 집이지만 집을 구경시켜 주겠다며 아기를 안고 나를 안내했다. 높게 뻗은 잭 푸릇 나무와 다양한 열대 채소들 그리고 이제는 한 마리만 남았다는 돼지우리까지 꼼꼼하게 안내했다. 집안을 돌아보면서 사람의 만남은 참 신비롭다는 생각을 했다. 만약 나의 방뇨 장소로 이 골목을 찾지 않았다면 이런 인연은 결코 이루어질 수 없었을 것이니 말이다.

뜻하지 않은 환대를 받고 난 후 가던 길을 재촉하려니 다이안이 먹던 음식을 프라스틱 백에 담아줬다. 나의 준비 부족이 더욱 후회되는 순간이었다. 이런 진심이 담긴 환대에 금전으로 보상한다는 것이 왠지 그 순수함을 왜곡시키는 것만 같아서 그만두었다. 대신 언젠가 '다시 오겠다' 다짐하며 아쉬운 발걸음을 재촉했다.

이틀이 지났음에도 그 호의에 대한 고마움이 전혀 가시지 않았다. 그래서 다이엔의 집에 다시 찾아가기로 마음먹었다. 이대로 그냥 귀국한다면 그들의 호의에 내가 느낀 감사의 마음을 전하기 매우 어려울 거라 생각됐다. 아무리 다시 찾아오겠다고 굳게 다짐했어도 먼 이국땅을 다시 찾는다는 것은 매우 어려운 일일테고 타인의 호의에 그냥 지나치지 못하는 나의 성격상 이대로 귀국한다는 것은 두고두고 마음이 편치 않을 것 같았다.

빈땅의 슈퍼에서 아기와 노인에게 줄 옷과 신발, 학용품 그리고 과자를 사 다시 길을 나섰다. 우붓에서 브두굴 방향으로 1시간 정도의 거리로 기억했는데 내가 지닌 방향감과 기억을 총동원하여 찾아 나섰지만, 폭우에 방향감을 잃고 1시간여를 헤매다 아쉽게 포기하고 말았다.

어둡고 쏟아지는 빗길을 뒤돌아 오면서 감사의 선물을 전하지 못한 아쉬움에 가슴이 먹먹했다.

그 후 난 한국에 돌아와 SNS에서 아이디 찾기 검색을 몇 차례 했지만, 그녀를 찾을 수 없었다. 아이들을 좋아한다는 그녀는 배려심과 친절한 마음을 지니고 있으니 행복하고 보람 있는 교직 생활을 이어갈 것으로 믿으며 가족의 행복과 함께 노인의 건강을 기원했다.

말레이시아

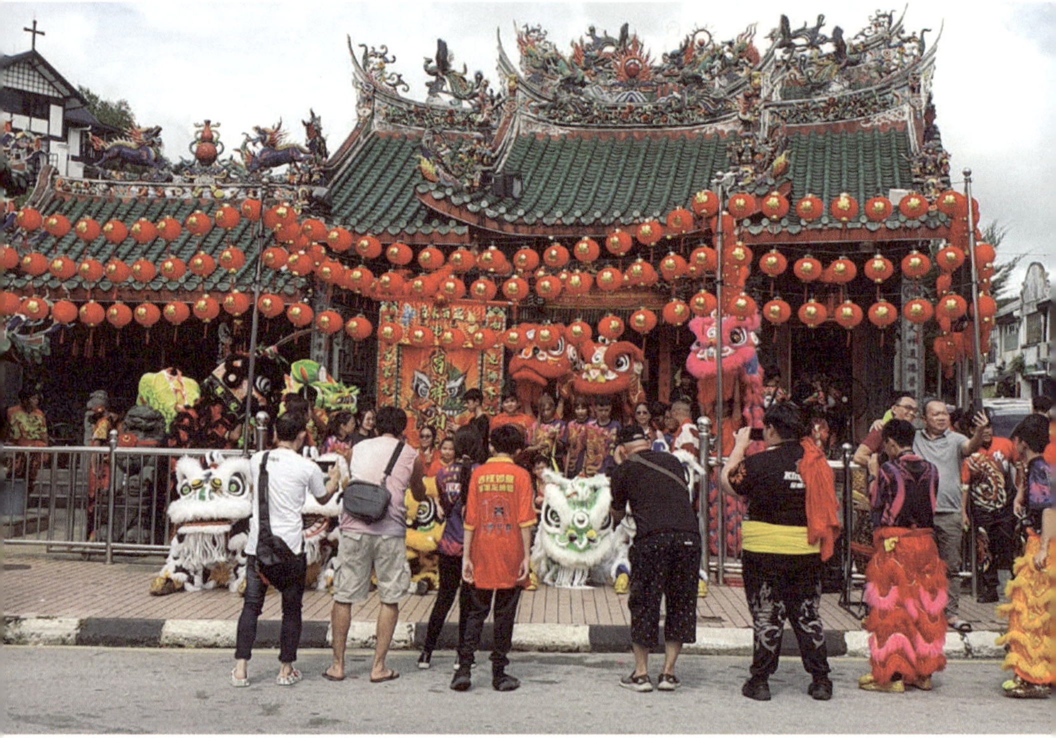

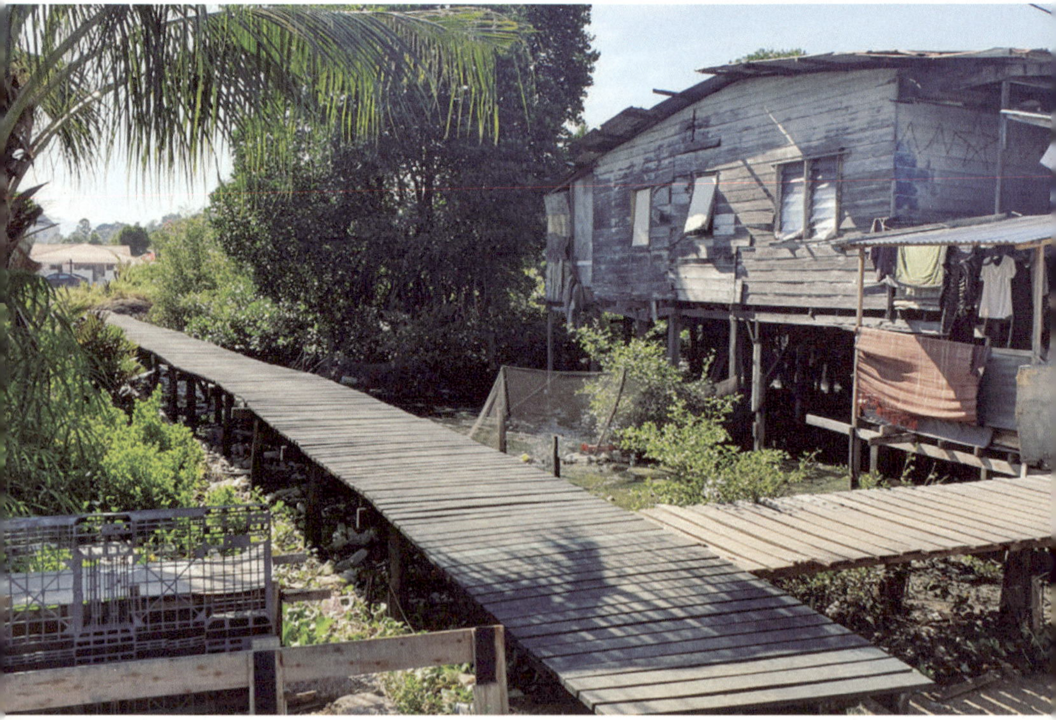

Batu Bungan
Community Market
BATU BUNGAN
Handicraft Centre
011-7030 4228 & 011-1681 8385

나의 첫 이주 탐사지
말레이시아

IV. 나의 첫 이주 탐사지
말레이시아

라오스로 가는 여정에 다시 찾은 페낭

라오스 여행을 계획하고 라오스로 가는 여정에서 말레이시아 페낭을 다시 찾기로 했다. 지인도 만나보고 아내와 딸을 데리고 이주 답사 겸 말레이시아 여행 중에 들렀던 페낭을 좀 더 살펴볼 생각에서다. '꿈은 이루어진다.' 이는 내가 믿는 글귀다. 꿈은 이루라고 있는 것 아닌가. 은퇴 후 계획한 이주의 꿈을 차질 없게 하려면 철저하게 잘 준비해야 한다. (현재 딸과 아내의 반대로 이주의 꿈은 접었다) 그래서 새로운 길을 건널 때 돌다리도 다시 한번 두드려야 더 큰 안전을 보장할 수 있다는 심정으로 3일 정도 머물 생각이었다.

자정이 다 돼 비엔티엔 공항에 도착했다. 난 비엔티엔에서 하루를 보내고, 다음날 이른 아침 말레이시아의 쿠알라룸푸르를 거쳐 페낭으로 들어갈 예정이었다. 다소 복잡한 비행 여정은 항공료 절감 때문이었다.

공항까지 가기 위해 전날 밤 나를 데려다준 택시 기사에게 예약해 둔 상태였다. 기사는 정확한 시간에 아니 그보다 더 이른 시간에 나를 기다렸다. 처음 접한 라오스 사람의 생생한 삶의 모습에서 푸근함을 느꼈다. 나의 마음은 언제나 이런 느낌을 외면하지 않고는 했다. 그 느낌을 받아 정해놓은 요금에 돈을 더 얹었다.

비엔티엔에서 말레이시아 쿠알라룸푸르까지는 두 시간 반의 비행이 소요됐다. 우리나라 지방 도시의 고속버스터미널 크기로 아담한 비엔티엔 공항에 비한다면 그 규모나 시설 면에서 월등한 쿠알라룸푸르 공항에 도착하니 제복을 입고 히잡을 두른 무슬림 여성들의 모습이 눈에 들어왔다. 이슬람국가 말레이시아에 도착한 것이 실감나는 동시에 수년 전 처음 말레이시아에 도착했을 때 느꼈던 느낌도 되살아났다.

덥고 습한 공기에 시원한 에어컨 바람이 섞이면서 피부는 묘한 기분으로 자극됐다. 공항 청사를 메운 수많은 사람과 진청색 제복에 여러 다양한 색의 히잡을 쓴 여성들을 호기심 가득한 마음으로 바라보며 페낭행 항공기 탑승구로 향했다.

여행의 큰 실수는 종종 뜻하지 않게 찾아들고는 한다. 그 실수로 고생도 하지만 그 실수는 또한 여행의 중요한 히스토리에 남는다. 말레이사의 입국이 식은땀으로 주저앉을 만큼 큰 실수였음을 나중에야 알았다.

정시에 출발한 항공기는 한 시간 만에 페낭에 도착했다. 공항의 분위기는 수년 전의 기억을 고스란히 떠올렸다. 딸아이가 유모차에 누워 잠을 자면서 팔과 얼굴 다리 등에 모기에게 물렸던 공간과 아장아장 걸으며 호기심 가득한 얼굴로 면세점 이곳저곳을 돌아다녔던 딸아이의 모습이 시공간을 뛰어넘어 생생하게 살아 돌아왔다. 잠시 가족을 생각하며 깊은 그리움에 빠져들었다. 늦은 나이인 44살에 결혼한 후 가족과 함께 하는 여행만 하다가 혼자 떠나온 여행이었다. 그래서일까. 함께 할 때는 미처 느끼지 못했던 가족의 소중함, 그리움이 더 크게 느껴졌다. 눈에 넣어도 아프지 않을 내 생명보다 귀한 외동딸이 떠올라 눈물이 고였다.

택시 창 너머로 검푸른 빛이 짙어진 페낭 시내가 눈에 들어왔다. 뜨겁고 습한 공기에 땀을 뻘뻘 흘리며 시내를 거닐었던 그때의 느낌은 택시의 쾌적하고 시원한 에어컨 바람 때문이었는지 그때 그 페낭이 맞나 하는 의심이 들 정도로 달랐다. 열대 나무의 가로수 길을 지나고 훤히 트인 공간 오른쪽으로 멀리 페낭 대교의 화려한 야경이 펼쳐졌다. 난 야경의 모습을 고개가 휙 돌아가도록 한참을 바라봤다.

바다 건너 말레이반도까지 연결된 긴 다리는 수많은 빛으로 수놓아 찬란하고 화려함을 발산했다. 분위기에 잘 동화된 야경은 어둠으로 적셔지기 전의 검푸른 하늘과도 잘 어우러졌다. 별처럼 반짝이는 불빛은 검푸른 하늘에 더해 야경의 두 얼굴이 됐다. 하나는 자연미 또 하나는 인공미.

사퍼 그리고 사퍼하우스

나를 태운 기사는 조지타운 한가운데 골목에서 한참 길을 헤맸다. 그리고 잠시 후 철창문이 굳게 닫힌 이층집 앞에 멈추더니 초인종을 눌렀다. 이내 문이 열리고 푸른 옷에 하늘색 머플러를 머리에 두른 아주머니가 나왔다. 그는 그 아주머니와 몇 마디 주고받더니 '이곳'이라며 환한 미소를 지었다. 드디어 메일로 소소한 이야기를 주고받았던 사퍼 아주머니를 직접 만나는 순간이었다.

"먼 데서 오느라 고생 많았어요. 식사는 한 건가요? 나 혼자 살아요. 방은 뒤쪽에 있어요."

사퍼 아주머니는 반갑게 인사를 건네며 방을 안내해 줬다. 이틀 동안 내가 묵을 방은 사퍼의 집 거실과 주방 공간에서 좀 떨어진 뒤쪽이었다. 아담한 침실에 일인용 침대와 화장실 그리고 에어컨과 화장대가 딸린 방으로 여성의 섬세한 손길이 느껴졌다.

"피곤할텐데 일찍 쉬어요. 여자 혼자 살기 때문에 남자 손님은 절대 받지 않는데 당신 지인의 부탁이 있어서 믿고 받은 거예요. 과일은 주방 식탁 위에 있으니 먹고 싶으면 언제든지 먹으면 돼요."

"예 감사합니다."

당연했다. 아무리 70이 넘은 노인일지라도 여자가 아닌가. 혼자 사는 여성이 뭇 사내, 그것도 외국인을 집에 게스트로 들인다는 것은 아무리 영업을 목적으로 할지라도 절대 쉽지 않았을 것이다. 그의 말에 충분히 공감하고 남을 일이었다.

긴 여정의 피곤한 몸은 늦잠을 자게 했다. 일어나 보니 주방에 빵과 과일 그리고 우유와 시리얼이 가지런히 놓여 있었다. 다시 말해 주인 없이 객만 남겨진 것이다. 다소 낯설었지만 어딘지 모를 편안함으로 느긋하게 아침 식사를 즐겼다.

식사 후 천천히 집을 돌아봤다. 제법 큰 규모에 곳곳에 아기자기함에 스며있는 집이었다. 침실 세 곳과 큰 거실 그리고 주방을 지나 내가 묵고 있는 별채가 있는 집에서 사퍼 아주머니의 여성적 섬세함과 예술적 감각도 고스란히 느꼈다.

말레이시아 중산층 이상의 가정은 가정부를 두고 사는 것이 일반적이라고 하는데 아마 내가 묵고 있는 방은 주방과 가까워 주로 가정부가 기거하는 방이었을 것이다. 하지만 혼자 사는 여자가 굳이 가정부를 둘 필요가 있었을까. 그러니 손님에게 방을 내주는 것이 여러모로 현명한 결정이었을 것이다. 혼자였기에 느긋한 마음으로 여러 생각과 상상을 동원하며 집 구경을 제대로 할 수 있었다.

꼼따 빌딩이 눈에 잡힐 듯 가깝게 다가왔다. 페낭의 랜드 마크인 꼼따 빌딩 넘어 페낭 힐도 눈에 들어왔다. 주변으로는 맑은 새소리가 들렸고 아침의 평화로움을 방해라도 하듯 '따다다다' 하는 개발 소음이 여기저기 들려왔다. 그 소음은 제법 큰 규모의 호텔을 짓는 공사장에서 들려오는 것이었음을 나중에 사퍼 아주머니를 통해 전해 들었다. 페낭도 '하나의 세계'라는 물결을 타고 개발붐이 거세게 일고 있었다.

오전 11시경. 주인 없는 집의 열쇠를 어떻게 열고 들어왔는지 사퍼 아주머니를 소개한 지인이 반가운 표정을 하며 들어왔다. 사실 지인이랄 것까지는 아니었다. SNS를 통해 말레이시아에 거주한다는 것을 알았고 이주 관련 정보도 얻을 겸 안부를 물으며 서로의 계정을 방문했던 이른바 '블로그 이웃'이다. 그러니 그 역시 대면은 처음이었다. SNS로 종종 접했고 궁금한 것들을 주고받아서인지 처음 대면했음에도 불구하고 생각보다 크게 서먹하지 않았다.

"반갑습니다. 편히 잘 쉬셨어요? 어제 비행기를 놓치셨다고 해서 못 오시는 줄 알고 걱정했거든요. 다음 비행기를 타셨다는 문자는 밤이 늦어 오늘 아침에야 보았답니다."

"예 반갑습니다. 다행히 연결편 비행기 표를 쉽게 구할 수 있었답니다. 생각만큼이나 편안한 인상이네요. 여러모로 감사합니다."

"예 저도요. 사실 사퍼가 남자분이라고 해서 절대로 안 받겠다는 것을 제가 우겨서 겨우 허락받았는데, 못 오시면 난처해질 뻔했죠 ㅎㅎ."

그랬다. 난 쿠알라룸푸르에 도착 여객 대합실에서 페낭행 항공기를 느긋하게 기다리고 있었다. 시계는 평소대로 라오스와 한국의 시차에 맞추어 놓았고. 다시 말해 라오스와 한국의 시차는 두 시간 한국과 말레이시아의 시차는 한 시간인데 똑같이 두 시간으로 착각한 것이다. 그래서 페낭행 항공기 출발 게이트에 탑승 시간보다 일찍 도착한다고 했음에도 결과적으로는 한 시간 늦게 도착한 꼴이 됐다. 비행기는 당연히 날 기다리지 않았다. 황당한 실수였다. 그래서 지인에게 '비행기를 놓쳤다'는 문자를 남긴 후 다시 항공사 창구에서 페낭행 항공편을 알아보니 다행히 두 시간 후에 한 편의 비행기가 있어 그 비행편을 탄 것이다.

"사퍼와는 이곳에서 요리를 배우는 모임을 하면서 알게 된 사이랍니다. 인도계 말레이시아 사람인데 모든 면에서 정확하지만, 정도 많은 사람이랍니다. 편하게 지내셔도 될 거예요. 아침은 드셨어요? 제가 공항으로 마중을 나갔어야 했는데 사정이 여의치가 않았네요."

"별말씀을요, 이렇게 편한 숙소를 알아봐 주고 어려운 시간을 내어주는 것만으로도 감사한 일인 걸요."

"사퍼가 오늘 점심같이 하자고 하더라고요. 지금 요리 강습하는 곳에 있는데, 그리로 같이 오라고 하네요."

요리실습장은 말레이시아 사람들이 대부분이었고 한국인은 지인과 나뿐이었다. 모든 게 처음이니 당연히 분위기는 어색했고 긴장도 됐다. 지인은 아는 사람들과 간간이 인사와 함께 이야기를 나누었다. 잠시 후 사퍼가 우리에게 다가왔다.

"잘 쉬었어요? 아침은 먹은 거지요? 말레이 사람들 어떻게 사는지 구경도 좀 하고 말레이 음식도 한번 맛보라고 오라고 했어요."

그런데 음식 이름을 물어볼 정신이 없었다. 낯선 어색함에서 그저 지인이 가져다주는 대로 먹을 뿐이었다. 하지만 그런 가운데에도 편안함은 찾아들었다. 아니 편안함보다는 낯선 이국 현지인들의 문화와 음식 그리고 살아가는 모습들을 직접 경험한다는 것에 자연스럽게 분위기에 동화됐다. 그래서였을까. 처음의 그 낯섦과 어색함은 이내 호기심으로 바뀌었고 점점 마음이 열리면서 음식 맛을 느꼈다.

"편히 쉬세요. 내일 아침에 올게요."

지인은 사퍼의 집에 나를 내려다 주고 집으로 돌아갔고, 어둠이 내리는 시간이 다 되어 사퍼 아주머니가 집으로 돌아왔다.

"오늘 어땠어요?"

음식맛을 묻는 것인지 아니면 이색적인 경험에 대한 느낌을 묻는 것인지 그 의도는 정확하게 알 수 없었지만, 만족스러운 경험을 했고 충족감을 느낀 것만은 분명했다.

차 한잔하면서 사퍼 아주머니는 자기의 가족 이야기를 들려줬다. 남편은 덴마크 사람으로 착하고 성실한 사람이며 자기의 일에도 매우 열정적인 사람이었는데 안타깝게도 작년에 돌아갔다고 한다. 아들은 둘이 있고 지금은 둘 다 영국 에든버러에서 직장을 다니는데 말레이시아에는 자주 오지 못하고 일 년에 두 번 정도 다녀간다고 한다. 혼자 살면서 생활의 불편함은 없지만 가끔 남편 생각이 날 때면 자기도 모르게 슬픔에 잠기고는 하는데 그럴 때마다 아들들과 전화 통화를 하면서 마음을 달랜단다. 약간 검은 피부에 전형적 인도 여성 사퍼 아주머니의 이야기를 듣는 중에 나의 가족애는 얼마나 될까? 하고 물어봤다. 정말 얼마나 되려나. 나도 그것이 몹시 궁금했다.

　행복한 가정생활을 해왔고 두 명의 아들을 잘 성장시켰으며 남편과도 애틋한 부부관계를 영위했다는 사퍼 아주머니의 마음이 얼마나 공허할지 아주머니 마음을 투영해 봤다. 누구나 뜻하지 않게 찾아올 수 있는 이별, 나를 비롯해 그 누구도 피해 갈 수 없는 마음일 거라 생각하며 아픈 마음으로 그녀를 바라봤다. 그래서일까. 외국인에게서 느끼는 이질감은 사라지고 한 시대를 함께 살아가는 이웃이 내 앞에 있었다. 살아가는 이야기와 살아왔던 이야기를 나눈 시간은 비록 하루밖에 안 되는 짧

은 시간을 긴 시간을 함께한 사람으로 만들었다.

짙은 어둠이 내리고 베란다 넘어 도시의 불빛과 원형으로 된 꼼따 빌딩의 조명이 멀리 페낭 힐의 불빛과 만나 페낭의 밤하늘을 수놓은 가운데 덥고 습한 공기가 베란다를 타고 넘어 들어왔다. 도시의 불빛과 열대의 공기와는 별개로 고요가 가득한 밤이었다. 더불어 외로움도 밀려왔다. '우리 딸 잘 있는 거지? 아빠가 많이 사랑해! 잘 자 우리 딸!'

여행을 떠나온 지 며칠밖에 되지 않았는데 벌써 가족에 대한 그리움이 파도처럼 밀려왔고 '그리움'이라는 단어가 가슴에 박히는 밤이었다.

사퍼 아주머니의 삶을 느꼈던 소중한 시간

방 안쪽 주방에서 사퍼 아주머니가 아침 준비로 분주했다. 핸드 메이드 호밀 빵과 직접 만든 소스, 토마토와 파인애플, 치즈와 커피로 아침에 딱 어울리는 식단을 준비해 놓고 미소로 나를 불렀다. 그리고 마치 엄마와 아들 같은 분위기로 정성이 담긴 아침을 함께 했다. 치즈를 채에 치는 방법을 알려주고 토핑을 얹어 주는 아주머니에게서 따스한 인간의 매력을 느끼면서.

페낭은 10월이면 각종 페스티벌과 아트 페어 등으로 많은 사람이 몰려온다고 한다. 거리에는 각종 미술가의 작품도 볼 수 있으며 미술을 전공한 나도 참여할 수 있단다. 그 외에도 여러 가지 볼거리들과 요금 없이 볼 수 있는 각종 연극과 공연도 많은데 그만큼 페낭은 국제적인 환경에 맞도록 발전하고 있다면서 한 손으로 검은 피부에 잘 어울리는 안경을 올리며 한껏 페낭에 대해 자랑했다. 그리고 이제 다가오는 12월에는 크리스마스 전에 태어난 두 아들과 며느리, 손주가 생일파티를 열기 위해 집에 모두 모이는데 그때는 다른 손님은 받을 수 없고 지금부터는 가족들을 위해 음식 준비를 해야 한다며 살짝 상기된 표정으로 말을 이어갔다. 난 그러는 그녀의 말과 행동에서 삶의 긍정적인 모습과 감성적 순수함을 느꼈다. 77세의 나이가 무색해질 정도로 활동성과 매력이 충만한 여인이라는 생각도 들었다.

아침 설거지는 내가 하겠노라 하니 '슈어!' 하며 모두 내게 맡기고 자신은 세탁 일을 하겠다고 한다. 그녀의 얼굴은 미소가 흘렀다. 그녀는 나와 함께한 짧은 시간이었지만, 어색함과 이방인 같은 느낌을 벗어던지고 친숙하게 대했다. 물론 내가 어찌해야 더 편할지 알고 한 행동, 즉, 배려심이었다.

설거지를 해준 답례로 보테니컬 가든(Botanical Garden)까지 태워다 줄 테니 그곳에서 천천히 시간을 즐긴 후에 101번 버스를 타고 돌아오란다. 영업을 목적으로 하는 게스트하우스에서 손님에게 손수 자신의 자동차를 운전하면서 관광지까지 바래다주는 일은 흔치 않은 일일 것이기에 그의 마음에 깊은 고마움을 느꼈다. 하지만 12시에 지인과 약속이 있어 혼자 다녀오겠다고 했는데 나의 짧은 영어 때문인지 친구와의 약속 시간을 공항으로의 출발 시간으로 잘못 알아듣고 그만 콜택시를 부른 것이다. 비행기 표를 보여주면서 밤 11시 50분이라고 말씀드렸는데 잘못 알아들은 것이다. 미안한 마음에 그녀의 얼굴을 볼 수가 없었다. 미안해 하는 나에게 그녀는 오히려 자기 잘못이고 전혀 문제없다며 나의 등을 두드렸다.

잘못 부른 콜택시 요금을 주려고 콘도 밖으로 나갔다. 그런데 콜택시 기사는 이미 아주머니가 요금을 지불했다고 한다. 언어 소통의 문제로 인한 일로 행여 내가 부담감을 느끼지 않을까 싶어 한 그녀의 배려였는데 이제 자기도 많이 늙었다며 가볍게 미소를 지었다. 사퍼 하우스에서의 4일 여정은 그녀의 따스한 배려로 마음을 화사한 핑크색으로 물들인 시간이었다.

바투 페링기

12시에 친구가 사퍼 하우스 집 앞으로 왔다. 미국으로의 이주 준비로 바쁜데에도 불구하고 탄중 토공(Tanjung Togong)에 사는 그녀를 만나기로 약속 잡은 이유는 나를 위해 시간을 내어준 것과 사퍼하우스를 소개해 준 것에 대한 고마움을 전하고 싶었고 페낭에 대해 더 자세한 정보를 얻고자 함이었다. 그러한 방법으로 택한 것이 페낭을 떠나기 전 그녀에게 점심이라도 대접하는 거였다.

일식집에서 가볍고 편안한 점심을 함께한 후 그녀는 집으로 돌아가고 난 바투 페링기(Batu Peringgy) 해변으로 가기 위해 버스에 올랐다. 바투 페링기 해변은 가족 여행 때 해변을 돌아보던 중 습하고 더운 날씨로 아내가 많이 힘들어해서 포기했던 해변이다.

버스에 올라 자리에 앉자마자 아스팔트의 열기에 달구어진 나의 몸을 에어컨 바람이 단숨에 식혀줬다. 전에도 느낀 것이지만 페낭의 시내버스는 참 깨끗하고 쾌적했다. 아마 이 버스의 쾌적함 때문에 페낭에 대한 매력이 느껴진 것 같기도 했다.

해변도로를 달려 바투 페링기에 도착했다. 조지타운에서 이곳으로 오는 동안 내내 볼 수 있었던 현대식 콘도미니엄과 호텔들은 보이지 않았고 대신 나무 기둥에 양철 지붕으로 지어진 현지인 주택들이 줄지어 눈을 채웠다. 말하자면 삶의 극한 대비였다. 윗옷을 벗고 해변의 콘크리트 기둥에 걸터앉아 더위를 식히는 사람들도 눈에 들어왔다. 사람들의 생김

새로 보아 인도계 이주민이 대부분이었다. 이들의 생활환경을 접하면서 고단한 이주자의 삶이 고스란히 느껴졌다. 기후와 문화 등이 생경한 이주 생활이 어찌 녹녹하기만 할까. 짧은 시간에 삶의 여정에 대한 많은 생각들이 스쳤다. 나의 지나온 삶도 지금의 삶도 함께였다. 일찍 은퇴를 결정한 후 펼쳐 가야 할 내 미래의 삶도 이들이 살아가고 있는 삶의 그림자에 드리워졌다.

가슴이 덜컹 내려앉고 등에는 식은땀이 흘렀다. 열대 숲이 우거진 해안을 돌아 바투페링기 해변으로 가는 길 한가운데에서 왕도마뱀이 혀를 날름거리며 서 있었다. 언젠가 텔레비전에서 보았던 인도네시아 코모도 왕도마뱀이 떠올랐다. 크기도 거의 그 정도였다. 그리고 주변을 보니 나 혼자였다. 처음 접하는 왕도마뱀에 겁이 덜컥 났다. 공격하면 어쩌나 하는 두려움에 떨고 있는데 그는 나를 힐끗 쳐다보더니 네 다리를 빠르게 움직이면서 숲으로 사라졌다. 필시 그도 내가 무서웠을 것이다. 인간의 광기나 탐욕을 자연의 본능은 알 것이니.

바위에 앉아 해변을 바라봤다. 고기를 잡기 위해 바쁜 몸놀림을 하는 현지인 부부의 모습이 애틋해 보였다. 그리고 곧이어 나의 마음에 짠한 울림이 왔다.

노력을 많이 한다고 하지만 우리 부부는 아직 저 부부와 같은 애틋함에 못 미치고 있다. 서로 간에 바라는 것도 많고 인정 욕구도 많아서일 것이다. 사실은 순전히 나의 좁은 포용력 때문이다. 나이에 맞지 않는 정신적 미성숙에 의존적인 성격과 타고난 여린 마음으로 난 모든 일에 주도적이지 못하고 너그러움 또한 매우 부족하다. 이런 나를 대하는 아내도 많이 힘들 것이다. 그동안 사랑과 평화를 주지 못했다는 생각이 들었다. 그럼에도 나를 찾겠다고 혼자 떠나왔으니, 아내의 마음이 어떨까, 하는 생각에 미안함이 밀려왔다.

공원을 한 바퀴 돌아 나오니 어둠이 총알 같은 속도로 다가왔다. 더불어 거리의 작은 가게들은 서서히 불빛으로 밝혀지면서 여기저기에서 꼬치구이를 굽는 연기가 피어올랐다. 낮에 그 초라해 보였던 마을은 저녁에야 비로소 활기를 띠는 듯했다. 주어진 환경을 극복하며 열심히 살아가는 모습이 느껴졌다.

페낭 힐(Penang Hill)로 가는 길

꼼따 빌딩 안에 있는 버스터미널은 매연으로 가득했고 흰옷을 입은 채 콧수염이 무성한 사내의 몸놀림조차 예사롭지 않게 다가왔다. 어떤 사람은 무슬림 모자를 또 어떤 사람은 긴 치마를 또 어떤 사람은 히잡을 둘러쓰고 있었다. 다민족 국가답게 다양한 표정이 넘쳐나는 가운데 다소 어지러운 분위기와 질서가 큰 불협화음 없이 어우러졌다. 우리의 통일적 사고와 분위기와는 많이 다른 모습이었지만, 매연으로 바닥이 검게 그을린 버스터미널에 각지로 떠나는 손님을 실어 나르기 위해 서 있는 버스들과 목적지를 찾아 떠나기 바쁜 여러 모습은 우리의 생활 모습과 별반 다르지 않았다. 나도 나의 목적지로 떠나는 버스를 살폈다. 그 목적지는

바로 페낭 힐이었다.

    조지타운을 가로질러 내달리는 버스 내부는 시원했고 창 밖을 통해 전해지는 느낌은 열대 국가의 뜨거움이었다. 좁고 구불거리는 길을 들어서니 산 아래 린응사의 거대한 부처상이 보였고 바투페링기 마을에서 보았던, 어쩌면 그보다 더 열악한 가옥들이 눈에 들어왔다. 동남아 국가 중에서는 국민소득과 경제 규모가 월등히 높은 말레이시아 제2의 경제와 관광도시 페낭의 그늘진 모습인가 싶었다. 사실 이런 빈부 격차는 자유시장 경제주의를 채택한 모든 국가가 겪는 현실이기는 하다. 우리나라의 서울과 부산도 소위 말하는 달동네에 가면 이런 모습과 별반 다르지는 않은 모습 아니던가. 자유 시장경제를 받아들인 국가들의 소득격차 문제는 어제오늘 일은 아닐 것이고 더욱 심화할 것으로 예상된다. 풀어야 할 숙제임엔 틀림없지만 그 숙제를 해결하는 건 그리 쉽지 않을 것이다. 자본주의 시장에서 자본의 거대한 위력을 우리 같은 서민이 막아내고 따라가기에는 그 힘이 너무나 미약한 것이 현실이다. 그러니 욕심을 내려놓고 안빈낙도(安貧樂道)의 삶을 살아가는 것이 최선이라는 결론을 내리는 중에 버스는 페낭 힐 주차장에 손님들을 내려놓았다. 페낭 힐 입구에 도착한 것이다.

페낭은 영국의 식민지 시절 휴양 목적으로 건설한 페낭 힐에 엔진 없이 밧줄 동력으로 움직이는 열차인 푸니쿨라(Funicular)를 놓았다고 한다. 푸니쿨라를 이용하면 페낭 힐 입구에서 논스톱으로는 5분, 완행으로도 15분이면 정상에 닿는다. 푸니쿨라 승차 매표소에는 관광객 이외에도 무

더운 날씨에 더위를 피해 모여든 현지인들로 북적였다. 더위를 피해 은행을 찾곤 했던 우리의 그 시절 모습이 그려졌다. 그 분위기를 안고 정상으로 오르니 산 아래 넓게 펼쳐진 도시와 바다 풍광이 눈에 들어왔고 더불어 남국 특유의 이국적 느낌이 전해졌다.

정상 전망대에 서니 조지타운과 파란 하늘에 맛 닿은 너른 바다 그리고 바다 건너 버터워스(Butterworth)와 연결된 페낭 대교가 파노라마로 다가왔다. 가슴이 확 트이는 시원한 전경에 시내와 다른 시원한 공기가 쾌적했다. 난 하늘과 맞닿아 그 경계선이 모호한 바다와 하늘을 구분하고자 눈을 가늘게 또 때로는 크게 뜨고 눈 앞에 펼쳐진 페낭섬의 그림 같은 풍경을 흡입하듯 받아들였다.

이슬람 사원의 모스크 황금색 돔이 햇빛에 반사돼 모스크 지붕을 더욱 도드라지게 했고 그 모스크 아래에는 많은 학생이 모여 있었다. 소풍

이라도 온 듯싶어 도시락을 먹는 한 학생에게 다가가 물으니 그렇다고 했다. 학생은 나에게 먹던 음식을 내밀었다. 그 모습은 수십 년 전 내가 만났던 학생의 모습이었다. 그때는 아이들도 나눔의 정이 몸에 스며 있었다.

학생의 넉넉한 행동을 접하고 나니 그 시절 아이들과 함께했던 정 넘쳤던 시간이 떠올랐다. 돌이켜보면 참 행복했던 시간이었다. 그때는 왜 그 행복함을 몰랐을까. 지나고 나서야 많은 것이 소중했음을 깨닫게 되고 그 시간을 그리워하는 것 아닌가. 그러니 매 순간 미움과 원망보다 소중한 마음으로 생활할 일이다. 한 학생의 호의가 나에게 인생의 깨달음을 줬다.

페낭 힐에서 내려다보는 페낭의 야경은 아름답다고 하나 아쉬움을 남긴 채 페낭 힐을 내려왔다. 저녁에 페낭을 떠나 여행의 주 목적지 라오스로 가야 하기 때문이었다. 왔던 길 그대로 돌아 매연 가득한 버스터미널에 도착하니 오전에 페낭 힐로 떠날 때의 그 느낌이 그대로 살아났다.

공항으로 향하는 버스에서 만난 한류

이제 다음 여정을 위해 라오스로 떠날 시간이 다가왔다. 사퍼 아주머니는 통화를 하면서 음식 준비에 바삐 움직이고 있었다.

"너무 늦게 방을 비우게 돼서 죄송합니다."

사퍼는 전혀 문제 될 것 없다며 언제든 도움이 필요할 때 메일이나 전화를 주면 힘닿는 데까지 도움을 주겠단다. 작고 검은 얼굴에 안경을 쓸어 올리며 한 그녀의 말에 진한 정을 또 한 번 느꼈다.

"드디어 작별할 때가 되었네요."

작별 인사를 건네니 버스터미널까지 바래다준단다. 사실 시간이 많이 남아 있었고 조금 일찍 꼼따 버스터미널에서 버스를 이용해 공항으로 가려던 참이었다. 그러려면 꽤 긴 시간을 꼼따 버스터미널에서 기다려야 했고 또 한참을 걸어가야만 했다. 그런데 자동차로 버스터미널까지 태워다 준다니 너무 감사했다. 게다가 한창 음식을 준비하는 중이었는데 말이다. 덕분에 시간적 여유로 좀 더 편히 쉴 수 있었다.

"비록 짧은 시간이었지만 너무나 편했고 행복하게 머물 수 있었답니다. 마치 엄마와 함께 있었던 느낌이었어요."

사퍼도 아주 편했었다면서 환하게 웃었다.

"짧은 영어에도 불구하고 잘 알아들어 주시고 이해해 주셔서 감사했습니다."

"영어란 어렵지, 스코틀랜드나 미국 영어를 대할 때, 나 역시 당황스러웠고 면박도 당했었지."

그랬다. 헤어짐이 아쉬울 정도의 편안한 시간이었고 그 소중한 시간을 혼자 사는 사퍼 아주머니와 함께 오랫동안 기억에 남을 추억으로 간직할 수 있게 됐다. 그녀의 따스한 미소를 마음에 품고 공항행 104E 버스에 올랐다. 버스가 출발한 후 한참을 사퍼 하우스가 있는 방향을 뒤돌아보았다. 코끝이 저렸다.

버스가 퀸즈베이 몰(Quense Bay Mall)을 지나 정차하자 많은 사람이 버스에 올랐다. 그중에 젊은 아가씨 한 명이 같이 앉자며 나의 옆에 엉덩이를 들이댔다.

"일본인이세요?"

"아니요. 한국 사람입니다."

"괜찮아요. 안녕하세요. 고맙습니다."

아가씨는 수줍은 웃음을 지으며 한국어를 했다. 드라마에서 배운 한국어란다. 순박한 모습의 말레이계 아가씨는 사진 한 장 같이 찍자며 친구에게 휴대폰을 건넸다. 물론 난 기쁜 마음으로 응했다. 크게 웃는 그녀에게 기사가 무어라 나무랐다.

"쉬잇!"

손가락을 코에 얹고 무안해하는 모습은 영락없는 우리의 옛 시골 아가씨의 모습이었다. 도중에 내리면서는 창까지 두드리며 작별의 인사를 건넸다. 그리고 버스가 떠날 때까지 기다려 손을 흔들었다.

혼자 여행하다 보면 가끔 이런 일을 경험하곤 하는데 일상이라면 접하기 힘든 일이다. 다시 말해 다른 국적에서 오는 호기심은 지극히 자연스러운 일이다. 버스에서 처음 만났고 짧은 순간이지만 사퍼와의 헤어짐에 대한 허전함을 뜻하지 않는 곳에서 뜻하지 않은 사람으로 달랠 수 있었다. 순전히 한류 덕이었다.

출국 심사에서 벌어진 황당한 일

아이에 대한 그리움으로 또다시 목이 뻐근했고 공항은 더없이 쓸쓸했다. 난 그리움을 안고 안락의자에 기대어 생각에 잠겼다. '외롭다는 생각을 버리자. 건강에 해롭다' 우울증을 해소하기 위함이요, 나 자신을 위한 여행이며 좀 더 행복해지기 위한 여행이니만큼 밝은 마음과 긍정적인 생각으로 여행을 즐기자며 나를 다독이고 또 다독였다.

20여 분 늦게 출발한 비행기는 다음날 0시 35분 KL에 도착했다. 07시 10분에 출발하는 라오스 비엔티앤행 비행편까지 6시간 이상 기다려야 했기에 적어도 5시간 정도 공항 노숙을 해야 했다. 다행히 도착 로비에는 공항 노숙을 위한 시설(?)이 있었다. 공항에서의 노숙은 사람이 많이 없을 때 불안하기 마련인데 많은 사람이 누워 책을 읽거나 코를 골며 잠을 자고 있었다. 나도 용기를 내 여유로운 마음으로 한자리 차지했다.

여행하다 보면 예기치 못한 곳에서 문제가 발생하며, 그 문제로 인해 곤욕을 치르기도 한다.

페낭을 들르기 위해 라오스 비엔티엔에서 출발 말레이시아로 입국할 때 입국 스탬프를 찍지 않은 것이 문제가 된 것이다.

몇해 전 이주 답사 시 페낭으로 직접 입국할 때는 도착 홀을 지나기 전 분명히 입국 심사를 했었다. 그런데 KL의 공항 도착해서 표시를 따라가니 짐을 찾는 컨베이어가 나오고 그곳에서 바로 도착 홀로 이어졌다. 컨베이어 옆으로는 국내선 출발 게이트로 연결되어 있었고. 그래서 공항 경찰에게 물어보니 페낭에 가려면 도착 홀로 나가 다시 2층 출발 홀로 가야 한단다. 그의 안내에 따라 도착 홀로 나갔지만, 어느 곳에도 입국 심사를 하는 곳은 없었다. '내가 타고 온 항공기 도착 게이트가 국내선 게이트였나?' 하는 생각이 들었다. 국제선 항공기가 도착하는 게이트로 나왔다면 입국 심사대를 통과하지 않을 수 없었을 것이니 말이다. 결국 말레이시아에 도착 후 이어지는 국내선 비행 편을 타고 페낭으로 들어갔으니, 입국 심사는 자동으로 생략된 것이었다. 당연히 여권에는 입국 날짜와 입국 스탬프는 찍히지 않았다.

다행히 전자티켓을 하나도 버리지 않았고 한국에서부터 비엔티엔으로 이어지는 노선과 비엔티엔에서 쿠알라룸푸르, 쿠알라룸푸르에서 페낭, 페낭에서 쿠알라룸푸르로 이어지는 전 노선의 전자티켓을 보여준 후 몇 번의 실랑이 끝에 간신히 출국심사대를 통과할 수 있었다.

잠도 제대로 못 잔 상태에서 잔뜩 긴장한 탓에 온몸에는 식은땀이 흘렸고 맥이 쭉 빠져 그 자리에 주저앉았다. 첫날 쿠알라룸푸르에 도착해 페낭으로 출발할 때부터 빚어진 긴장감이 이곳에서 크게 탈을 일으킨 것이다.

식은땀이 가라앉고 마음이 진정된 후 라오스행 비행기에 올랐다. 이륙한 말레이시아 땅에는 그리움과 추억 긴장 그리고 미래가 섞여 있었다. 라오스 여행 중 잠시 스치며 들렀었던, 페낭에서의 짧은 시간도 이제 추억으로 남게 될 것이다.

다시 말레이시아 보르네오
구눙 물루(Gunung Mulu)로

겨울 방학을 맞아(2024년, 명퇴 후 9년 만에 기간제교사로 학교에 근무 중) 열대 우림이 날 불렀고 그 부름에 이끌려 동말레이시아로 향했다. 페낭을 다녀온 지 7년 만이었다.

나의 계획은 이랬다. 코타키나발루(Kotakinabalu)에서 2일, 구눙 물루(Gunung Mulu) 5일, 미리(Miri)에서 2일, 쿠칭(Kuchinh) 3일. 그러니까 바다보다는 보르네오섬의 자연과 열대우림 동굴 국립공원 탐방이 주목적이다. 다시 말해 욕심내어 정신없이 다녔던 예전과 달리 욕심을 내려놓고 여유롭게.

말레이시아 입국 방법이 바뀐 사실을 출발 며칠 전에야 알았다. 모든 입국 절차를 입국 전 72시간 내 온라인으로 하도록 한 것이다. 관성대로 떠났다면 제법 애를 먹었을 것이다.

코타키나발루는 어림잡아 15년 전에 다녀왔다. 기억이 날 리 없는 공항 청사. 다운로드 받은 전자입국신고서와 여권을 제시하고 카메라를 바라본 후 지장을 찍고 입국장에 들어섰다.

누군가 그랬다. 그랩 택시를 잡으면 시내까지 9링깃이면 된다고. 하지만 기다리는 수고로움 대신 택시를 타기로 했다. 택시 부스에서 호텔명을 말하면 가격이 찍힌 티켓(30R)을 준다. 택시 타는 곳은 정면이 아니라 왼쪽. 택시 표시는 없다.

동말레이시아 여행의 주목적은 열대우림과 국립공원 탐방이었다. 따라서 코타키나발루는 어디를 돌아볼지 정하지 않았기에 무작정 나서 사바 주립 모스크로 향했다.

현지인의 삶을 보려면 골목이 좋다. 역시 그랬다. 골목에는 화려한 도시 이면에 스며있는 날 것의 삶이 있다.

개울 위에 나무를 기초로 집을 짓고 살고 있었는데 개울을 건너기 위한 다리는 나무판자로 만들었다. 동네 사람들을 상대로 하는 간이식당에서는 아주머니가 장사를 준비하는 모습이 보였다. 그런가 하면 동네 꼬마는 슬리퍼를 신고 한 손에 지폐를 든 채 종종걸음을 재촉했다.

노랫소리에 발길을 멈췄다. 한 사나이가 마이크를 잡고 흥겨운 노래를 부르고 있었고 그의 주변에서는 집주인의 지인인 듯 보이는 사람들이 음식을 나누며 담소를 나누고 있었다. 필시 어떤 행사가 있으리라. 우리가 예전에 그랬던 것처럼. 첫날부터 여행다움의 시작 풍경이었다.

사바 주립 모스크까지 걷는 동안 아침부터 이어지는 뜨거운 열기로 조금 지치게 했다. 달리는 자동차들을 피해 큰길에 이르니 멀리 모스크가 눈에 들어왔다. 난 사실 이슬람교는 익숙하지 않다. 아니 모든 종교가 익숙하지 않다. 그러니 겉모습에 집중할 수밖에.

하얀 건물과 하얀 기둥 그리고 코끼리 눈을 조각한 황금 돔과 돔 첨탑의 6각형으로 된 형태가 눈을 모았다. 조형미로 볼 때 특히 흰 기둥에 황금색 첨탑이 미적인 가치를 느끼게 했다.

내부는 예배가 없는 탓인지 어린 아기 몇 명만이 엄마와 있을 뿐 한산했다. 종교의식에 관심없는 난 예배 분위기를 상상만 할 뿐이었다.

뜨겁게 달군 열대 나라의 도로 위를 걷는다는 것. 여행자가 아니라면 상상하지 못할 일이다. 하지만 난 여행하는 자다. 그래서 그 특권을 유감없이 발휘했다. 횡단보도는 물론 제대로 된 보행로도 없는 도로를 조심스럽게 걸었다. 사바 주립 박물관으로 가기 위해서였다. 뜨거운 도로를 걷는 사람은 당연히 나 혼자다. 그래서일까. 거리를 오가는 자동차 운전자들의 따가운 시선이 느껴졌다.

박물관으로 오르는 숲길 입구의 철문은 자물쇠로 잠겨있었다. 박물관이나 미술관은 그리 선호하지 않는 편이다. 여행지의 기억에 오래 머무르지 않는 곳이 박물관과 미술관이기 때문이다. 그러니 과감하게 포기하고 에킨슨 시계탑으로 향했다.

걷고 또 걷고 등줄기에 땀이 흥건했다. 엉덩이 계곡 사이로도 땀이 차고 목을 뜨겁게 달궜다. 여행에 나서면 거침없는 나였다. 더위, 따가운 시선, 길 건너기 등은 문제 되지 않았다.

하얏트호텔 길 건너에 많은 미니버스가 줄지어 서 있었다. 기사로 보이는 한 사람이 나에게 어디를 갈 거냐고 물었고.

사람들이 미니버스에 올라타 있는 것으로 보아 버스터미널 같았다. 목적지도 쓰여있지 않아 현지인이 아니면 이용하기 쉽지 않아 보였다.

30분 걸어 도착한 앳킨슨 시계탑 주위로는 철담이 에워싸있었다. 하지만 언덕 숲 한가운데 있기에 보는 데는 문제가 없었다. 아니 오히려 시선을 넓혀주니 더 좋았다. 시계탑이 서 있게 된 역사적 사실은 차치하고 주변과 어우러진 모습이 딱 그랬다.

시장기가 돌아 주위를 보니 홍등이 걸려있는 건물들이 눈에 들어왔다. 당연히 식당이 있을 거라는 믿음으로 길을 건넜다.

사람들이 줄을 길게 서 있는 식당 간판은 이펑(YEE FUNG)이었다. 얼마나 기가 막힌 맛이기에 저러나 싶었지만 그곳을 지나쳐 적당히 사람이 있는 식당을 찾아 들어갔다. 스윗 치킨 덮밥(Sweet Chekin)에 주스 한 잔. 나쁘지 않은 식사였다. 그 옆에 있는 요요 카페(YOYO Cafe)에서 커피 한 잔의 여유로움은 지친 몸을 달래기에 충분했다.

좀 더 걸어보기로 했다. 19세기 말 말레이시아를 식민지로 만들기 위해 영국군이 만들었다는 지셀톤 선착장(Jisselton Point)까지 10여 분. 오후 1시가 넘었는데도 섬으로 가려는 사람들이 제법 많았다. 이 뜨거운 날씨에 바다라니. 그래서 젊음이 아니겠는가. 한때 내가 그랬던 것처럼. 그러니 부러울 수밖에 없었다.

십수 년 전 난 산호섬이 있는 바다 한가운데 우뚝 서보기도 했고 패러

세일링도 타 보았기에 그때의 추억을 떠올리는 것으로 만족하기로 했다. 사실 더 큰 이유는 날이 너무 더워 배를 탈 엄두가 나지 않아서였다. 엄두를 대신하여 망고 스무디 한 컵. 직접 갈아 만든 것이라 맛을 따지는 것은 무의미했다.

아내를 웃게 한 탄중아루 비치의 추억

지셀톤에서 그랩 택시를 불렀다. 리카스 모스크(Likas Mosque)에 가기 위해서였다.

"리카스 모스크 오케이?"

"슈어."

사진을 보여주니 알겠다는 표정을 지었다. 그런데 나중에 알고 보니 리카스 모스크는 두 개였다. 즉 내가 가고자 한 모스크는 리카스 시티 모스크(Likas City Mosque)였던 것이다. 택시에서 내렸을 때 사진 속 아름다운 모습은 없고 작고 초라한 모습이 눈에 들어왔다. 나를 내려주고 돌리고 있는 택시를 재빨리 잡아타고 "리카스 시티 모스크~"

그런데 또 기사는 빅 모스크(Big Mosque)가 이렇다 저렇다 하는 것 아닌가. 뜻하지 않게 긴 택시 드라이브를 한 후 겨우 리카스 모스크에 도착했다. 입장료는 밖과 안 두 곳이 달랐다. 난 당연히 밖을 원했다. 밖에서 본 모스크는 소문대로 아름다운 모스크였다. 조형미도 빼어났고 무엇보

말레이시아 코타키나발루 리카스 시티 모스크

다 흰 건물에 옥색빛이 도는 파란색 탑과 파란 바탕에 정방형의 무늬로 된 돔이 주위를 에워싼 호수는 사진 같았다. 세계의 여러 아름다운 모스크 중 하나라는 안내가 있듯이 과연 그랬다. 바다와 야자나무 그리고 뒤로는 키나발루 산군이 있는 풍광이 그 아름다움을 더했다.

그랩 택시로 20분 거리의 탄중아루 비치는 해가 중천인 가운데 시간

은 오후 4시를 가리켰다. 아직 빛을 더 발하고 싶은 시간이었다.

노천식당은 성시를 이루었고 해변의 공원은 젊은이들이 손에 먹을 것을 든 채 삼삼오오 분위기를 잡아갔다. 그런가 하면 이글대는 태양을 맞으며 모래에 누워 썬텐을 즐기는 사람과 해변을 거니는 사람들이 눈에 들어왔다. 꽤 긴 해안선은 금빛 모래와 야자나무를 안고 있는 가운데 태양은 바다에 닿아 하얀 윤슬을 내뿜었다.

아직 태양이 내리기에는 이른 시간. 더위를 피해 노점 식당을 찾았다. 큰 새우와 닭 날개, 용과 주스로 피로를 달랬다. 많은 파리떼 정도는 감수할 만한 아량이 생긴 이유는 순전히 분위기 때문이었다. 코를 자극하는 음식 타는 냄새, 연기, 사람들의 표정, 손님을 이끄는 소리 등 복잡하고 시끄러우며 더워서 좋은.

시간은 흘러 해가 내려가고 있었다. 어느새 많은 사람이 모여들어 해변을 가득 메웠다. 석양의 파티를 위해 두리안 한 마리도 잡았다. 역시나 흉내 낼 수 없는 맛이었다.

갖은 표정을 지으며 석양을 만끽하는 사람들. 그사이에 가물가물한 옛 시간, 활짝 웃으며 행복해했던 아내와의 기억을 떠올리며 나 또한 기꺼이 동참했다. 유명한 석양 포인트답게 장엄함을 연출했다. 혼자라는 게 아쉬운, 가족이 그리운 분위기 있는 시간이었고 아내가 활짝 웃었던 십수 년 전의 모습도 떠오른 추억의 시간이었다.

나시고랭과 모닝글로리의 순한 가격과 맛은 덤이었던 저녁을 즐긴 후 그랩 택시를 불렀다. 교통체증으로 인해 늦는다는 답이 왔다. 그의 말대로 30분, 시원한 택시에 앉으니 몸이 노곤했다.

자연과 생명의 보고 물루(MULU)로

다음 날 난 코타키나발루에서 물루(MULU)로 갈 예정이었으므로 조금 일찍 서둘러야 했다.

몸을 세워 창 밖을 보니 멀리 키나발루 산(Kinabalu Mountain)이 구름을 두르고 머리를 내밀었다. 언젠가는 다시 와서 오르리라는 마음이 솟았다. 남겨둠과 기다림, 미래의 계획. 그것이 여행 아니던가.

물루행 체크인 카운터 직원은 '며칠 있을 거냐. 물루의 다음 목적지는 어디냐. 한국은 어떻게 갈 거냐.' 등을 물었다. 물루에서 미리, 미리에서

쿠칭, 쿠칭에서 쿠알라룸푸르 경유 인천행의 티켓을 보여주니 고개를 끄덕였다. 나이 많은(64) 한국인이 혼자 물루에 간다는 것이 걱정됐을 거라, 생각하니 그의 친절함에 고마움이 밀려왔다.

　작은 쌍발 프로펠러 비행기가 탑승구에서 날 기다렸다. 물루에서는 또 어떤 여행의 세계가 펼쳐질지 하는 기대감에 마음은 설레었다.

　하늘 아래 보르네오섬은 흰 구름 사이 울창한 밀림과 그 밀림 사이로 황토색 강이 마치 용이 땅에 내려앉는 모습으로 휘어져 흘렀다. 밀림에서 품어내는 산소를 마시며 살아가는 많은 생명, 자연의 가치와 소중함이 얼마나 큰지를 깨닫게 했다. 밀림 속에 있다면 미물과 다를 바 없는 우리 인간은 문명의 이기를 타고 하늘에서 바라보고 있다. 세상이 다 내 품에 있다는 착각을 하면서.

　50여 분의 비행 끝에 물루에 도착했다. 깊은 밀림에 과연 비행장이 있을까 싶었지만, 우뚝 솟은 봉우리와 구눙물루 공원 사이에 아담하게도 공항이 자리하고 있었다. 마치 시골 버스 정류장처럼.

세관(immigration) 심사를 마치고 청사 밖으로 나오니 여느 오지 마을처럼 오토바이 몇대가 세워져 있고 작은 도로가 나 있었다. 20여 명의 승객은 단 한 대 있는 리조트 차를 타고 사라졌다.

택시 정도는 있을 줄 알았는데 그야말로 교통수단은 전무했다. 아무도 걷는 이 없는 길을 따라 비 오듯 흐르는 땀을 닦아내며 걸었다. 무덥고 힘든 길을 걷는 나를 아름답고 울창한 자연이 등을 두드리며 위로했다.

강인한 여인과의 만남

머물기로 한 다이애나 홈스테이(Diana Homstay)는 민가 하나 없는 숲에 자리하고 있었다. 과연, 숙박이 가능할까 싶을 정도로 열악했다. 인기척 없는 가운데 개 한 마리가 나를 맞았다.

잠시 후 홈스테이 주인인 다이애나가 걸어왔냐며 미안해했다. 그러면서 자세한 안내, 즉 '식사는 아침을 준비할 것이며 물과 맥주를 마시면 장부에 적어 놓으면 되고 국립공원까지는 언제든 자신이 데려다줄 것이며'라고 말했다. 그렇게 보르네오 원주민인 듯 보이는 다이애나에게 며칠 몸을 맡겼다.

홈스테이 주인장 다이애나는 이혼한 지 6년 됐다고 한다. 그의 가족은 부모님과 남동생, 8살 딸아이가 있고 홈스테이 외 하는 일은 없다는데 그도 그럴 것이 농사 지을 여건도, 상업적인 일을 할 조건도 없어 보였다. 구눙물루 국립공원을 찾는 사람을 상대로 숙박업을 하는 것 외에는.

집 앞 강으로는 모터보트가 간간이 오가고 닭들은 집을 맴돌며 울어 댔다. 외지인이라면 특히 이런 우기 때는 누구라도 고립감을 느끼지 않을 수 없을 듯했다.

점심을 어디에서 먹을 수 있느냐 물으니 국립공원 오피스 내 식당에서만 해결할 수 있는데 저녁은 자기가 해줄 수 있다고 한다. 그러고는 커다란 트럭을 움직여 공원까지 데려다주며 점심을 먹고 나면 앱 전화로 연락하라는 당부도 잊지 않았다. 더워서 걸어서는 너무 힘들 거라면서.

점심으로 채소를 곁들인 밥과 맥주 한 잔, 맥주는 말레이시아에서 처음 접했다. 이슬람 국가라서인지 그간 식당에서 맥주를 찾기 힘들었는데 모처럼의 한 모금은 보약이었다.

점심 후 공원 입구를 돌아봤다. 여기저기 공원 내 숙소가 나무 사이로 산재해 있었다. 우리의 국립공원 힐링 숲 내에 있는 것처럼. 우기라서일까 사람들이 많지 않아 걱정이 앞섰다. 혼자 돌아보아야 하는 것 아닌가 하고.

입장표는 매일 사는 것이 아니라 한 번 구매하면 3일 동안 입장할 수 있는데 사람이 모이면 가이드를 따라 탐방하면 된다고 한다. 구눙물루에 대한 정보도 많지 않아 다소 어렵게 느껴졌다. 그래서 조심하며 욕심내지 않고 돌아봐야겠다고 생각하니 일단은 쉼이 답이었다. 그런 결정이

옳기라도 하듯 다이애나 홈스테이에 도착하니 스콜이 엄청난 기세로 퍼부었다. 그런 스콜을 바라보면서 문득 물루에서 너무 긴 시간을 잡은 건 아닌가 걱정이 앞섰다. 밀림과 깊고 높은 물루 산, 구름과 숲이 전부이니 말이다.

태고의 자연이 살아 숨 쉬고 있는 동굴로

저녁 내내 몇 차례 스콜이 내리더니 밤사이 또 많은 비가 내렸다. 외딴섬 하루 한차례 오가는 비행기가 아니면 외부로 나가기 어려운 곳에서 지금까지 경험하지 못한 고립감이 느껴졌다. 커피도 식사도 공원 내 카페에서만 가능한 곳이니 공원 탐방 외에는 할 일이 없었다. 멍때리는 것이 유일한 것. 어쨌든 비가 오더라도 공원 탐방을 감행해야 할 듯싶었다.

때때로 거센 스콜이 내렸다. 장마철 집중호우 때 내리는 장대비와 같은 비를 바라보며 다이애나가 정성스럽게 지어준 저녁을 먹으니 또 그런대로 운치가 느껴졌다. 또 한편으론 등불을 켜고 보트가 떠내려가지 않게 채비하는 이 집 남자들을 보면서 나의 부족한 가장의 역할을 반성했다.

낯익지 않은 소리에 자리에서 일어났다. 동물 울음소리는 참으로 다양했다. 집에서 기르는 닭, 강아지, 돼지 그리고 멜로니 강(Melony River) 넘어 숲에서 우는 다양한 야생동물 울음소리였다.

보트가 강을 오가는 가운데 아침은 잔뜩 흐려 있었다. 그런 주변의 풍광을 접하면서 문득 여행 계획을 바꿔 하루 동안 다소 무리를 하더라도 예정지를 다 돌아보고 다음 날 미리(miri)로 가야 할 듯싶었다. 버려야 할 항공 티켓과 숙박료가 아깝긴 했지만 과감해질 필요가 있다. 여행도 그림과 같이 창조해 가는 것 아닌가. 창조하려면 수많은 시행착오와 수정이 필요한 거고.

다이애나는 다소 많은 양의 아침을 만들어 줬다. 남기는 것이 미안했다. 작은 새끼 고양이는 내가 식사할 때마다 다가왔다. 하지만 아침에는 줄 게 없었다. 고양이가 누들 음식을 먹을 리 없지 않겠는가. 이 아이도 생존법을 익히 터득했을 터다. 식사할 때면 어디서 나타나는지 귀신같이

알고는 나의 옷을 긁으며 애처롭게 바라보는 것 아닌가. 여느 식사 때처럼 고기가 있었다면 하는 아쉬움을 달랬다.

공원까지 걸어가려고 길을 나서다가 다이애나에게 문자를 보냈다. 공원까지 태워다 줄 수 있느냐고. 'OK'라는 답이 즉시 돌아왔다. 아침을 준비해 놓고 기다렸다는 다이아나의 문자에 나의 소심함을 탓했다. 물어나 볼걸. 그 소리를 들어서인지 배에서 꼬르륵 소리가 났다.

공원에는 여러 명이 모여 있었다. 필시 공원 트레킹을 떠날 사람일 것이었다. 창구에서 가능한 투어를 물으니 원하는 것 모두 가능하단다. 저 사람들은 뭐냐 물으니 클리어 앤 바람 동굴(Clear and Wind Cave) 트레킹 및 캠프 참가자란다. 동굴 투어만 하고 싶다고 하니 가능하다고. (공원 입장료 5일 30링깃. 클리어 워터 동굴, 바람 동굴 트레킹 참여 67링깃. 가이드 동행. 약 3시간 소요. 매일 오전 두 차례 출발. 미리 대기하는 것이 좋음 1박 캠프 참가자는 별도 신청. 출발은 같이하고 비참가자는 클리어 동굴에서 돌아옴)

롱 보트는 4-5명으로 나뉘었다. 순서가 된 듯해 나도 타려고 하니,

"유! 노! 유아 낫 캠핑!"

그러니까 캠프 참가자와 동굴 트레킹만을 참여하는 사람을 구분해서 보트에 오르게 한 것이었다. 가난한 영어 때문에 빚어진 해프닝이었다. 얼굴이 빨개져 있는 나를 나무 벤치에 있는 탈피한 뱀이 위로했다.

강물에 쓰러진 나무들은 미생물에 몸을 맡긴 채 분해되고 있었고 숲에서는 다양한 종의 동물 울음소리가 들렸다. 이런 것이 열대우림인가 싶게도 열대우림의 진수가 느껴졌다. 고온 다습한 환경은 나무는 물론 나무 사이 액체가 흘러내리는 모습을 한 석회암마저 이끼로 덮게 했다.

주요 교통수단인 롱 보트에 짐을 싣고 오가는 사람들, 강어귀 밀림에 나무집 짓고 생활하는 모습과 강에 몸을 담그고 양치하거나 수영하는 사람들의 모습은 문명과는 먼 자연인의 모습이었다.

멜리나(Melina) 강의 원시 부족

20여 분 멜리나 강(Melina River)을 거슬러 올라가 원주민 마을에 도착했다. 여행자를 상대로 작은 수공예품을 파는 곳과 작은 마을, 학교가 보였다. 강을 거슬러 오르는 동안 아무것도 없을 것 같았는데 원주민들이 강어귀에 마을을 이뤄 살고 있었다.

다이애나가 그랬다. 이곳은 고립된 섬과 같은 곳이라고. 이동은 주로 보트로 하며 외지로 나가려면 비행기를 타야만 한다고. 고립 속에서 이들은 밀림 속에서 또 다른 변화에 적응하고 있었다.

페난족(Penan People) 마을이라 하는데 페난족은 세계의 마지막 수렵채집인 중 하나라고 한다. 사라왁 열대우림의 진정한 유목민 페난족은 현재 1만 명 정도가 남아 있고 그중 300명 정도는 아직 숲에서 수렵 생활을 하고 있다는데 그들 중 일부인 이들은 문명의 흐름을 타고 유목과 채집, 관광업을 병행하는 것이다. 그 속에는 다이애나도 있을 것이고.

얕은 강을 오를 때 자갈이 있는 강바닥에 배가 닿아 종종 보트에서 내려 끌어야 했다. 그런 과정을 반복한 끝에 보트 선착장에 닿았다. 선명한 두 개의 이정표. 하지만 Clear Water 동굴로 가는 길은 막혀 있었다. 그중 하나인 바람 동굴로 오르는 나무계단은 젖은 데다 이끼가 껴 있어 미끄러웠다. 그런 계단을 5분여 오르니 동굴 입구는 입을 크게 벌리고 액체가 흐르는 모양을 하고 있었고 크고 작은 석회암 종유석은 이끼를 상어 이빨인 양 아래로 뻗어있었다.

커다란 입구 안쪽에서는 여기저기 '삑삑' 소리가 들렸다. 박쥐였다. 박쥐가 서식하기에 참 좋은 환경인 습하고 어두운 동굴은 박쥐 외에도 다양한 열대 생물들이 서식할 것으로 짐작됐다.

좀 더 안으로 들어갔다. 동굴이 좁아지면서 많은 형태의 종유석들이 나타났다. 그중 킹 챔버 포인트(King Chamber Point)에는 손을 아래로 뻗은 모습, 독수리가 앉아 있는 형태, 붓다의 합장하는 모습 등 종유석 특유의 다양한 형태들이 늘어서 있었다. 보는 사람의 마음과 시각에 따라 다르게 느껴질 형태들, 자연의 정교한 조각품들이었다. 단양 고수동굴의 작고 좁고 아기자기함에 비해 조금 더 크고 웅장하달까. 30여 분 습한 환경과 오묘한 생명의 기운을 오롯이 느낀 시간이었다.

바람 동굴에서 내려와 보트로 잠시 이동 Clear Water 수영장이 있는 보트 선착장에 내렸다. 옥색의 깊은 물과 맑고 투명한 물, 그 속에 길게 누운 나무가 새로운 생명을 잉태하는 듯했고, 그 사이를 한 노인이 유유자적 유영했다. '서양인의 물 사랑은 참 못 말린다.' 생각하면서 노인을 바라봤다. 한편으로는 부럽기도 했다. 수영에 자신 있다면 노인과 함께 하고픈 생각이 들 정도로 맑고 시원했다.

　원숭이가 나무를 건너는 모습을 보며 가파른 시멘트 계단을 올라 제법 숨이 차오를 무렵, 마치 공상 영화에서나 볼 법한 기괴한 석회 종유석이 바위 입구에 거대하게 매달린 모습이 보였다. 특이한 것은 각, 종유석마다 푸른 잎들이 각각 매달려 있다는 점이었다. 생명과 자연의 순환 지역과 환경 기후에 따라 다른 모습을 보여준다는 사실 앞에 자연의 거스를 수 없는 힘이 느껴졌다.

　아직 진행 중인 동굴 조사는 2017년에 이르러 220km의 길이에 달한다는데 세계 8번째 규모의 동굴은 박쥐가 날아다니고 맑은 물이 흐른다는 것에서 비현실적인 느낌마저 들었다. 수정같이 맑은 물에 손과 발을 담가보니 손과 발은 물론 마음도 깨끗해지는 듯 자연이 아니면 감히 설명할 수 없는 모습이었다. 동굴의 규모도 컸을 뿐 아니라 맑은 물이 흐르고 박쥐가 날아다니는 등 자연이기에 가능한 모습이며 흔히 볼 수 없다는 점은 분명 현실과 거리가 멀었다.

동굴은 다양한 척추동물과 무척추동물들에게 좋은 서식지를 제공한다. 그중 일부는 동굴 안에서만 살 수 있을 정도로 진화하고 잘 적응했다. 그런 면에서 'Clear Water Cave'는 박쥐나 새와 뱀과 같은 동물들에게는 매우 훌륭한 보금자리일지 싶었다.

동굴을 내려와 여행 노트에 느낌을 적고 있는데 오스트리아에서 왔다는 남성이 과학자냐고 물었다. 동굴 탐험 후 진지하게 무언가를 적고 있었으니 그렇게 보였을 것이다. 괜스레 민망함을 느끼며 보트에 올랐다.

물루의 깊은 열대우림 속으로

일찍 서둘렀다. 오전에 케노피 스카이 워크(Kenopy Sky Walk)와 오후에는 랑 동굴(Rang Cave)과 사슴 동굴(Deer Cave), 박쥐 엑소더스까지 마칠 생각에서다.

공원 관리사무소 앞에는 십여 명이 모여 있었다. 오피스 직원에게 오전에는 케노피, 오후엔 박쥐 엑소더스를 다녀오고 싶다 하니 케노피는 곧(08시 30분), 박쥐 엑소더스는 오후 2시 30분에 출발한다고 한다. 케노피를 다녀와서 점심 먹고 푹 쉬다가 2시 30분에, 이 장소에 오면 된다는 안내를 덧붙였다.

새삼스레 사람과의 만남도 여행의 순기능이라는 생각이 들었다. 전날

 만났던 가이드 이야기와 자신감 넘치고 직업에 대한 자긍심이 대단했던 중국인들 이야기다. 아니, 나중에 알고 보니 홍콩계 호주인들이었다.
 두 가족으로 부부와 딸 엄마와 아들 한 명, 딸 한 명 그렇게 여행하고 있단다. 자녀들은 대학생으로 3월에 개학하며 홍콩에 있는 조부모를 만난 후 호주로 돌아간다고 한다. 전날 바람 동굴에 가는 동안 이들 두 남자와 호주인과 난 같은 보트를 탔었다. 두 남자 모두 호주인과 유창한 영어를 구사하기에 참으로 부러웠었는데 알고 보니 당연했다.
 엄마는 아들이 호기심이 너무 많아 질문이 많고 말도 많다며 고개를 흔들었다. 옆에 있던 딸도 같이 다니면 너무 시끄럽다며 엄마의 말에 장단을 맞췄다. 컴퓨터를 전공하는 아들은 검색에 시간을 많이 보내는데 곧 호주에 있는 은행에 들어갈 예정이란다. 난 '그 정도면 훌륭한 거 아니냐. 보기에 매우 똑똑해 보인다.' 나의 어린 딸의 미래는 어떨지 걱정하면서 부럽다 칭찬해 줬다. 실제로도 그래 보였다.

56살이라는 남자는 나의 여정을 묻더니 미리(Miri)와 쿠칭(Cuching)에 대한 정보를 알려줬다. 다 그런 건 아니지만 중국인이라는 선입견은 일시에 사라졌다. 하긴 이들은 호주인들이니까. 예의도 바르고 친절한 사람들이라 느꼈다.

자연과의 교감 그리고 깊이를 알 수 없는 깨달음

40여 분 천천히 밀림을 탐험해 갔다. 가이드는 다양한 동·식물에 대해 설명했다. 목소리에 얼마나 힘이 들어갔고 강한 몸짓을 하는지 얄미울 정도로 열심이었다. 호주인들은 다 알아듣겠지만, 그래서 이러저러한 질문도 이어졌지만, 난 거의 눈치로 알아들을 수밖에 없었다. 덕분에 영어회화에 대한 절실함과 지속적인 영어회화 공부의 필요성에 대한 동기를 부여받았다.

가난한 영어회화는 내가 외국인들과 함께 참여하는 일정에 있어서 위축되어야만 했고 그래서 혼자 떨어져 다녔던 이유였다. 생존 영어로는 사람들과 진지한 대화를 할 수 없으니 말이다. 이제 두뇌가 퇴행해 종종 한국 단어조차 떠오르지 않을 때가 있으니, 공부한들 잘 되겠는가. 하지만 도전하고자 하는 마음이 샘물처럼 솟았다. 1년 넘게 멈춘 회화를 다시 시작하리라 마음먹었다. 다시금 멈추게 될지라도.

파쿠 강(Paku river)을 지나 캐노피 스카이 워크에 도착했다. 스카이 워크를 잇는 기둥 위에 두 사람이 매달려 스카이 워크를 수리하고 있었는데 안전은 괜찮겠냐고 물으니 전혀 문제없다고 한다.

나무계단을 올라서 한 사람 겨우 통과할 수 있는 좁은 케노피를 한 사람 한 사람 거리를 두면서 건넜다. 사진에 열중인 사람들을 지나쳐 건너려 하니 아주머니가 불렀다. 사진을 찍어주겠노라고. 혼자 여행을 주로 하는 난 사실 여행 사진이 거의 없는데 잘 됐다 싶어 자세를 취했다.

나무판으로 된 다리가 튼튼할지 싶기는 했지만 이들의 기술력과 수시로 보수를 할 거라는 믿음으로 걱정을 줄이고 건너기 시작했다. 케노피 스카이 워크의 총 길이는 480m, 높이는 30m, 나무와 나무를 연결해 사각으로 돌아 처음의 장소에 나오게 돼 있는 그야말로 스카이 워크였다.

안면도에서 스카이 워크를 한 번 걸어봤지만 높이와 주변 환경 짜릿함과 길이에서 차원이 달랐다. 아이들도 아주머니도 겁을 먹은 듯 제대로 건너질 못했다. 그 정도는 아닌데 말이다. 난 주변 환경과 하늘로 솟은 석회암 절벽을 보며 밀림의 느낌을 만끽했다. 인공의 캐노피만 아니었다면 살아있는, 날것의 자연 그대로였다. 주변에서 들리는 원숭이 울음소리, 새소리, 강 속에 쓰러져 자연으로 돌아가는 나무와 생명들. 처음 접하는 밀림의 소리에 귀를 기울이니 자연과 하나된 느낌이 들었다. 젊은이들은 짜릿함에 더 흥미를 느낄테지만 난 밀림 한가운데 있다는 느낌이 더 크게 다가왔다. 각종 식물과 두꺼운 이끼, 습한 분위기 등 모든 생명의 근원이 펼쳐졌다.

함부로 먹어서도 안 되고 함부로 만져서도 안 된다는 가이드의 설명이 아니더라도 자연은 그래야 한다고 그 당위성을 말했다. 화려하게 생긴 작은 바나나와 꽃도 그중 하나였다. 굳이 먹으려면 꽃을 여러 가지 재료와 센 불로 끓여서 먹어야 한단다.

깊은 열대우림 정글에서 자연과 하나 돼 자연과의 교감은 살짝 스치곤 했던 정글에서는 감히 얻을 수 없는 감성의 깊이를 깨닫게 했다. 우리 인간은 지극히 보잘것없이 숲에 생활하는 동·식물처럼 자연의 일부요, 인간의 두뇌로 문명을 만들었지만, 자연은 문명의 힘을 훨씬 뛰어넘으며 그래서 인간은 자연과는 감히 비교할 수 없는 미약한 존재일 뿐이라고. 그렇게 지금까지 해왔던 여행과 다른 것들을 깨달았다.

점심은 늘 같은 장소였다. 물루에 있는 딱 한 곳의 식당은 공원 내에 있기 때문이다. 나의 생체 리듬이 '채소가 필요해'라고 해서 곁가지 음식으로 푸른 채소도 한 접시 시켰다. 현지 음식은 언제나 맛있고 새롭다. 음식도 일종의 호기심을 만족시키는 것이니 왜 아니겠는가.

용의 승천에 마음을 빼앗긴 시간

2시 30분이 되자 9명의 그룹이 모여들었다. 오전에 가이드 투어를 신청하면 가이드 비용을 낼 때 이름을 적기 때문에 가이드는 그 명단을 한 명 한 명 확인한 후 투어를 설명한다.

대략적인 내용은 이랬다. 소요 시간은 4시간 30분 정도며 먼저 랑 동굴을 돌아보고 옆에 있는 사슴동굴을 돌아본다. 그리고 박쥐 엑소더스를

관찰할 수 있는 포인트에서 1시간 정도 대기했다가 박쥐 탈출이 끝나면 각자 알아서 입구로 돌아온다 등.

역시 가족 또는 친구로 구성되었는데 호주 젊은이와 나는 홀로였다. 그래서일까 호주 청년이 살갑게 말을 건넸다. 며칠 있을 예정이냐. 지금 며칠째냐. 어디를 다녀왔냐. 자신은 내일부터 2박 여정으로 등반에 참여할 거라는 등. 넌 젊어서 가능하겠지만 난 늙어서 걷는 여행만 할 거여서 네가 부럽다며 등을 두드려 줬다.

폴란드계 호주인인 청년의 조부모와 삼촌은 지금 폴란드에 살고 있으며 자신은 아주 어릴 때 호주로 이주해 호주에서 자랐단다. '나의 부족한 영어를 잘 알아들어서 고맙다' 하니, 아니라며 엄지손가락을 들었다. 서양인들도 우리처럼 마음에 없는 말을 할 줄 안다는 걸 느끼니 자연스럽게 미소가 번졌다. 그는 오후 내내 내 옆에서 천천히 알아듣기 쉽게 다양한 이야기를 전했다. 여행 후에도 오래 남을 듯 선하게 생긴 청년이었다.

작은 카멜레온 도마뱀이 보였다. 지금까지 쉬이 눈에 띄지 않았던 야생의 모습이었다. 그리고 얼마 후 이번에는 녹색의 작은 뱀도 보였다. 가이드는 우리가 운이 좋다며 보기 힘든 회기종이란다. 밖에서는 녹색, 동굴에서는 회색으로 변한다는 뱀은 사실 나에겐 혐오스러운 존재다. 하지만 전혀 혐오감을 못느꼈다. 밀림에서 살아가는 생명과 함께 호흡한다는 생생함 때문일 것이다.

동굴 입구 박쥐 포인트에 이르자 아름다운 자연이 입을 다물지 못하게 했다. 푸른 녹음을 머리 삼아 흰 바위를 드러낸 거대한 절벽과 바위 주름이 어찌나 자연스럽게 뛰어난 조형미를 내뿜는지, 근래 보기 드문 자연의 걸작품이라는 생각이 들었다. 바위 한 면, 한 면 모두가 세련된 현대적 감각의 추상 조각이었다. 즉 랑과 사슴 동굴 입구에 다다른 것이었다.

랑 동굴은 한마디로 아기자기한 아름다움으로 표현될 만했다. 사실 자연에서 억겁의 세월을 거슬러 형성된 동굴은 결코, 작지 않았음에도 물루의 다른 동굴에 비해 규모는 작았고 안에 있는 각종 종유석이나 바위들은 예술가가 심혈을 기울여 조각한 듯 아름답기 때문이었다. 마음이 예쁜 사람이면 누구나 같은 느낌을 받을 듯했고 더욱이 동굴을 처음 발견한 브라왕 원주민 랑이라는 사람은 더 그랬을 듯했다.

랑 동굴 아래에 있는 사슴 동굴에 이르자 생전 처음 접하는 냄새가 코를 찔렀다. 제비 배설물이 분해되면서 나는 냄새란다. 그것을 증명이라도 하듯 동굴 주변에는 많은 제비가 날고 있었다. 우리가 볼 수 있는 제비보다 작은, 참새와 같은 크기였다.

동굴의 규모가 얼마나 큰지 입이 다물어지지 않았다. 한마디로 경이롭다. 바람 동굴이나 클리어 워터 동굴, 랑 동굴처럼 석회암이 녹아내린 종유석이나 아이스크림 같은 느낌이나 다양한 형태가 있는 건 아니었지만 그 규모는 관광객을 압도하고도 남았다. 야생동물이 서식하기 딱 좋은 환경이라는 생각이 들었다.

수십 미터의 높이의 바위에서는 빗물이 타고 들어 샤워기에서 물이 내리듯 바닥으로 떨어졌다. 그 또한 신비로웠다. 동굴의 규모가 크니 이런 모습을 보이는 것 아닐까도 싶었다.

랑 동굴과 사슴 동굴을 품고 있는 아름다운 흰색의 석회암과 파란 하늘 흰 구름을 마주하고 앉았다. 이른바 박쥐 포인트에서다. 한 시간 후면 대 자연이 펼치는 장관, 자연만이 설명할 수 있는 신비로움을 마주하게 될 것이었다.

우리 일행만 있을 줄 알았는데 한 무리의 사람들이 모여들었다. 왁자지껄 떠들며 여행의 느낌을 담아내기에 여념 없는 사람들을 향해,

"집중해 주세요. 곧 박쥐 엑소더스가 시작될 겁니다. 조용해야 박쥐들의 행렬을 볼 수 있습니다. 조용히 신비로운 광경을 보시기 바랍니다."

일순간 조용해졌다. 그리고 잠시 후 6시쯤 되자,

"윙 윙 윙~"

무어라 표현하기 어려운, 처음 듣고 처음 느껴보는 신기한 소리와 함께 박쥐들이 하늘로 솟았다. 박쥐 엑소더스가 시작된 것이다.

장관, 신비로움과 자연의 위대함, 경외감이 이런 것일까. 수십 마리의 용이 연이어서 하늘로 올랐다.

그랬다. 박쥐가 만든 용의 승천이었다. 그 소리조차 용이 오르는 소리로 들렸다. 자연현상이 아니면 감히 느끼고 접할 수 없는 모습에 넋을 잃었다. 고개를 젖히고 있어도 목이 아플 겨를이 없었다.

용들은 동굴 위 구멍에서 솟아올라 산 능선을 지나 다시 산 아래로 이동해 갔다. 그렇게 30여 분, 자연의 대서사는 보는 이로 하여금 깊은 감동을 선사했다. 솔직히 TV에서 볼 때는 자연의 기묘한 현상이려니 했는데 직접 접하고 나니 그 생경한 신비로움에 마음이 녹아내리듯 숨소리조차 낼 수 없었다. 비현실적인 경외감 넘치는 자연의 신비라는 말 외에는 더 이상 어떤 표현이 필요할까.

대서사가 끝난 뒤 각자 알아서 입구로 가야 했다. 손전등에 의지해 길을 나섰다. 어쩌다 혼자가 된 나. 혼자의 길에 살며시 무서움이 스멀댔지만 처음 듣는 밀림의 다양한 소리를 벗삼아 걸어내려갔다.

"웻 웻 웻!"

깜깜한 밀림 여기저기서 들리는 소리는 기괴한 소리였다. 소리의 주인공 동물의 정체는 무얼까. 옆에서 뒤에서 앞에서 위에서 살아있는 밀림의 소리였다. 반딧불이도 살갑게 느껴지는 40여 분의 거리 깊은 깨달음이 있었던 하루는 다이애나가 날 마중 나오는 것으로 끝이 났다.

물루 여행 중의 단상

연간 220일 이상 비가 내리고 하루에도 두세 차례 세찬 스콜이 내리는 밀림에서는 땅과 나무에 이끼가 끼고 그 흔적이 남아 있었다. 심지어 인공 구조물은 물론 바위조차 그랬다. 건조 지역과는 극명한 대조 현상이다.

나무를 타고 오르는 줄기 식물 나무에 붙어 기생하고 있는 관엽식물들 일정한 패턴을 이루고 있는 잎사귀 등 어느 것 하나 신비롭지 않은 것이 없었다. 같은 종이라 해도 인공의 힘으로 길러진 식물군과는 그 크기와 다양한 형태 자연스러운 모습에서 차원이 달랐다.

처음 접하는 자연의 소리 이를테면 이름도 처음이며 한 번도 보지 못한 동물들 울음소리며 벌레 소리, 나무와 나무 그리고 잎이 부딪치는 소리 바람이 숲을 스치는 소리 등 자연에 귀 기울이고 호흡한다는 것에 그 시간만큼은 자연이 돼 몸과 마음이 편해졌다. 아무 생각 없는 무아지경이랄까. 자연의 순리 자연의 힘을 거스른다는 것이, 얼마나 무모한 일인지도 함께 깨달았다.

도시에서의 문명, 편안한 삶의 이면에 자연에 순응하며 자연에 기대어 살아가는 페난족, 브라왕족의 삶을 잠시 접하면서 욕심 없는 가벼운 삶이 얼마나 편한지를 그들의 얼굴에서 강하게 느꼈다. 문명을 조금 받아들인 사람들조차 그래 보였다. 대부분 키도 작고 왜소한 체구였지만 행동에는 힘이 들어 있었다. 새로운 인간상을 접하며 또 다른 여행의 힘을 받았다.

페난족, 브라왕 등 현지인 가이드는 대부분 키가 작고 왜소했다. 키 작은 내가 옆에 서면 으쓱거릴 정도로 그랬다.

두 번의 투어에서 만난 가이드는 50대 후반 정도로 보였는데 페난 마을에서 수공예품을 만들어 팔고 있던 아주머니의 남편이었다.

원래는 영어를 전혀 할 줄 몰랐지만, 여행 손님과 접하면서 간단한 영어로 의사소통하면서 배웠다고 한다. 두려움이나 거리낌 없이, 간단한 단어와 행동으로 시작한 의사소통이었지만 지금은 어느 정도 자유롭게 할 수 있단다.

영어를 하기 전과 후의 삶도 달라졌고 만족스럽다는데 문명, 물질적 삶의 편리함으로 볼 때 당연한 것 아닌가.

늘 부족한 영어 실력으로 여행할 시, 특히 다국적 사람과 함께하는 여행에서 어려움을 겪는 나로서는 부럽기까지 했다. 언어는 자신감 있게 사용하면 할수록 실력이 늘어난다는 진리를 다시금 깨달았다. 나 역시 잠시나마 홍콩계 호주인들과의 대화를 통해 숨겨져 있던 영어가 튀어나왔었다. 비록 어설펐지만 말이다. 언어란 끊임없는 노력과 시도가 답임을 현지인 가이드를 통해 절실히 깨달았다.

나의 여행 관련 고질병 중 하나는 딸에 대한 그리움이다. 어느 곳을 여행하더라도 그곳이 국내든, 해외든 떠나는 순간부터 그리움은 시작된다. 난 남들보다 딸과 유별난 교감이 있어 왔다. 늦둥이라서 그랬겠지만, 성

격도 나와 닮았고 갓난아이 때부터 많은 부분 육아를 담당했기 때문이다.

청소년인 지금, 고등학교 입학을 앞둔 때지만 지금도 뽀뽀를 스스럼없이 한다. '여행 중에 사람 조심해라.' '밤길 혼자 다니지 말라.' '잘 먹고 다녀라.' '수시로 연락해라.' 등등의 걱정을 해댄다. 제 엄마보다 더. 그러면서 보고 싶다는 멘트도 잊지 않는다. 내리사랑이라지만 자식의 사랑을 받는다는 것. 큰 기쁨이요 복이다.

서양인의 자신감과 거침없음은 어디에서 온 걸까? 아마도 여행을 즐기는 방식의 차이일지 싶다.

작은 체구에 20대 초반으로 보이는 노랑머리의 서양 여자가 산더미 같은 배낭을 짊어지고 신발을 매단 채 걷고 있다. 그것도 가슴에 보조 배낭까지 메고. 그럼에도 걸음걸이는 가볍다. 사실 이런 모습은 오지 여행에서 많이 본 모습이기는 하다.

작은 배낭을 메고도 더위에 지쳐 혀를 내밀며 헐떡이는 강아지처럼 축 처진 나와는 대조적인 모습이다. 저들의 여행을 즐기는 모습이 참으로 부럽다. 나 역시 흉내는 내고 있지만, 아니 사실은 나만의 방식대로 행할 뿐이지만, 어쨌든 대단하다는 생각이 든다. 우리 딸도 저런 대범함이 있으면 좋으련만 내가 너무 애지중지 키웠으니 이를 어찌할꼬. 하지만 어쩌겠는가 예쁘고 소중한 내 자식이니 그대로 무탈하게 살면 될 일.

물루에서 미리(MIRI)로

더 깊은 구눙물루의 속살을 들여다보지 못한 아쉬움이 남았지만, 또 그런대로 남겨두는 것이 또 다른 미래의 여행을 준비하는 동기를 부여한다. 우리 인간도 결국 삶의 여정이다. 새로운 인생을 설계하듯 여행도 그러하다.

미리로 갈 여정을 꾸렸다. 사실 준비나 체력, 여정상 물루산 정상 트레킹이나 석회암 군의 뷰 포인트(View Point)에 간다는 건 어려웠고 나의 목적, 즉 밀림을 접하고 느끼며 동굴 탐험과 박쥐 엑소더스를 보았으니 그런대로 만족스러웠던 여정이었다.

공항 로비의 짐 체크박스에 짐을 스캔하고 항공 티켓과 여권을 보여주자 바로 탑승권을 뽑아줬다. 아주 작은 공항은 우리 군청 소재지의 버스터미널 같았다. 다른 것이 있다면 짐 스캔과 활주로 그리고 비행기.

사실 어느 공항이든 체크인 카운터를 찾아 짐을 부치고 탑승권을 받는 것은 번거롭고 긴장되는 일이다. 하지만 간결하고 긴장 없이 편하니 모든 공항이 이처럼 작았으면 좋겠다는 다소 생뚱맞은 생각도 들었다.

주변을 살펴보니 과연 이용객이 얼마나 될까. 궁금했다. 미리행 승객은 불과 16명, 운영이 될지 싶었다. 그런 면에서 삶이란 인간이 머물 수 있는 최소한의 조건만 있으면 어디서나 존재한다는 평범한 진리를 깨달았다. 다만 그 방식만 다를 뿐. 더불어 그 속에 호기심 충족을 위해 뛰어든 나 역시 다른 느낌, 같은 삶을 살고 있음도 깨달았다.

한반도의 몇 배 큰 보르네오섬. 그 광활한 밀림 일부나마 내려다본 보르네오섬은 열대 우림의 짙은 녹음과 굽이쳐 흐르는 강이 밀림 사이를 가르며 눈에 볼 수 없는 생명들이 다가왔다.

맑은 하늘과 흰 구름 아래 펼쳐진 세계는 자연의 모습 그대로였다. 그 어떤 인위성도 없는, 그래서일까 가시거리도 꽤 깊었다. 멀리 있는 녹음도 가까운 곳과 그 차이가 크지 않을 만큼.

지금까지 내가 내려다본 가장 경이로운 광경을 바라보며 그곳에서 품어내는 깨끗한 산소를 마시고 있다는 생각에 고마웠다. 25분의 짧은 비행은 그 어떤 때보다 황홀했고 눈을 떼지 못한 속 깊은 시간이었다.

해마의 축복 석유의 도시 미리(MIRI)

미리는 동말레이시아의 사라왁주의 도시다. 우리에게 생소하고 잘 알려지지 않은 도시 미리로 향한 이유는 니하 국립공원(Niha National Park) 또는 람비르 힐 국립공원(Rambir Hills National Park)을 가기 위해서였다.

먼저 시내를 돌아봤다. 고층 건물은 주로 호텔이었고 규모가 큰 건물은 병원이나 관공서 마켓이 주를 이루었다. 시내는 오래된 건물과 단층 상가 건물들이고 키 높은 열대 나무와 캐나다 힐(Canada Hill)이라는 낮은 언덕으로부터 미리 강(Miri River)과 바다로 이어지는 연안 도시 미리는 아담했다.

중심가는 임페리얼 몰(Imperial Mall)이 있는데 도시의 크기에 비해 제법 큰 규모였다. 몰 앞 도로는 와이어레스 워크(Wirless Walk)이라 해서 음식 존이 있고 주변으로도 많은 음식점과 편의점, 약국, 마사지숍 등이 눈에 띄었다.

그 중심가 몰에서 해변으로 걸어나가 봤다. 동남아 대부분 국가는 횡단 도보는 물론 인도가 없다. 특히 말레이시아는 차량 방향이 우리와 반대이기 때문에 길을 건널 때는 특별히 조심해야 한다. 눈치껏 현지인들 하는 방법대로 길을 따라 미리강과 바다가 만나는 곳에 이르자 미리의 상징인 해마 조형물과 수상가옥 컨테이너 화물선을 이끄는 유도선 등이 오갔다. 미리 워터프런트였다. 망망대해는 햇빛을 받아 하얗게 반사됐고

멀리 한국 마트와 한국 식당도 보였다. 지금까지 사라와 여행을 하면서 한국인을 한 명도 못 봤는데 한국 식당이 있다는 것이 의아했다.

이슬람 국가는 돼지고기와 술을 금하고 있다. 말레이시아에서 맥주를 찾기가 쉽지 않은 이유다. 하지만 미리의 중심가 잘란 로드의 식당에서 우리의 밤 문화나 관광지에서 볼 수 있는 술집이 있었다. 식사와 함께한 잔하는 분위기의 식당이었다. 화려한 조명과 시끄러운 음악 소리에 밤의 도시와 같은 느낌이 들었다. 물론 많은 식당 중 두 곳이었지만 이런 사소함을 접한다는 것은 여행만이 가질 수 있는 장점 중 하나다. 평소야 이런 것까지 비교나 관심의 대상이 되었겠는가. 내가 여행을 즐기는 이유다. 맥주도 1 플러스 1, 싱가포르 차이나타운에서 경험했던 그대로였다. 그 덕분에 두 잔의 맥주를 마시는 호사를 누렸다. 모처럼 긴장이 실타래처럼 풀어진 시간 편안하고 적응이 쉬이 된 밤 문화였다. 와어어레스 음식 존에서 피어오르는 고기 굽는 연기와 냄새가 있어서 더 그렇게 느꼈다.

탐험가의 자세로 미리를 탐험하다

내가 미리를 여행지에 넣은 이유는 순전히 Niha 국립공원 때문이었다. 하지만 갈 방법이 마땅치 않았다. 대중교통도 쉬운 일이 아니라는 호텔 직원의 안내가 있었고 여행 인프라, 즉 현지 여행사도 눈에 띄지 않았다. 사실 난 태국이나 라오스같이 외국인을 상대로 하루 또는 이틀 여정의 여행 상품이 있을 것으로 생각했다. 국제운전면허증을 만들었으면 렌터카로 해결될 문제였는데 아쉬움이 컸다.

사실 따지고 보면 니하 국립공원을 가려 한 것은 호기심 때문이지 반드시 가야 할 이유는 없었다. 여행하는 이유는 새로운 세상을 느끼고 호기심을 충족하기 위함이 아닌가. 갈 수 없으면 다음에 더 많은 준비를 해 찾으면 될 일이고. 때로는 목적 없이 다니며 처음 접한 곳의 분위기나 생활 모습을 느끼는 것도 여행의 맛을 깊게 한다. 그러다 보면 뜻하지 않게 나만의 감성 여행지를 발견하기도 한다. 그러니 조급해하거나 꼭 어디를 가야 한다는 생각은 접는 것이 좋다.

바다에 접한 평지의 도시 미리는 언덕이 하나 있었고 그 언덕에 MIRI라는 조형물이 설치되어 있었다. 바로 캐나다 힐이라고도 불리는 그랜드 올드 레디(Grand Old Rady)다. (중심가에서 그랩으로 6R의 가까운 거리)

언덕에 이르니 한쪽에서는 장사 준비를 하고 있었고 원유 시추 모형과 시추하는 사람들 모습의 조형물을 배경으로 미리 시내 전체와 남중국해가 훤히 내려다보였고 아담한 미리 시내가 한눈에 들어왔다.

석유 박물관에는 방문자에게 석유 시추 과정과 운송 과정, 석유 제품,

미리 원유 시추의 역사 등을 알 수 있게 사진과 설명문, 모형들이 전시돼 있었는데 그것을 바라보며 우리는 언제 산유국이라는 이름을 얻을 것인가 하는 마음에 산유국 말레이시아가 부러웠다. 산유국 홍보를 위한 박물관 입장료는 없었다. 나의 미소가 입장료였다.

카메라 렌즈에 습기가 맺혀 사진을 찍을 수 없을 정도로 날이 무척 습하고 더웠다. 그를 알았는지 인근 간이 상점에서 이슬람 모자를 쓴 청년이 미소를 건넸다. 야자수 한 잔 마시라며. 그래서 그렇게 했다. 갈증과 더위가 일순간 달아났다.

탑에서 조금 떨어진, 미리 시내가 내려다보이는 곳에 작은 사당이 보였다. 향이 피어 있고 음식이 놓여 있는 사당이다. 마치 죽은 이의 영혼을 달래기 위한 것처럼. 살짝 으스스한 느낌이 들었다. 분위기로 보아 중국인의 것임을 알 수 있었다. 걸어서 길을 내려오다 보니 혜광사라 쓰인 이정표가 나왔다. 사당은 바로 절 때문일지 싶었다.

중국인이 많은 도시임을 증명이라도 하듯, 모스크는 안 보이고 도시는 온통 붉은 물결. 그 가운데 태백강사(Tua Pek kang Temple)와 해룡사(Hea long Temple)가 있었다.

태백강사는 온통 초록과 노랑 빨강의 원색 물결을 이루는 가운데 곳곳에 건축자재가 쌓여있었고 화강암의 용 조각도 보수 공사가 한창이었다. 그런가 하면 한 아주머니는 향과 제사 음식을 바치고 여신상, 관우상, 붓다상을 돌아가며 열심히 공을 들이고 있었다. 그 모습에서 사찰이라기보다는 무당집 같은 느낌이 강하게 들었다. 역시 절 내부에 붉은 등과 붉은 장식으로 보아 중국인들이 주로 찾는 절임에는 분명해 보였다.

중국인들이 용을 좋아한다는 것은 익히 아는 사실. 도시 동쪽의 주택가에 자리한 해룡사는 태백강사에 비해 규모도 크고 화려했다. 원색은 물론 황금 불상, 커다란 황금용 두 마리가 버티고 있었다. 담의 벽에는 대리석 그림 부조가 새겨져 있어 절의 느낌을 별스럽게 만들었다. 한문이니 그 의미는 충분히 해석이 가능한 서각(書角)까지.

사실 해룡사는 몰에서 점심을 먹는데 나이 지긋한 호주 남자가 옆에 앉아 꼭 가보라고 일러준 절이었다. 하지만 너무 화려한 데다가 커다란 용 두 마리에서 이상한 거부감이 느껴졌다. 오히려 절 주변의 깨끗하고 한적하며 예쁜 꽃이 잘 가꾸어진 주변 주택가에 더 눈길이 갔다. 그래서 어슬렁대고 있는 견공에 이끌려 골목을 돌아봤다. 잘 사는 사람들의 고급 주택가임을 알 수 있었다.

점심에 호주 노인이 알려준 대로 임페리얼 몰에서 그리 멀지 않은 곳에 있는 시티 레크레이션 공원(City Recration Park)으로 향했다. 그동안 미리에서 모스크를 볼 수 없었는데 몰 바로 옆에 모스크가 있었고 그 모스크를 지나 큰길을 건너니 열대림이 우거진 공원이 나왔다.

도시의 규모에 비해 제법 큰 공원으로, 아마 인구밀도가 높지 않아 공원 녹지가 많아서일 것이라 생각됐다. 우리나라 같으면 대도시조차 이런 규모의 공원은 어림없지 않을까 싶은 것이 내가 살고 있는 인구 70만의 도시 천안도 이런 규모의 공원이 없다. 이런 휴식 공간이 있다는 것이 부러웠다. 분수대와 도서관까지 두루 갖춘 공원에 사람까지 없으니 느긋한 걸음으로 산책을 즐길 수 있어 좋았다.

코파 카바나가 아닌 해변 그 이름은 코코 카바나

공원에서 그랩을 잡아 코코 카바나(CoCo Cabana)로 향했다. 브라질의 코파 카바나가 아닌 코코 카바나. 아름다운 항구가 있고 야자나무가 있는, 생각했던 것보다 예쁜 항구를 품은 고즈넉하고 아름다운 해변이다. 건물에 코코 카바나라는 간판을 보니 카페와 음식점이 있는 숙소였을지 싶었다. 차량 출입을 막은 주차장으로 보아 영업을 중단한 것으로 보였지만, 사람들은 자유롭게 왕래했다. 다만 모래가 없는 해변이라서인지 아름다운 광경에 비해 사람은 적었다.

드넓은 남중국해에 서쪽으로 넘어가는 석양이 물에 반사되어 눈이 부셨다. 미리의 상징인 해마 모양의 등대와 그네가 있는 조형물에서 젊은 이들이 사진 놀이를 하고 있었는데 혼자 사진 찍는 나의 모습이 딱해 보였는지 핸드폰을 달란다. 덕분에 나도 한 컷 찍을 수 있었다. 젊은 어느 날 내 모습을 회상하면서.

노을이 질 무렵의 풍경, 특히 바다의 모습은 어디든 황홀하다. 코코 카바나 해변도 예외 없이 아름다웠다. 멀리 원유 시추선이 떠 있고 밤바다로 향하는 고기잡이배 낚시하는 남자, 서로 어깨를 잡고 석양을 바라보는 연인, 몸에서 떨어져나와 바닥을 뒹구는 야자열매 등 모두가 석양빛에 녹아 환상의 광경을 연출했다. 오랜 시간의 기다림에 보상이라도 하듯 개미가 땀으로 범벅이 된 몸을 타올라 가려운 몸조차 아무렇지 않은

미리의 코코 카바나 해변

시간이었다. 그저 망중한의 마음으로 자연의 광경을 바라본다는 것. 그것은 여행자가 할 수 있는 최고의 호사가 아니겠는가.

석양을 걸친 야자나무, 인간의 실루엣과 붉은 노을, 붉게 또 때로는 하얗게 반짝이는 바닷물결 등이 어우러진 참으로 조형미와 감성미 뛰어난 자연의 걸작이었다.

사진을 찍는 중·장년의 이슬람계 말레이인들이 어찌나 우리의 모습과 같은지 절로 웃음이 나왔다. 언어는 못 알아들어도 의미는 전달됐다. 웃고 장난치고 표정을 흉내내며 껴안는 모습에서 우리의 모습을 봤다. 왜 아니 그러겠는가. 문화와 사는 환경 인종이 다르다고 심성까지 다를 것이던가. 모이면 같은 모습인 것은 우리 인간의 감성은 거기서 거기, 다 비슷하다는 것 아니겠나.

두려움의
람비르 힐스 국립공원(Rabmir Hills National Park)

미리에 온 이유는 국립공원 때문이었고 국립공원을 탐방 못하고 떠난다는 것이 못내 아쉬워 접근성과 교통의 어려움을 밀쳐내고 가기로 했다.

그랩을 두 번에 걸쳐 잡아타고 람비르 힐스 국립공원(Rabmir Hills National Park)에 도착해 공원 입구에 이르니 과연 공원 입장이 가능한지 걱정될 정도로 사람 한 명이 없었다. 기사도 이곳을 처음 온 듯 길을 지

나쳤었다. 그도 역시 머뭇거리며 의아한 태도였다. 주차장에 이르러 Office Open이라는 글씨가 보이자, 안심한 표정으로 그 앞에 날 내려주고 차를 돌렸다.

단층의 아담한 Office에 사람이 없어 그 앞을 두리번 거리는데 어디선가 한 남자가 미소를 지으며 다가왔다. 작업복 차림이라 오피스 직원으로 생각하지는 않았는데 오피스 문을 열고 안으로 들어가는 것 아닌가. 입장 가능하냐고 물으니 그렇단다.

돌아가는 것이 걱정돼 교통편에 대한 안내를 받았다. 하루 몇 대 안 되는 대중교통이 있지만 타기도 어렵고 두 시간 넘게 걸린다며 오피스에서 택시를 불러줄 수 있단다. 안심됐다.

그는 몇 시간 정도 트레킹을 할지 물었다. 4시간 할 예정이라 하니 코스를 자세히 안내했다. 빨간색 코스를 가다가 첫 번째 두 번째 폭포를 지나 흰색과 빨간색이 섞인 표시를 따라가다가 라탁 폭포(Latak Water Fall)

를 본 다음 다시 돌아 나와 흰색 표시를 따라 2.2km 정도에서 이어지는 판투 폭포(Pantu Water Fall) 트레일을 따라가다가 분홍색 표시를 따라 나오면 된다고. 그래서 그렇게 했다. 빨간색 표시라 해서 별도의 표시판을 찾았지만 표시판은 없고 나무에 빨간색이 칠해져 있었다. 그런 나무를 따라가다 보니 작은 현수교가 나왔는데 시설 보수가 되지 않아 많이 낡고 길도 좋지 않았다.

깊은 숲과 하늘을 찌를 듯 높이 솟은 나무와 매미 울음 소리, 풀벌레 소리, 새 소리 그리고 간간이 원숭이 울음 소리가 들렸다. 긴팔원숭이가 살고 있는 공원이라니 그를 볼 기대감이 거품처럼 부풀어 올랐다.

입구에서 30여 분 지나자, 폭포가 나왔다. 폭포라기에는 조금 민망한 규모의 작은 폭포였다. 그리고 이어서 나온 두 번째 폭포도 그 정도였다. 지도상으로는 폭포로 나와 있는데 말이다.

폭포를 바라보는데 풀 속에서 '바스락' 거리는 소리가 났다. 무엇일까 놀라 소름이 돋았다. 걸음을 멈추고 살펴보니 도마뱀. 그도 날 보고는 분명 놀랐을 것이다. 서로 놀랐으니 조금 덜 미안했다.

사실, 트레일이 끝나는 4시간 동안 나 혼자였다. 그야말로 사람의 그림자조차 볼 수 없었다. 깊은 밀림으로 들어갈수록 길은 좁고 사람이 다닌 흔적은 없으며 쉼터인 듯 보이는 건물은 폐허가 돼 쓰러져 있었다. 길이라도 잘 못 들까 싶어 긴장의 연속이었다. 그만큼 깊은 밀림이었다. 그럼에도 더 깊고 자세히 느끼고 싶었고 람비르 힐스 국립공원은 두려움과 자연의 숨결, 긴장의 세 부분으로 갈라있던 시간이었다.

두 번째 폭포를 지나 흰색과 빨간색 표시의 나무가 시작되는 곳에 갈

림길이 나왔다. 직진은 라탁 폭포(Latak Wf) 왼쪽은 3번 트레일로 핀투(Pintu)로 가는 길이었다.

흰색과 빨간색 나무를 따라 라탁 폭포로 향했다. 쓰러진 쉼터와 부서진 나무다리를 지나니 작은 호수 아래 거세게 쏟아지는 높이 30m 정도의 폭포가 나왔다. 제법 폭포다움이 느껴졌다. 주위로는 맑은 하늘과 구름을 가를 듯 높이 솟구친 나무숲이 울창했다. 혹시나 나무를 건너는 긴

팔원숭이가 있을까 하고 바라봤지만, 울음소리만 들릴 뿐 볼 수 없었다. 대신 습하고 더운 공기와 새소리, 폭포 소리가 메아리쳐 돌아왔다. '나쁜 날씨로 변하면 즉시 공원 밖으로 나오라'는 안내판을 보니 날씨의 변화가 심한 듯했다. 하지만 날은 좋았다.

트리 탑 타워(Tree Top Tower)로 이어지는, 이끼 끼고 물에 젖어 미끄럽고 가파른 시멘트 계단을 올랐다. 그길로 이어지는 나무색은 흰색이었다. 3코스로 이어진 것이다. 경사는 대략 60도 정도 될 듯했다.

안내판에는 미끄러움과 트리 탑 타워 근저에서 조심하라고 쓰여있었다. 무엇을 조심하라는 건지 사실 늘 조심해야 하는 것은 맞다. 혼자 여행에서는 특히 그렇다. 여행 중 큰 사고로 수술까지 받은 적도 있지 않은가.

갈수록 밀림은 깊어졌다. 길은 좁아지고 물에 푹푹 빠졌다. 옷은 땀으로 흠뻑 젖고 벌레는 달려들었다. 거미줄은 얼굴을 칭칭 감았고, 다리는 따끔했다. 제법 밀림다운 느낌이 들었다. 구눙 물루는 이정도는 아니었다. 사실 밀림 길의 어려움보다는 두려움이 컸다. 정말 사람의 그림자조차 볼 수 없으니 길이라도 잃으면 큰일일지 싶어 긴장됐다. 느긋하게 숲을 느끼며 숲이 쉬는 숨소리와 새소리, 벌레 소리, 원숭이 울음소리 등 밀림의 다양한 소리를 듣고 싶었지만 걸음은 저절로 빨라졌다.

트리 탑 타워의 높이 솟구친 곳에 맑은 하늘이 얼굴을 내밀었다. 파란 하늘을 보니 조금 안심됐다. 세 나무의 굵기와 크기는 가히 압도적이었다. 이끼를 갑옷처럼 두른 모습도 장엄한 느낌을 더했다. 그런데 무엇을 조심하라는 건지는 알 수 없었다.

나무에 칠해 있는 색도 점점 선명하지 않았다. 색이라도 놓치면 길을 잃기 십상이었다. 실제로 두어 번 놓치기도 했다. 벌떼의 습격을 조심하라는 팻말을 보면서는 더욱 긴장됐다.

입장할 때 직원에게 혼자 갈 수 있을까를 물었는데, 그렇다 해서 그리 어렵거니 생각 안했고 공원을 탐험하는 사람이 있을 줄 알았는데 혼자라서 긴장되지 않을 수 없었다. 국내가 아닌 타국의 열대우림이니 더욱 그랬다.

목이 탔다. 물 두 통을 다 마셔도 갈증을 느꼈다. 긴장 탓이었다. 괜스레 욕심부렸나 후회도 됐다.

긴장의 연속을 헤집고 니봉 폭포(Nibong Water Fall)를 돌아 나와 분홍색을 따라 겨우 오피스에 도착했다. 원래는 핀투까지 가려 했었는데 핀투는 포기한 것이다.

처음은 그럭저럭 여유가 있었지만, 갈수록 깊고 좁아지며 여러 가지 다양한 처음 듣는 소리로 긴장감이 높았던 밀림이었다.

어쨌거나 4시간 생소한 경험에 만족해야 했다. 그리고 만족했다. 호기심 충족이라는 고민을 해결했으니 말이다. 쉬이 접할 수 있는 곳이 아니지 않은가.

직원이 택시를 불러줬다. 미리 시내에서 오는 택시는 1시간 정도 후에 도착했다. 기다리는 동안 딸에게서 문자가 왔다. '즐거운 여행이 될 것이며, 안전한 곳 위주로 다니고 위험한 곳은 절대 가지 말라.'는.

기다리는 시간 내내 딸에 대한 깊은 그리움에 빠졌다. 다소의 어려움을 겪어서였는지 유난히도 딸이 그리운 시간이었다. 혹여 길이라도 잃고 빠져나오지 못했다면(나무에 칠해 있는 색을 잘 살펴 돌아본다면 그럴 일 크지 않을 것이지만) 하고 생각하니 딸 아이가 겪을 어려움에 마음이 아렸고 눈물이 핑 돌았다.

정말 조심 또 조심해야 한단 생각과 함께다. 게다가 혼자 여행의 외로움이 유별나게 스멀댔는데 미리에 도착한 후 그 그리움과 외로움을 와이어레스 워크 존(Wire Walk Zone)에서 두리안 하나로 달랬다.

고양이의 도시 쿠칭(Cuching)으로

예정한 쿠칭(Cuching)으로 갈 시간이 왔다. 두리안 잡기에 나섰던 세 명의 청년, 나에게 두리안과 미리에 대해 친절한 안내를 했던 현지인, 내가 찾을 때마다 미소로 망고 주스와 두리안, 아이스크림과 커피를 건네던 눈이 예쁜 아가씨, 와이어레스 워크 존(Wireless Walk Zone)의 노점 등 오래 남을 기억을 담고 쿠칭으로 향했다.

이른 아침부터 비가 내렸다. 스콜처럼 강하고 짧게 내리는 비가 아니었다. 국내든 해외든 날이 궂고 비가 오면 마음이 가라앉는다. 혼자 여행일 땐 더욱 그렇다. 택시 안의 공기는 또 어찌나 차가운지 뼈까지 시렸다.

한 시간 후 쿠칭에 내렸는데도 비는 세차게 내렸다. 그랩 택시 기사는

  교통체증으로 늦는데 기다릴 거냐고 물어왔다. 선택의 여지가 없으니 당연히 그런다고 했다.

  시내로 들어가는 길은 체증이 심했다. 어떤 귀빈이 쿠칭을 방문했는지 사이드카를 타고 사이렌을 울리는 교통경찰이 연이으자 많은 자동차가 옆으로 비켜서고, 그 사이를 10여 대의 의전 차량이 지났다. 의전 차량 행렬로 보아 왕이라도 납신 듯했다.

  쉐라톤 호텔 앞 로터리에 고양이 한 무리가 서 있었고 그 고양이 앞에서 다양한 포즈로 사람들이 사진을 찍고 있었다. 언젠가 텔레비전에서 보았던 그 조형물이다. 고양이의 도시 쿠칭에 온 것이 실감났다.

조형물은 조금 조악하게 느껴졌지만, 도시의 상징물이라 하니 그런대로 가치 있어 보였다. 예술적 가치를 위함이었다면 오히려 느낌이 반감될 그런 어울림이랄까. 그런데 왜 쿠칭이 고양이의 도시가 되었을까?

두 가지 설이 있는데 초창기 이 지역을 다스리던 백인 추장 제임스 부르크(James Burek)가 지역을 둘러보고 고양이가 많아 도시명을 쿠칭이라고 했다는 설과 또 하나는 이곳 특산물인 용의 눈을 닮은 과일(Mata Kuching)에서 비롯됐다고도 한다. 고양이의 눈을 닮은 과일이 많은 이유란 것이다. 사실 난 3일 동안 고양이는 딱 한 마리 봤다. 그것도 한적한 골목의 차량 바퀴 안에서 쪼그리고 있는 모습. 그러니 후자가 맞을 걸로 생각했다.

고양이가 없는 고양이 도시 쿠칭 돌아보기

사라왁 강으로부터 습기를 머금은 시원한 바람이 불어왔다. 고양이 조형물도 그 바람을 맞은 듯 미소를 지었다.

황토물의 출렁임에 반사되는 물빛은 황금물결이었다. 강 건너 식당에서 음악 소리가 들렸고 마치 여러 개의 우산이 펼쳐진 듯 우아한 조형미가 지붕을 감싼 사라왁 주 입법부(Legislative Assembly)는 쿠칭의 상징인 듯했다. 그 옆의 녹음 속 하얀 마르케리타 요새는 더욱 도드라졌다.

쿠칭 인도 거리

쿠칭 워터 프런트(Water Front)에 이르자 노랫소리가 들렸다. 주변은 음식점과 벼룩시장이 서 있었고.

어디서나 흔히 들을 수 있는 음악과 풍류는 남방계 특유의 정서가 아닐까. 그를 증명이라도 하듯 6살쯤 돼 보이는 꼬마가 땀을 흘리며 노래를 부르고 있었다. 대단한 열창이었다. 그에 맞춰 춤과 박수로 호응하는 관객들도 같았다. 우리가 갖지 못한 여흥이 부러웠다.

강변을 따라 좀 더 걸어 내려가니 하얀색 건물에 짙은 옥색 돔 지붕의 인도 모스크(Floating Mospue)가 눈에 들어왔다. 물 위에 건물을 지은 듯 열대 나무 그늘을 드리운 모습이 매우 이색적이었다. 그리고 이어지는 쿠칭 시티 모스크. 쿠칭의 이슬람인들이 찾을 곳이지만 건축양식이 가히 대조적이라 할 만큼 인도 모스크와 매우 달랐다. 깔끔한 인도 모스크, 핑크색 건물에 황금색 돔의 화려한 시티 모스크, 기도에 참여하는 사람들도 그만큼이나 다를지 궁금했다.

골목에는 화장실이 있었다. 하지만 시설은 하나도 없었다. 이른바 노상 화장실이다. 심각한 냄새가 코를 찌르는 가운데 한 남성이 시원하게 볼일을 보고 있었다. 우리와 환경과 문화가 다르고 그들은 그런 모습에 익숙하니 나에게 호기심 이상은 아니었다. 그저 그의 거침없음이 부러웠다. 나 또한 화장실이 필요했기에 더욱더.

골목을 돌아 큰길에 이르자 목적지가 어딜지 궁금한 버스들이 길가에 줄지어 있었다. 그 버스에 올라 목적지 없는 여행을 할까도 싶었지만, 마음을 지그시 누르고 골목 여행을 이어 나갔다.

골목은 현지의 삶을 진솔하게 담고 있었다. 방치된 듯 하지만 자연스럽게도 미적인 느낌을 주는 골목의 허름한 벽과 창문에 널어놓은 빨래, 불협화음이라는 조화가 있는 상호들, 그런 모습에서 마치 내 그림을 보는 듯 편안한 느낌을 받았다. 그와 같은 느낌은 인도 거리라서 더없이 크게 다가왔다.

골목에 들어서자마자 인도 색채가 짙게 다가왔다. 길지 않은 골목, 원색의 옷과 향, 인도 음식과 치장을 위한 액세서리, 사람들의 표정 등에서 역동성이 느껴졌다.

벽화가 있는 건물을 돌아나가니 메르데카 몰이 나왔다. 중국 색채가 짙은 곳으로 공연과 쇼핑, 음식과 카페, 시원한 에어컨과 북적임, 그리고 자연스러운 한류가 있었다. 카페에서 젊은 아가씨가 한국인인 날 보고 미소를 지으며 한국말로 인사를 건넸다. 그렇듯 메르데카 몰에는 문화와 인종의 어우러짐이 있었다.

같은 듯 다른 매력의 쿠칭의 석양

듀랄 하나 다리(Darul Hana Bride)를 건너 석양을 기다렸다. 노을은 그 장소가 어디든 황홀감을 준다. 평소에 접하기 힘든 색이 주는 감흥에 자연의 원초적 향연이 더해지니 누구라도 황홀감에 빠지지 않을 수 없는 것이다.

하지만 같은 음식이라도 레시피와 음식을 만든 사람의 손길에 따라 다르듯 세부적 감흥은 다르다. 쿠칭은 어떤 세밀한 감흥을 줄 것인지 사뭇 기대됐다.

아스타나(The Astana)는 1870년 찰스 부룩이 아내인 마가렛을 위해 지어줬다고 한다. 현재는 사라왁의 주지사 관저로 사용한다는 아스타나는 녹색정원에 흰색의 건물이 주변의 풍광과 잘 어우러졌다. 안으로 들어가 볼 수 없는 게 아쉬울 만큼 조형미와 주변의 어우러짐이 뛰어났다.

아스타나 반대편에 당당하게 우뚝 서 있는 주 의사당에 사람들이 하나둘 모여들었다. 특히 젊은 남녀. 감성을 중시하고 순간의 느낌이나 그것을 배경으로 하는 연출에 능한 것은 세계 모든 신세대의 공통점 아닌가. 이제 구세대가 된 나. 젊은이들 사이 선착장에 주저앉아 음악을 틀어 놓고 석양을 기다리는 동안 왠지 모를 쑥스러움이 밀려왔다.

강은 잔잔했고 평화로웠다. 강을 오가는 작은 배들과 붉게 물들기 시작하는 하늘, 쪽배 위 낚시를 드리운 사람, 실루엣을 드리운 인도 모스크의 돔, 붉은 핑크색에 압도된 짙은 구름과 그 구름 사이로 비추는 석양, 옅은 청회색의 산, 그리고 맑은 얼굴을 하고 자연을 대하는 사람들의 모습에서 짙은 평화와 자연의 경이로움을 느꼈다.

짧은 시간 강한 인상 하루도 거르지 않고 일어나는 자연현상이겠지만 어찌 같을 수 있을까. 분위기와 환경이 주는 마력일지 싶었다. 그렇듯 노을은 같은 자연현상일지언정 노을을 스미는 자연환경에 따라 분명한 차이가 있음을 확인할 수 있었다. 수평선 넘어 떨어지는 노을엔 강과 모스크, 고깃배와 낚시하는 사람, 자유로운 곡선미의 산들이 없지 않은가.

여유와 낭만이라는 이름의 사라왁 강 주변의 풍경

습기를 머금고 있는 사라왁 강 주변에 산책과 조깅을 하는 사람이 눈에 들어왔다. 작은 배를 벗 삼아 낚시를 드리운 망중한의 남성도 함께다.

말레이시아 제4의 도시 쿠칭의 강 풍경은 현대적이거나 도회적인 느낌보다 여유와 평화가 더 진하게 묻어 있었다. 차량 행렬과 소음, 고층 빌딩 숲, 무표정한 표정으로 바삐 오가는 사람들로 보는 이조차 마음의 여유를 잃게 되는 우리 대도시의 강 풍경과는 사뭇 달랐다.

욕심은 여행의 독이다. 내가 쿠칭을 찾은 이유는 쿠칭이 품고 있는 느낌과 고양이가 도시의 이름이 된 이유 그리고 현지인들이 살아가는 모습을 다소나마 느껴보기 위해서다. 그러함에도 바투 국립공원에 대한 미련이 남았지만 과감히 버리기로 했다.

현지의 삶을 들여다보고 느끼는 것에서 여행의 맛은 깊어진다. 그리고 그것이 내가 추구하는 여행의 본질이다. 많은 것을 담고 보는 것에 치중하면 몸은 지치고 머리에 남는 것은 아련한 기억뿐이기 때문이다.

아침에 돌아본 사라왁 강에서 여러 삶의 모습을 접하고 나서 난 '지금 여행 중이구나' 하는 강한 느낌을 받았다. 우리가 접하기 힘든 여유와 낭만이라는 이름의 강이 있기 때문이었다.

사실 미리에서 람비르 힐스 국립공원을 가기 위해 욕심을 냈었고 긴장도 했기에 여행의 느낌을 잠시 잃어버리기도 했었다. 여행하면서 '무리하거나 욕심을 부리지 말자'라고 다짐하곤 했지만 수시로 잊고는 한다. 그리고 떠날 때쯤 다시 느끼게 된다. 깨달음의 연속이다.

사라와 강을 따라 워터 프런트 방향으로 걸었다. 큰 나무 그늘과 강바람이 불어 시원했다. 이름을 알 수 없는 작고 까만 새가 아침 식사에 여념 없는 모습에서 동물이나 우리 인간이나 다를 바 없다는 지극히 평범한 진리를 새삼 깨달았다. 생존이라는 이름의 본능 말이다.

워터 프런트에서 길을 건넜다. 골목 한가운데 젊은 사람들이 같은 유니폼을 입고 구호를 외치고 있었다. 그 뒤로는 화려한 건축물이 있었는데 용산사(龍山寺)였다. 대체 무엇을 위한 행사일까 궁금했다. 대부분이 청년으로 비장한 모습이었지만 그렇다고 긴장감은 없었다. 절 주변을 돌아봐도 무엇을 위함인지 알 수 없어 절 내부를 돌아보는 것으로 만족해야 했다. 분명한 것은 모두 중국인이라는 점. 그래서일까. 용산사에서 바로 중국 거리로 이어졌다. 거리는 그야말로 중국다웠다. 음식도 건물 장식도 홍등이 주렁주렁 매단 모습도, 심지어 오가는 사람들조차.

플라자 마르데카에서 너른 정원을 건너 사라와 전통 문화 박물관(Sarawak Cultuer Museum)으로 향했다. 플라자에서 200m 정도의 북서 방향이다.

사라와 자연의 많은 종류 중 하나에서 따왔을지 싶게 건축양식은 독특하고 조형미가 뛰어났다. 사라와 강변에는 컬처 뮤지엄 말고도 독특한 건축물이 많다. 그런 독특하고 조형미 뛰어난 건축물들이 쿠칭의 매력이 아닐까. 입장표를 구매하는데 직원이 나이를 물었다. 즉 나이에 따라 입장 요금이 달랐다. 입장표에는 'Senier 25R'이 찍혀 있었고.

에스컬레이터를 오른 첫 층은 아이들 체험 공간으로 부모와 함께한 아이들이 다양한 체험에 빠져있었다. 한때 나의 외동딸이 그랬듯 순간 딸의 어린 모습이 떠올랐다. 애잔한 마음도 함께였다.

딸은 어릴 때부터 호기심이 많았다. 모든 어린아이가 그럴 것이고 나의 딸은 호기심이 보통 이상일 거라는 착각에 빠지는 건 모든 아빠의 마음이겠지만, 어쨌든 나의 딸은 남다른 호기심을 갖고 있다고 생각했다. 그래서 숲, 놀이공원, 박물관, 여행지, 놀이카페, 음악회, 전시회, 벽화마을 등 아이의 호기심을 유발할 수 있는 곳은 되도록 빠짐없이 데리고 다녔고, 그때마다 아이는 강한 호기심을 발산했다. 그런 명랑하고 티 없는 어릴 때 내 아이의 모습이 떠오른 것이다. 앞으로도 마음의 상처나 삶의 무게가 가볍기를 바라는 마음을 모아 딸아이에게 보냈다.

한 층 더 오르니 '자연의 하모니'라 해서 사라왁의 대자연과 환경을 느낄 수 있도록 각종 자연 관련 전시물과 영상이 곳곳에서 상영되고 있어 사라왁의 자연을 간접적으로 느낄 수 있었다. 영상을 보니 더 많은 자연을 접하지 못한 아쉬움이 짙게 배어 나왔다. 특히 바투 국립공원. 영상 속 쿠칭은 말 그대로 환상적인 아름다움을 보여줬다.

한 공간의 바룩(Baruk)족 생활양식을 볼 수 있는 공간의 전통 가옥은 네 곳에 통나무 기둥과 보, 나무 뼈대를 잇고 야자 잎의 지붕을 얹었는데 바닥은 나무판으로 숲에서 생활하는 만큼 그에 딱 어울리는 집의 구조인 듯했다. 다음 여행이 허락된다면 바룩족 마을을 찾아야겠다는 생각으로 다음 여행을 계획하는 날 발견했다.

4층 전시관에서는 사라왁의 과거와 근현대 등 시대의 변화를 엿볼 수 있었는데 시대와 문화의 변화는 지역을 불문하고 거부할 수 없는 평범한 진리는 5층으로 이어졌다. 5층 전시관은 '열정의 노래'라고 해서 사라왁 사람들의 예술적 기질과 손재주, 삶의 지혜를 엿볼 수 있었다. 삶의 필요에 따라 자연에서 재료를 수집하고 다듬어서 바구니와 생활 도구를 만들고 직물을 짜는 모습은 지역만 다를 뿐 바로 우리의 옛 모습이었다.

잘 조성된 공원은 사라왁 박물관을 품고 있었다. 사진 포인트인 듯 연출 사진을 찍는 사람들이 눈에 들어왔다. 분위기가 제법이었다.

사라왁 박물관은 원래 사라왁 귀족인 찰스 부룩이 원주민의 수공예품과 사라왁의 야생동물을 전시하기 위해 지었다는데 프랑스 노르망디 마을 회관의 디자인을 모방했다는 건물은 직사각형의 50m 벽에 탑은 13, 5m라고 한다. 그래서인지 하얀 직사각형의 건물과 회색 지붕, 프랑스풍의 창문이 사라왁의 다른 건물과는 느낌이 확연히 달랐다. 이색적인 건물과 잘 가꾸어진 정원, 나무와 오솔길 등 분위기로 보아 사진을 찍는 사람과 젊은이들이 많이 찾는 것 같았다.

사라왁 강은 잔잔한 바람과 나무 그늘 밑 한가롭고 평화로운 시간을 보내는 현지인과 여행자들이 많이 찾았다. 그들은 음악과 함께 강을 바라보며 음료와 음식을 즐겼다. 그런 느긋함과 여유는 사라왁 강과도 많이 닮아 있었다. 조금 늦으면 어떤가. 조금 덜 가지면 또 어떤가. 사라왁 강은 그런 의미로도 다가왔다.

강물의 조각배, 강 건너 마을의 평화로운 모습에서 쿠칭은 확실히 정원 도시의 느낌을 물씬 풍겼다. 뜨겁고 습한 날씨의 단점을 극복할 분위기라 하면 조금 지나치려나? 그만큼 매력적인 도시였다. 자연과 인공의 조화 이질적 민족의 어우러짐과 화합 등 삶의 모습은 물 흐르듯 너무나 자연스럽다는 것. 나의 단편적인 쿠칭의 느낌은 그랬다.

라오스

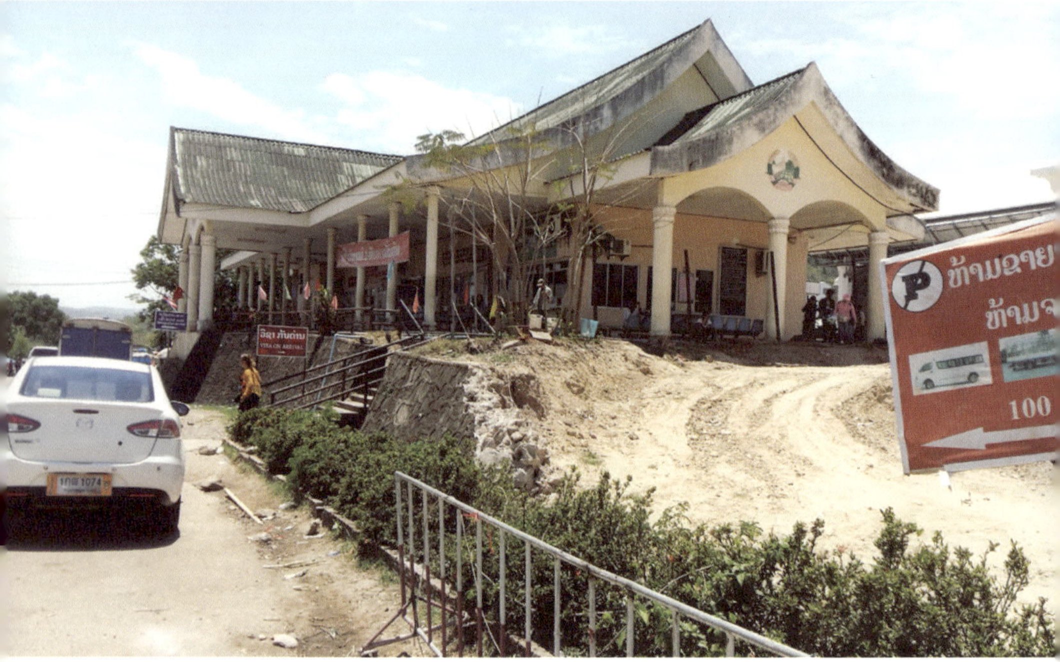
100

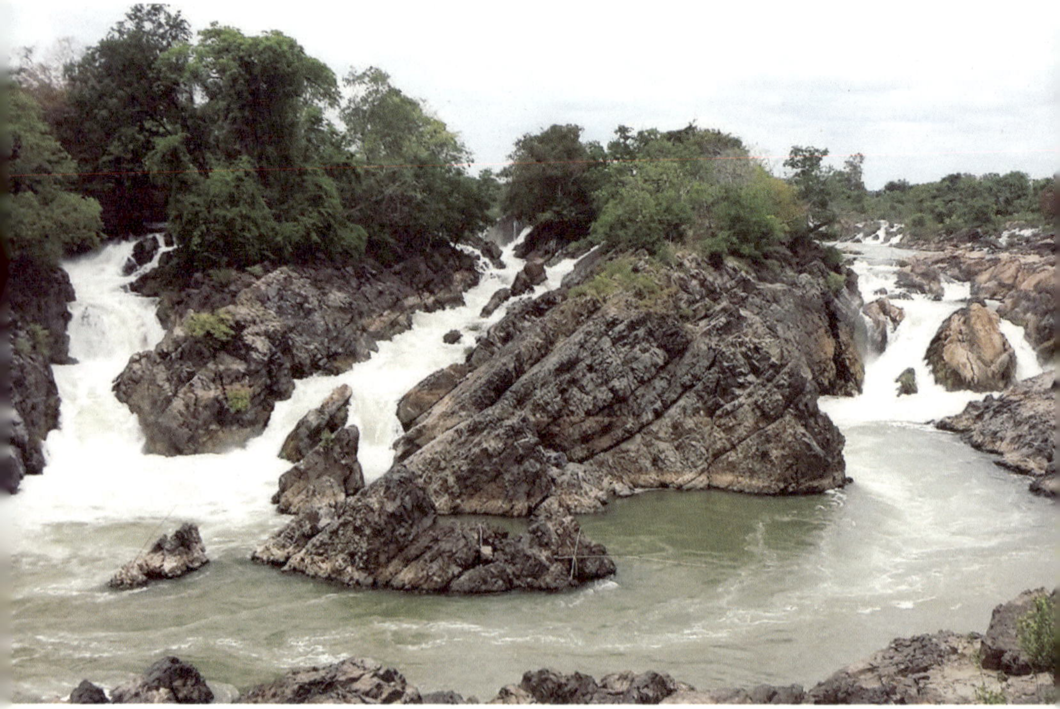

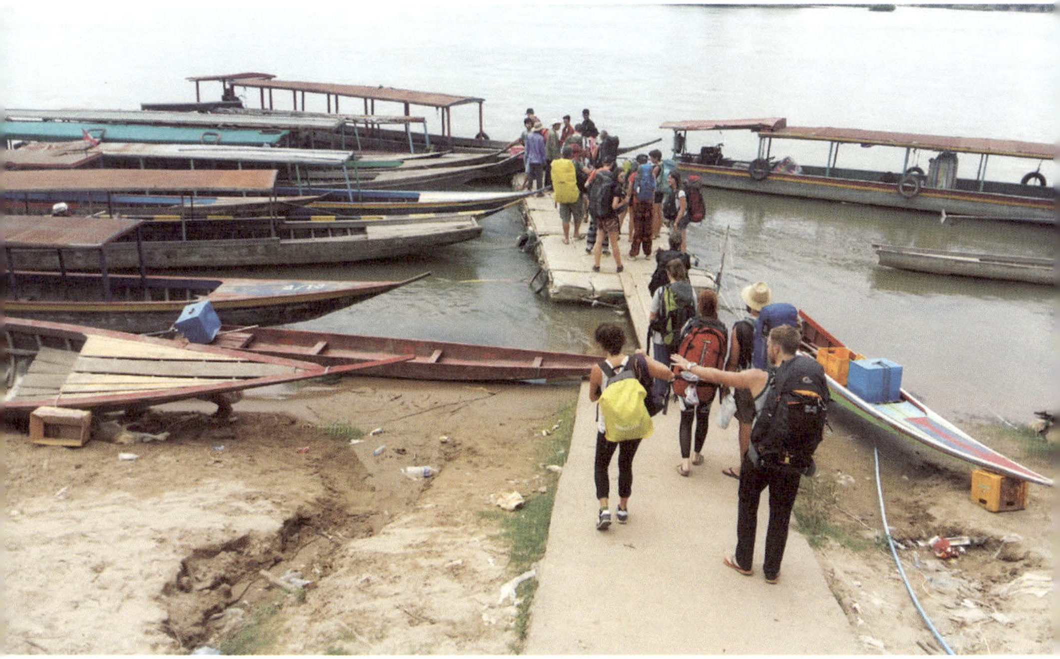

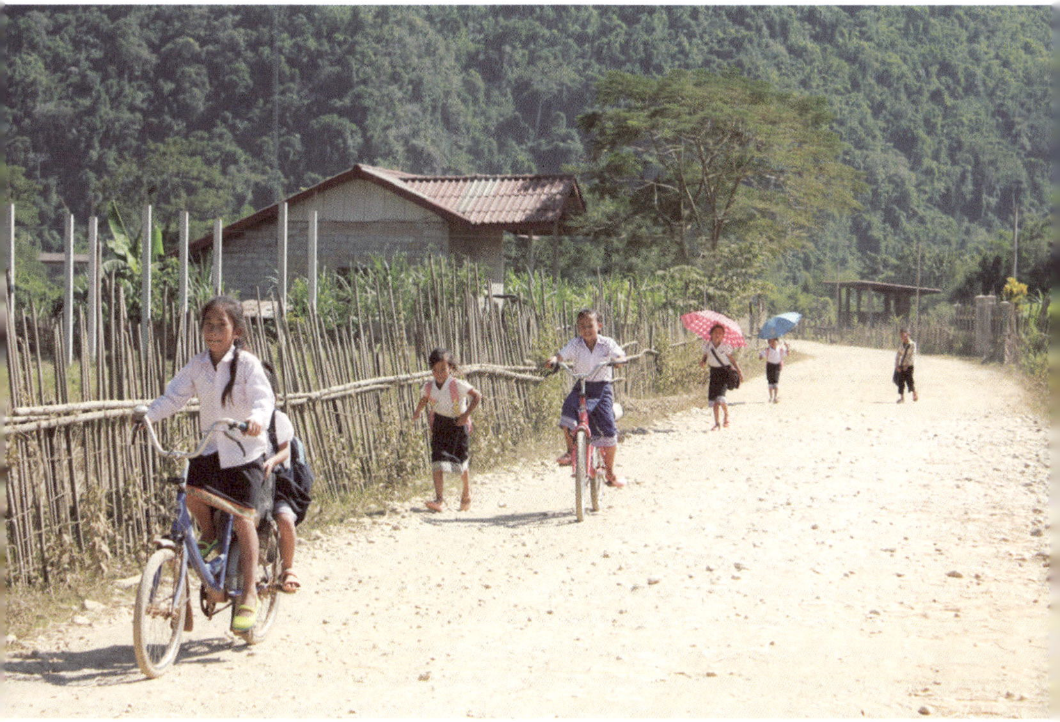

나의 삶을 찾아, 미소의 나라 라오스

V. 나의 삶을 찾아, 미소의 나라 라오스

명예퇴직 그리고 정신적 아픔 후 첫 해외여행

30년 교직에 몸을 담은 후 명예퇴직을 한 지 삼 개월. 지난 30여 년 동안 난 능력의 빈곤함 속 나름대로 최선을 다했고 그래서 승진도 목전에 두었었다. 하지만 그 순간 '나의 한계는 딱 여기까지'라는 생각이 들었고 딸아이의 초등학교 입학도 그 순간에서 나를 멈추게 했다. 그리하여 승진에 대한 아쉬움을 누르고 명예퇴직을 감행했다.

처음 두어 달 동안은 그 모든 게 홀가분했고 마음은 날아갈 듯 가벼웠으며 꽉 막힌 가슴은 뻥 뚫린 듯 시원하기만 했다. 하지만 시간이 흐르면서 마음은 다시 무거워졌고 점차 생각도 많아졌다. 긴 시간 학교에 몸담고 있으면서 느꼈던 잡다한 수많은 생각이 다시 살아나 마음을 짓누르기 시작했다.

생각해 보면 욕심 많은 삶이었다. 승진을 위해 스트레스를 감내해야만 했고, 인정받기 위해 몸부림을 쳤다. 역설적으로 그러한 욕심이 결국 멈춤을 감행하게 만든 것이다. 그리고 멈추어야 할 때를 포착하고 30년이라는 긴 세월을 추억의 한 페이지로 남기고 교정을 떠나왔다.

그럼에도 불구하고 애초에 나의 결정과는 무관하게 무기력함은 나에게 상념의 족쇄를 채웠다. 그 무기력함이, 그 우울한 시간이 참으로 힘들었다. 마음은 깊은 수렁으로 빠져들었고 몸은 땅으로 꺼질 듯 무겁게 내려앉았다. 그렇게 몸과 마음이 천길 낭떠러지로 떨어지고 있었고 정신은 혼미해 잠을 이룰 수 없었다. 그러한 나날 속에 몸과 마음은 점점 황폐해져 갔다. 급기야 정신과 치료를 받아야 했고 신경안정제를 복용하면서 하루하루를 버티는 중이었다.

나 스스로 강고한 마음의 결정으로 감행한 명예퇴직이었지만, 두어 달 넘은 시점에 이르니, 그 허탈감과 상실감은 절정에 이른 것이다.

여러 번 생각을 더듬어도 그 이유는 욕심 때문이었다. 욕심만을 쫓아 정신을 혹사한 결과였다. 퇴직으로 인한 상실감에 집 문제(건축 구조상의 문제)와 관련한 복잡한 일까지 겹쳐 정신적 고통은 임계점을 넘은 것이다.

아직 마음 한 공간을 떡하니 버티고 있는 욕심 덩어리를 버려야 했고 못다 한 고통의 이야기와 목전에서 던진 승진의 아쉬움도 깔끔하게 지워 버려야 했다. 눈앞에 아른거리는 아이들의 잔상도 깨끗하게 지워내고 욕심과의 전쟁을 멈춰 나 자신을 돌아보는 여행을 통해 어깨를 짓누르는 것들을 내려놓는 것이 진정 나 자신을 찾는 길이라 생각됐다.

사실 지금까지 여러 차례 찾았던 선진문화에 대한 호기심도 유년의 작고 어두웠던 공간에서 외롭게 떨었던 불안함을 희석하기 위한 한 방편이었다. 그리고 퇴직 후의 공허함이 다시 유년의 궁핍함과 외로운 공간을 소환한 것이다. 그랬다. 선진문화를 찾아 떠났던 많은 여행도 결국 나의 감출 수 없는 자격지심과 불안감의 보상 때문이었다. 이제 유년의 기억을 소환한 이 시점에서 내려놓지 못하고 움켜쥔 것들을 하나하나 내려놓아야 할 때였다. 난 그 연속성에 라오스를 그려 넣었고 그 시간을 찾아 라오스로 떠나야 한다고 결심했다.

라오스 여행으로 내려놓거나 정신적 치유가 된다는 보장은 없었다. 하지만 무작정 떠나고 싶었다. 아니 떠나야만 했다. 그 어떤 좋은 약도, 그 어떤 지적 탐구도 지금 나의 정신적인 치유에는 역부족이었다. 그래서 2주 정도 라오스 여행을 통해 흐트러진 정신을 가다듬으며 어느 순간, 어느 곳에서도 항상 눈에 아른거리는 딸에 대한 그리움도 참아보는 시간을 가져야 했다. 그렇게 내려놓음과 자아를 찾는 시간을 위해 라오스 여행길을 나섰다.

고요와 평화 그리고
불심과 여행의 심도가 교차한 비엔티인

라오스로 떠나는 여정에 잠시 페낭을 거쳐 가기로 했다. 지난 시간의 기억을 잠시 돌려보는 여행도 좋을지 싶어서였다. 그렇게 다시 찾은 페낭에서 지인도 만나고 이주와 관련된 일들을 알아보는 등 3박 4일의 일정을 보낸 후 라오스로 향했다.

　잠시 들렀던 페낭에서 다시 라오스로 가는 도중, 많은 시행착오로 정신적 어려움을 겪어야만 했다. 시행착오는 여행에서 흔히 일어나는 일이다. 그 또한 여행의 과정이며 어려움이 없다면 시간의 흐름에 따라 기억도 흐려지게 마련이다. 여행은 추억이다. 따라서 여행의 어려움은 추억의 한 페이지에 확실하게 자리잡게 마련이다. 어쩌면 어려움은 여행의 필수 조건 중 하나일 수 있다. 그 필수 조건에 맞게 난 다소 생뚱한 일들로 진땀을 흘려야 했고 긴장이 풀려 주저앉기도 했으며 평소와 달리 입국 때 긴장감이 팽배해지기도 했다. 그러한 과정을 거치고 나서 무사히 비엔티엔(Vientian)으로 입국했고 입국 로비에서 택시 티켓을 발부받아 한국에서 예약해 둔 호텔로 향했다.

　호텔은 2층 건물의 아담한 규모로 호텔다운 면모를 제대로 갖춰 놓은 깨끗한 호텔이었다. 체크인하고 다음 날 10시 방비행(Vang Vieng)으로 출발하는 투어리스트 버스까지 예약했다.

　호텔 로비에 짐을 맡긴 후 강 건너 태국 땅이 보이는 메콩강으로 나갔다. 날은 무척 뜨거웠고 사람의 그림자는 볼 수 없었다. 나와 같은 여행자가 아니고 현지인이라면 이 뜨거운 날씨에 돌아다닐 일은 별로 있을 것 같지 않았다.

　뜨거운 열기를 품고 있는 메콩강은 라오스의 경제, 문화, 정치의 중심지 비엔티엔의 모습을 강폭만큼이나 너른 크기로 보듬었고 강 건너 태국 땅 우본타니의 흐릿한 실루엣 풍경이 넓게 퍼져 고즈넉하고 평화로운 분위기를 연출했다.

 강가를 돌아 큰길로 이어진 비엔티엔 시내를 거닐었다. 무슨 사원이 그리 많은지 한 집 지나 하나는 사원인 듯했다. 거리를 어슬렁거리는 견공들은 여행객들 사이를 무심히 활보했고 곳곳의 많은 사원 안에서는 승려들이 수행하거나 경내 청소에 열중했다.

 반면에 여행자 거리는 사원의 엄숙한 분위기와 다르게 활력 넘치는 카페와 고급 레스토랑이 줄지어 있었다. 그곳으로는 각양각색의 표정과 복장을 한 많은 여행객이 거닐었고 이들을 호객하는 뚝뚝 기사들이 엄숙하고 조용한 사원과 정 방향으로 갈라놓았다. 그런가 하면 깨달음의 사원 불상 옆에 세워져 있는 고급 스포츠카(오픈카)는 큰 불협화음으로 눈을 자극했다.

 여행의 한 단면임에도 그 모습은 극과 극 반대의 느낌으로 다가왔다. 사실 큰 의미를 둘 필요 없는, 여행길에서나 볼 수 있는 광경으로 일상이라면 무심했을 그저 그런 모습. 다시 말해 여행이기에 대비될 수 있는 그런 모습이었다. 어쨌든 라오스라는 나라는 나에게 동남아의 작고 가난한 나라 굶주림과 전쟁의 상처라는 인식에서 '조용한 도약'을 각인시키고 있었다.

 잠시 여행의 지친 몸을 이름 모를 큰 절에 맡겼다. 절의 한구석의 나무 아래 앉아 책을 읽다보니 더위도 느껴지지 않고 아울러 마음의 울렁거림도 가라앉으면서 몸은 한결 가볍고 마음의 평화가 느껴졌다.

 거리는 여전히 후덥지근한 날씨와 뚝뚝의 매연, 여행자들의 호기심으로 넘쳐났다. 그리고 마치 자신의 생활근거지인 듯 라오스 사람들보다

더 자신감 있게 활보하는 여행자들의 모습에서 있는 대로의 순수함을 기대했던 나의 마음에 살짝 실망감이 베여왔다. 사실 무엇이 있는 대로의 순수함인지 알 수 있는 것은 아니지만 난 이러한 모습이 왠지 마음에 와 닿지 않았다. 레게 머리를 하고 슬리퍼를 끌며 반나체로 활보하는 서양의 배낭여행자들을 바라보며 처음부터 비엔티엔을 여행지 목록에 넣지 않고 잠시 거쳐 가는 경유지로 하루만 머물기로 한 것이 잘한 것이라, 생각했다.

왓 프라께우(Wat Phra Kaeu)는 지금까지 보았던 사원과 다르게 매우 고풍스러운 느낌을 줬다. 화려한 대통령궁을 바로 옆에 끼고 고고하게 서 있는 모습과 아름답게 잘 가꾸어진 정원은 장중함을 풍겼다.

경내에 세워진 특이한 불상들이 나의 눈길을 잡는가 싶더니 갑자기 배가 사르르 아팠다. 아침 공항에서 먹은 샌드위치가 목에 걸리는가 싶었는데 그 때문인지 속이 영 불편하고 변의(설사)가 느껴졌다. 다급하게 화장실을 찾아 나섰다.

편의성과 처리 방식에서 우리와 너무 다른 화장실이었지만 사원 경내의 간이 화장실은 나의 아랫배와 엉덩이에게 '시원함' 이라는 선물을 줬다. 화장지는 따로 없었고 그들의 방식대로 변기 옆에 있는 수도꼭지의 손잡이를 꽉 쥐고 엉덩이에 물세례를 세차게 퍼부어줬다. 처음 접한 다소 어색한 과정이었지만 뒷정리를 끝내고 나니 오히려 깨끗하고 시원한 느낌이었다. 화장실에서의 첫 경험으로 아픈 배도 시원하게 해결돼 발걸음은 한결 가벼워졌다.

오후 2시가 돼서야 서서히 배고픔이 찾아왔다. 가이드북을 보니 비엔티엔에서 제법 유명해 배낭여행자들이 많이 찾는다는 조마 카페(Joma Cafe)라는 곳이 눈에 들어왔고 그곳은 많은 사람으로 북적였다. 안내 책자에 소개될 정도의 유명세라면 나름의 이유가 있을 터, 하지만 그런 것에 얽맬 필요 없다는 생각으로 맞은편에 있는 고급 레스토랑으로 자리를 옮겼다.

75,000K 정도면 이곳 라오스에서는 제법 고급 요리에 속한다고 한다. 나의 눈에 들어온 음식은 딱 그 가격의 라오스 전통음식이었다. 젓국을 섞은 전채 요리에 함께 향이 강한 생채를 입맛에 맞게 섞어 먹는 요리에 대나무 통 밥이 그것이다.

그리고 거의 한 마리에 가까운 바비큐 치킨과 소스, 쌀 튀김에 땅콩 등으로 푸짐한 한 상이 차려져 나왔다. 이중 대나무 통 밥은 찰지고 달콤한 것이 나의 입맛에도 잘 맞았다.

맥주에 취한 듯 큰소리를 내는 주변 사람들의 흥겨운 잔소리를 음악 삼아 나도 맥주 한 잔 곁들여 분위기 있는 점심을 즐겼다. 여행 중 분위기에 취하다 보면 음식의 맛 또한 심취하게 된다는 심리적 여유로워짐도 함께 찾아온 시간이었다.

자연의 그림이란 이름으로 찾아온 방비엥으로

비엔티엔의 아침이 밝았다. 항우울제에 취한 채 눈을 떠 정신은 몽롱했다. 여행하는 동안만큼은 자유롭게 생각 없이 마음의 평화를 얻고자 함인데 굳이 약을 복용 해야 하는지 의문이 들었다. 의학적 지식, 특히 정신의학적 지식이 전혀 없는 나로서는 의사의 지시에 따라야 했지만 매번 아침에 눈을 떴을 때 찾아오는 몽롱한 정신에 마음은 영 편하지 않았다. 그렇지만 가족, 특히 아내의 행복을 위해서는 나의 정신적 내성을 기르는 것이 지금으로써는 최선이기에 약의 부작용을 이겨내야 하기에 정신을 가다듬었다.

아침부터 한기가 느껴졌다. 밤새도록 에어컨을 켜 놓았기 때문인지 나무로 된 호텔 바닥도 그 한기를 머금고 있었다. 찬 기온을 싫어하고 에어컨을 켜고는 결코 잠을 잘 수 없는 체질임에도 에어컨의 찬 기온을 못 느낄 만큼 약의 기운은 셌다. 따뜻한 물을 틀어놓고 몸이 뜨거워지도록 샤워했다. 점점 몸이 데워지며 몸은 한결 가벼웠고 정신도 맑아졌다.

친절한 아가씨의 다정한 미소와 함께한 호텔 조식도 한국에서 비엔티엔으로, 비엔티엔에서 말레이시아, 그리고 또다시 비엔티엔으로 이어진 숨 가쁜 이동의 피로를 말끔히 씻어줬다.

9시 40분 방비엥행 미니밴이 도착했다. 미니밴은 이미 사람들로 자리가 거의 차 있었다. 나 외에 다른 여행자들도 나와 같은 방법으로 예약해 놓았을 것이다. 그렇게 여러 예약 장소를 들른 터라 나의 자리는 자연스럽게 맨 뒷자리가 됐다.

매캐한 검은 연기를 내뿜고 출발한 미니밴은 중간의 작은 휴게소에서 20분 정도 머무른 후 뿌연 먼지를 일으키며 메마른 땅을 쉼 없이 달려 4시간여 만에 방비엥에 도착했다.

버스에 내린 여행자들은 먹잇감을 취한 후 흩어지는 잉어 떼처럼 순식간에 사라졌다. 나도 한가득 짐을 싣고 사람을 기다리던 뚝뚝에 몸을 싣고 방비엥의 시내 중심으로 향했다.

눈이라는 붓으로 그린 방비엥 첫 스케치

방비행(VangVieng) 중심거리 양편으로 카약킹 족과 트래킹 족 그리고 튜빙 족 등을 위한 레저 숍과 각 지역으로 연결하는 수많은 여행사와 게스트 하우스들이 모여 있었다. 그 모습은 마치 방비엥이 레포츠 천국임을 말해주는 듯했다.

늦은 점심을 시원한 비어 라오(Beer Rao) 한 병과 야채 샌드위치로 해결한 후 여행자 거리에 있는 게스트하우스에 짐을 풀었다. (2일에 100,000k 우리나라 돈으로 계산하면 하루에 5,000원 정도의 저렴한 배낭여행자 숙소)

호텔에 비한다면 말할 수 없이 허름했지만, 혼자 몸을 뉘기에 충분했고 아늑했다. 모름지기 여행이란 편함보다는 불편한 가운데 그들의 생활

방비엥 남쏭강

을 느낄 수 있는 곳에 머무는 것이 진정한 여행의 가치를 얻는 것 아니던가. 어깨를 짓누르고 있는 욕망의 무게를 덜고 마음의 짐을 내려놓기 위한 여행이며 그래서 새털처럼 가벼운 작은 나로 돌아가기 위한 여행이니 그 목적에도 부합되는 공간이었다.

방비엥은 불과 십수 년 전만 하더라도 조용했을 것이다. 그런 방비엥을 돌아 흐르는 남쏭 강과 주변의 카르스트 지형이 만든 아름다운 풍광과 시간이 멈춘 시골의 한적함에 각종 엑티비티를 즐기기에 좋은 잔잔한 물결이 있어 방비엥을 여행자의 천국으로 변모시킨 것 아닌가 싶었다. 수많은 여행자가 모여듦으로 인해 방갈로와 식당 여행사 뚝뚝 기사 여행 안내 등 많은 직업 또한 증가했을 테고.

일자리를 찾아 각지에서 몰려든 라오스 사람들과 방비엥 현지인의 삶이 분주했다. 그런가 하면 궁핍해 보이는 교외의 노점상과 별 수확 없이 물에 젖은 무거운 빈 그물을 들고 힘없이 발길을 옮기는 아주머니와 강주변 깊숙한 곳의 열심히 곡식을 수확하는 사람들의 대조적인 모습에서 마블링처럼 아름다운 조화를 이룬 듯했지만, 한편으로는 물과 기름이 섞일 수 없는 이치를 보는 것 같아 마음 한구석 씁쓸함이 느껴졌다.

경제 논리의 그림자가 서서히, 그러나 강하게 드리우는 느낌, 하지만 그러한 느낌을 받는다는 것은 순전히 내 안에 이기적인 마음이 자리했기 때문일 거라는 생각이 들었다.

지금까지 풍요로운 삶을 살아왔으면서 별것 아닌 것에 힘겨워하고 고민하는 지극히 나약한 정신을 지닌 주제에 감히 이들의 삶에 대해 평가한다는 것은 오만과 편견에 지나지 않는 것. 풍요로움을 느끼지 못하며 늘 빈 마음으로 채움을 갈구하는 상태에서 이들에게는 순수한 모습을 유지하길 바라고 있으니 이 얼마나 가당치 않은 일인가. 어차피 이곳 라오스도 변함으로써 그들의 팍팍한 삶이 나아질 수밖에 없는 당연함 앞에 이들의 변화에 대해 안타까운 마음을 갖는다는 것은 이기적인 사고가 아니고서는 설명이 어렵다.

자유주의 경제라는 인간이 만든 경제 제도 아래에서는 당연히 따라오는 것이 빈부 격차라는 현실이다. 그러니 결국 '순수의 나라'라는 단어로 일컬어지는 이곳 라오스도 변함과 경쟁 속에 함께 할 수밖에 없게 될 것이다. 그리고 우리와 같이 극심한 빈부 격차가 일어나지 않기를 바라는 것이 오히려 현실적 바람일 것이다.

강변 깊숙한 농부들의 순수한 모습과 관광객이 몰려있는 도심 속 현지인들의 눈빛과 표정, 삶의 모습에서 너무도 대조적인 사람들의 힘겨운 눈빛이 내 앞에 그림자처럼 다가왔다.

작은 도시 방비엥의 밤거리에는 각국의 많은 젊은 배낭여행자들과 여기저기 한국의 중년 단체 관광객들이 그 옛날 우리 휴가지에서와 같은 눈빛으로 거리를 누비고 있었다.

그 속에서 나는 그들과 다른 방식으로 이곳 방비엥이 건네는 감성적 느낌과 이국적인 풍경 그리고 이들의 삶을 담아내기 위한 감각의 촉수를 뻗었다.

해변에서나 어울릴 것 같이 보였다. 나의 관념적 사고는 그랬다. 맨살이 드러나 있는 의상을 입고 슬리퍼에 선글라스를 낀 젊은이들의 모습을 보니 철없이 나대던 나의 젊은 날 자화상이 떠올라 얼굴이 달아올랐다. 아직은 때가 덜 묻어 있는 방비엥의 밤거리를 여느 유명한 관광지에서나 볼 수 있는 모습처럼 화려한 옷치장으로 무장한 젊은이들이 유흥을 즐기며 휴가지의 열정을 화산처럼 뿜어냈다. 젊은 사람의 당연한 특권 같은 모습 앞에 중년의 시각과 사고로 젊은 사람들의 자유분방함을 제단 한다는 건 옳지 않다고 생각하며 그 모습을 즐겼다. 있는 그대로 인정하고 존중하는 것이 여행자의 기본자세가 아닌가.

"위하여!"

낯익은 합창이 들려왔다. 흥을 돋우는 합창 소리가 레스토랑의 넓은 공간으로부터 길거리까지 튀어나와 울려 퍼졌다. 그 소리에 유쾌하지 않은 기분이 든 것은 왜일까. 사람들이 우르르 몰려다니는 여행, 아니 여행 아닌 관광이 진행되고 있었다. 이 아름다운 남쏭 강과 그 주변의 자연적인 분위기 그리고 사람들의 순수한 눈빛이 아직 초롱초롱하게 살아있는 방비엥을 찾는 목적은 단순히 마시고 즐기기 위함보다는 눈으로 채우고 마음으로 느끼기 위함이어야 하지 않을까. 한편으로는 저들도 친구 또는 가족과 함께하는 여행의 추억을 쌓기 위한 외침이었을텐데 그 외침에 성처럼 쌓은 나의 편견으로 인한 심술이 작동하는 것 같아 무안한 마음도 들었다. 나도 아직 그리 성숙한 여행문화를 가졌다고 말할 수는 없으니 말이다. 어느 한때 나 또한 그랬었다. 나 역시 저들과 함께였다면 분명 저랬을 것이고. 웃음으로 민망함을 대신했다.

  난 방비엥에서 서양인들이 집착하며 즐기는 엑티비티 등의 레저 활동은 하지 않을 생각이었다. 대신 자연과 이야기하고 사람들의 맑은 눈동자와 접하며 삶의 성실한 모습을 감성으로 담아내고 그것을 모아 내면의 느낌과 융화시켜 창조 넘치는 조형 언어로 만들어 치유의 여행으로 채우려 했다. 나의 라오스 여행은 그 목적을 달성하는 작은 계기가 될 것으로 믿었고. 그러니 바쁠 것도 많은 곳을 찾을 이유도 없으며 눈에 보이는 대로 보고 느끼면 되는 것이었다. 아름답고 친절한 미소로 담아낸 아주머니의 맛있는 쌀국수 한 그릇으로 저녁을 즐기며 여행의 의미를 함께 음미했다.

불루 라군으로 가는 길목에서 만난 나의 아버지

방비엥의 아침 공기는 열대 나라답지 않게 시원하고 맑았고 그 맑은 공기를 마시며 온몸에 생기를 불어넣었다. 아침 하늘도 매우 청명해 공기와 하늘이 맑아 방비엥의 모든 풍광은 뚜렷하고 선명했다. 순도 높은 고채도의 색으로 막힘없이 그려 나간 한 폭의 그림은 방비엥이 가지고 있는 독특한 매력이었다.

게스트 하우스 앞에서 장사하는 순박한 미소가 예쁜 아주머니의 식당에서 치킨 샌드위치와 라오 커피로 아침을 먹었다. 조심스러운 움직임과 허름한 옷차림 그리고 수줍음 한가득 미소와 부스스한 머릿결로 음식을 전해주는 아주머니 남자의 모습에서 삶의 고단함이 느껴지며 아버지의 삶이 떠올랐다.

아버지는 젊은 시절 만주 벌판을 누비며 가족들의 생계를 책임져야 했기에 격한 삶을 사셨다. 남과 북으로 갈라지기 전 어머니와 외할머니 외삼촌까지 남으로 데리고 나와 정착하는 데 온 힘을 다하신 내 아버지는 그 후에도 외할머니를 포함 우리 7남매 거두고 먹이는데 온갖 일들을 마다하지 않고 해내셨고 어렵고 힘든 일은 다친다며 못하게 하셨던 인자하신 그런 분이셨다. 그러므로 당시의 많은 아버지가 그러한 삶을 살았을 것임에도 난 내 아버지의 삶이 더욱 빛나고 희생적인 삶으로 여겼다.

"무릎이 아프구나."

숨을 거두기 전 마지막 한마디는 아직 내 마음의 응어리로 남아 있다. 아버지가 수술로 누워계실 때 귀찮고 힘들다는 생각에 정성을 다하지 못한 나의 불효가 떠올라 눈물이 나왔다. 후회의 마음도 강하게 밀려왔다.

무척이나 속을 썩여드렸던 나의 젊은 시절은 철없는 나날이었다. 그 모든 걸 인내하고 받아들인 아버지의 마음이 어땠을지, 돌아가신 후 알게 되니 이런 바보가 또 어디 있을까. 누구나 부모님이 돌아가신 후 깨닫게 되고 후회한다지만 난 누구나가 아닌 아픔을 느껴야만 했다. 후회한들 소용없는 지난 삶이 부부의 삶에 덧칠해져 가슴을 무겁게 했다.

부부의 삶은 오로지 관광객을 상대로 음식을 판매하는 것 이외에는 그 어떤 일거리도 없는 듯했다. 좁고 초라한 음식점에 두 내외가 매달려

V. 나의 삶을 찾아 미소의 나라 라오스

있는 모습을 보노라니 라오스의 열악한 경제 환경과 부족한 일자리와 부족한 부존자원으로 많은 사람이 관광산업에 의존할 수밖에 없는 현실이 무겁게 다가왔다. 사실 내면의 삶을 자세히 알 수 없으니 그런 생각은 다분히 자의적인 것이었다. 그럼에도 눈에 보이는 것 또한 현실이니 그런 생각이 드는 것도 무리는 아니었다.

방비엥의 매력을 느끼기에는 자전거를 이용하는 것이 좋을 듯했다. 보는 것에 만족하는 가벼움보다는 가슴으로 느끼는 무거움이 우선돼야 하기 때문이다. 대여 요금 또한 저렴해 하루 15,000k이면 됐다. 따라서 주머니 사정이 좋지 않은 많은 배낭족이 이용하는 교통수단이 자전거였다.

자전거를 타고 탐짱 동굴로 향했다. 얼마 지나지 않아 가던 길 멈추고 잠시 추억에 빠져들었다. 남쏭 강을 따라 곧게 이어진 길 끝 블루 라군 방향으로 가다 직각으로 꺾어지는 도로 바로 전 조그만 학교의 잔디가 잡초와 섞여 있는 운동장 한가운데 회색 바지와 하얀색 셔츠를 입은 아이들이 조회 중이었다. 30년 교사 생활을 했던 나에게 학교는 익숙함과 정겨움, 그리움이다. 그래서 그냥 지나치지 못하고 한참 동안을 바라봤다.

교직에 있는 동안 때때로 아이들과 힘겨루기로 마음이 상하기도 했고 이러저러한 일들로 교직에 대한 회의를 느낀 적도 많았지만 이렇게 먼 타국에서 바라본 교정의 풍경은 나의 마음을 그 시절의 추억으로 물들게 했고 아이들에 대한 그리움을 소환했다. 더불어 못다 이룬 일에 대한 아쉬움을 갖게 했다. 그렇게 먼 이국의 교정에서 불과 몇 달 전까지 교직에 몸담았던 시간은 그리움이라는 이름으로 구름처럼 뭉실뭉실 다가왔.

탐짱 동굴의 입장료는 15,000k으로 방비엥 리조트에서 별도의 통행료를 내야 했다. 개인 입장료 2,000k에 자전거 입장료 2,000k이 더해졌다.

　방비엥 시내에서 남쏭 다리를 건너 강변을 따라 거슬러 올라가다 보니 수만 년 자연이 빚어놓은 방비엥 일대의 아름다운 카르스트 지형과 농촌 들녘의 평화로운 정경들이 하모니를 이룬 근사한 풍경이 가던 길을 멈추게 했다. 건기의 맑고 청명한 날씨와 도열 한 듯 평행을 이뤄 길게 뻗은 야자수 행렬이 열대림 사이로 펼쳐진 채 정방형의 논들이 부드럽게 겹치면서 남쏭 강 맑은 시냇물과 함께 미적 감성을 거침없이 자극했다. 방비엥 주변의 자연은 그야말로 그 어떤 예술가도 흉내 낼 수 없는 경이로운 모습이었다.

　석회암 바위와 숲 사이의 가파른 계단을 오르니 동굴이 나왔다. 탐짱 동굴이었다. 동굴 내부에서 자라고 있는 종유석 각각의 형태는 저마다 다른 시각에 따라 다르게 보일 수도 있겠다 싶었다. 많은 다양한 형태 속에는 웅크린 사람의 모습도 있었고 활짝 미소 지은 사람과 부처처럼 손을 합장하고 있는 모습도 보였다. 무서운 표정을 한 사람의 형상도 보였는데 특히 붉은 조명을 위에서 아래로 비추며 사람의 눈길을 끌어모았다. 비록 짧은 시간이었지만 카르스트 지형 안에 스며있는 자연의 형태에 내 마음도 자연이 됐다.

　동굴을 돌아보면서 자연이 만든 조형 앞에서는 그 어떤 인위적인 조형도 위치와 시각에 따라 변화하는 느낌을 따라올 수 없다는 지극히 당연한 진리도 깨달았다.

남송 강변에 울려 퍼진 독도 아리랑

탐짱 동굴을 내려와 남송 강변을 따라가니 여행자의 발길을 잡는 노점상들의 소박한 마음이 날 기다리고 있었다. 난 이들의 마음 안에 우리의 삶처럼 어깨를 짓누르는 무게보다는 작은 것에 만족하고 하루를 가벼운 마음으로 살아가고 있음을 느꼈다. 사실 그것은 나의 바람이었다.

과일 몇 개와 대나무 찰밥 한 개를 담으며 자연을 훼손하지 않은 상태로 최소한의 삶을 영위하면서 주변의 아름다운 자연환경과 더불어 살아가려 노력하는 모습에서 이것이 라오스의 진짜 매력이 아닐까도 싶었다.

"아리랑 아리랑 나 홀로 아이랑 아리랑 고개를 넘어가 보자."

어디선가 '독도 아리랑' 노래가 들렸다. 꽉 쬔 청 반바지에 슬리퍼 그리고 순색의 노란 라운드티를 입은 중년은 독도 아리랑을 열심히 부르며 탐짱 동굴 아래 조용한 공원 숲 사이를 거닐고 있었다. 조금 불량스럽게 느껴지는 중년의 옷차림이었다. 어쩌면 여행에 최적화된 자유 복장이기도 했다. 그래서일까. 독도 아리랑이라는 노래가 주는 애절한 감정과는 다르게 사내가 부르는 독도 아리랑은 전혀 그러한 느낌이 들지 않았다. 그럼에도 독도 아리랑의 노랫가락만큼은 조용한 숲 한구석에 앉아 있던 나의 민족혼을 불러일으켰다. '독도. 맞아! 독도는 전에도 우리 땅이었고 앞으로도 영원히 우리 땅일 거야. 그나저나 독도는 언제 가본담?'

잠시 후 사내가 나에게 다가오더니,

"어이 라이! 포토! 포토! 에이 찍어줘!"

그는 일회용 필름 카메라를 나에게 들이댔다. 난 터져 나오는 웃음을 간신히 참으며 사진을 찍어줬다. 그는 만족한 표정을 짓더니

"꼽짜이!"

그의 인사에도 웃음을 참기 힘들었다. 일행을 부르며 사라지는 뒷모습을 바라보며 한참을 웃었다. 그리고 궁금했다. 내 얼굴이 라오스인과 닮았는지. 그래서 거울을 들여다봤다. 이리 보고 저리 봐도 한국인 골격에 전형적인 몽골계 얼굴이었다. 아마 나의 행색이 초라해 보였을 것이고 공원을 혼자 어슬렁대고 있으니, 라오스인으로 착각한 듯했다. 여행에서 접하는 뜻밖의 경험은 가벼운 추억을 선물한다는 생각이 든 순간이었다.

목에 가래가 차올랐다. 살짝 감기가 온 듯했다. 체력의 한계도 느껴졌다. 외로움도 밀려왔다. 한가한 숲길 벤치에 앉아 멀리 강을 바라보니 가족이 떠올랐다. 홀로 떠나온 마음에 아내와 딸에게 미안했고 그만큼 보고도 싶었다. 어제 모처럼 전화로 대화를 나누었던 딸의 의젓한 목소리도 들려왔다.

"아빠 보고 싶은데 빨리 안 와서 서운해, 아빠. 나 책 읽고 나서 잘 준비해야 해. 또 연락해. 사랑해 아빠."

서양인들의 못 말리는 자연 훼손

   탐짱 동굴을 벗어나 방비엥 중심가에서 6km 정도의 거리에 있는 블루 라군(Blue Lagun)으로 향했다. 그곳에서 난 우리나라 1970년대 '신작로'와 같은 비포장도로를 따라가다 전형적인 라오스의 농촌 풍경을 만났다. 그야말로 시간을 거슬러 마음도 유년으로 돌아갔다.

   어린아이들의 천진난만한 모습, 냇가에서 손빨래하는 젊은 어머니와 논에서 곡식을 거둬들이는 농부들의 모습 그리고 가축들의 한가하고 여유로운 모습에서 딱딱한 자전거 안장의 덜컹거림에 엉덩이가 빠져나가는 듯한 아픔도 잊고 어릴 때의 정겨움으로 빠져들었다. 간간이 오토바

이를 탄 채 굴곡지고 군데군데 움푹 팬 험한 길을 빠져나가는 젊은 여행자들과 뚝뚝을 타고 무리 지어 이동하는 여행객들도 그 모습이 마냥 신기한 듯 고개를 멈췄다.

블루 라군 까지는 자전거 페달을 쉬지 않고 밟아도 1시간은 족히 걸리는 거리였고 무더위와 험한 길과도 다퉈야 하며 뽀얀 먼지를 뒤집어써야 하는 길이었다. 하지만 방비엥 주변의 카르스트 지형을 제대로 탐닉하고 느끼기에는 더없이 좋은 길이기도 했다. 그러니 엉덩이의 아픔쯤은 가볍게 견딜 수 있었다.

환상의 풍경과 과거로의 시간 여행에 빠지다 보니 블루 라군 입구가 보였고 탐짱 입구의 순박한 아주머니에게 구매한 자몽은 자전거의 덜컹거림으로 해체된 채 촉촉한 과일즙을 나의 무릎 위에 뿌려대고 있었다.

많은 사람이 다이빙을 즐기고 있었다. 옥색이 있는 짙은 파랑의 라군 위로 자연스럽게 뻗어나간 나뭇가지와 굵고 단단한 나무 기둥은 블루 라군이라서 존재해야만 할 것 같은 풍경이었다. 그러나 그 이상적인 풍경은 인간의 몰염치로 인해 비명을 지르고 있었다. 자연과 한 치의 어긋남 없이 절묘하게 어울리는 나무를 줄로 휘감아 연결한 그네, 그 위를 타고 흥겨워하는 사람들에 점령당한 나무는 고통을 토해내는 듯했다. 적어도 수령이 백 년은 족히 넘어 보이는 고목은 그렇게 사람들의 놀이터에 한 팔을 강제로 내놓고 있었다.

'좀 보는 것에 만족하면 안 되니?' 묻고 싶었다. 60대쯤 돼 보이는 서양 남자는 마치 다이빙에 목숨을 건 것처럼 미친 듯이 나무에 오르고 뛰어내리기를 반복했다. 푸른 석호(라군)의 자연은 이미 사람들의 놀이터로 변해 버린 지 오랜 듯했고 그 속에서 사람들의 몸 부스러기라도 얻어먹으려는 물고기 떼들은 인간들 곁을 맴돌고 있었다.

이국적이고 아름다운 풍경과 애처로운 마음이 혼재한 상태에 난 한참을 서 있었다. 어떤 감흥도 없었다. 오는 길에서 만난 자연의 경이로움과 어릴 때의 추억을 소환했던 순수의 삶마저 연기처럼 사라졌다.

얼마 후 혼란한 정신을 가다듬고 나니 다른 생각이 마음을 파고들었다. '내가 지닌 사고와 여행의 가치는 다른 사람들과 다를 수 있다. 그래서 그 다름을 인정하고 받아들이는 여유가 필요하다' 라는. 어차피 시간 여행이 목적 아닌가.

머리 위 어디선가 '윙윙' 쇠 부딪치는 소리가 들렸다. 고개를 들어 산을 바라보니 우거진 숲 사이로 짚 라인이 연결돼 있었고 '와 아!' 하는 외마디를 지르며 안전모를 쓴 사람들이 짚 라인을 즐기고 있었다.

나도 모험을 좋아한다. 하지만 전혀 모험을 즐기고 싶지 않았다. 스릴을 통한 만족감은 느끼는 여행을 그만큼 반감시킬 것이기 때문이었다. 난 떠나올 때 가졌던 마음대로 느끼고 생각하는 여행을 하고 싶었다. 짚 라인으로 서로를 연결한 나무들과 숲을 가르는 사람들 그리고 힘겹게 사람들에게 한 팔을 뻗어 다이빙대의 역할을 하며 고통을 토하는 블루 라군의 나무를 보면서 더욱 그런 생각이 들었다. 그래서 터져버려 가루가 된 자몽과 대나무 통 찰밥을 꺼내 점심을 먹은 후 자리를 떴다. 비록 자연적으로 아름답다 해도 사람들 노는 모습을 통해 자연에 대한 인간의 오만한 이기심에 편치 않은 마음이 들어서였고 오면서 보았던 농촌의 모습과 간간이 이어지는 마을의 내면을 들여다보는 것이 나의 여행 감성에는 훨씬 나을 듯싶어서였다.

돈의 가치를 알아버린 아이들

아이들이 하교하고 있었다. 아이들은 호기심으로 바라보는 나에 대해 경계심이 없는 듯 눈은 맑은 빛을 발했다. 활짝 웃으며 사진을 찍을 수 있게 포즈를 취해주는 아이들은 나에게 라오스 사람들의 품성은 이렇다고 말해주는 듯했다.

실오라기 하나 걸치지 않고 개울에서 수영하는 아이들과 종종걸음으로 언니를 따라가는 아이들의 모습은 어릴 적 우리의 농촌 모습 그대로였다. 나의 정겨웠던 추억을 소환하는 모습이 진짜 라오스의 모습이었다.

이들의 삶은 열악한 환경으로 불편할 것이고 비약적인 경제발전을 이룩한 우리에 비교해 앞으로 가야 할 길이 멀고도 험할 것이며 편의성을 추구하고 편리함과 물질에 물드는 인간의 습성상 언젠가 이곳도 그렇게 변해 가겠지만 이들의 더딘 변화가 오히려 다행이라는 생각이 들었다. 다분히 이기적일 수 있지만 물질보다는 작은 것에 만족하는 가벼운 삶이 진정한 행복임을 느끼는 중이니 더욱 그랬다.

경제적 발전과 물질적 풍요로움은 편리함을 얻을 수 있을지언정 극단적 이기심과 물질적 탐욕과 개인주의로 인해 유발되는 삭막한 인간관계

는 필수적일 수밖에 없고 이는 곧 정신적 빈곤으로 마음의 병을 얻게 될 것이다. 그래서 경제적 풍요를 이룬 사람들은 그 허탈함을 치유하고자 옛 추억을 찾아 시간 여행을 하는 것 아니던가. 나처럼 말이다. 이는 정신적 빈곤함에 대한 반증이다. 그러니 그러한 아픔을 경험하기 전에 정신적 풍요를 마음껏 즐기길 바라는 마음은 자연스러운 것이다. 어쩌면 라오스인들은 정신적 풍요와 물질적 풍요 사이에서 어느 것이 더 중요한지 잘 알기에 변화의 물결에 게을리하는 현명한 선택을 한 것인지도 모를 일이다. 아니 그렇게 믿고 싶었다.

"포토 포토~"

3명의 어린 꼬마가 소리를 외치며 나에게 다가왔다.

"고마워 애들아."

"하우 머치."

수줍은 눈을 하며 당돌하게 요구하는 게 아닌가. 아마 블루 라군을 지나가는 관광객들이 사진을 찍은 후 다소의 돈을 주었을 것이었다. 나 역시 어릴 때 삼촌이나 집에 찾아온 어른에게 돈을 요구했던 기억이 있다. 그럼에도 씁쓸한 생각이 들었다. 돈 몇푼쯤 아이들에게 줘도 여행에 큰 무리는 없겠지만 그러면 안 될 것 같은 생각이 들었다. 쉬이 돈을 버는 습관은 아이들에게 교육적으로도 맞지 않을 터. 난 냉정히 돌아섰다.

"곱짜이."

인사로 아이들의 요구를 대신했다. 학용품 하나라도 안겨주었더라면 아이들에게 유익할 것이며 나 또한 마음의 짐이 가벼웠을 텐데 하는 아쉬움은 남았다.

방비엥으로 돌아오는 길에 제대로 넘어졌다. 진흙 구덩이를 피해 대충 설치해 놓은 좁고 거친 나무다리를 건너다 자전거 바퀴가 걸린 것이다. 오토바이를 타고 지나가던 라오스 부부가 멈추더니 염려스러운 표정을 하고 나를 쳐다봤다. 다행히 무릎이 살짝 까지는 정도의 가벼운 부상이었다. 낯선 나라에서 병원 신세 질 정도의 상처를 입었다면 난감함은 물론 여행은 악몽이 될 것이 자명했다. 매사 돌다리를 두드리는 심정, 특히 여행 중에는 매 순간 조심해야 함을 깨달았다. 나중에 안 것이지만 동남아 여행 중에는 작은 부상일지라도 파상풍 주사를 맞는 것이 좋다고 하는데 난 소독약조차 바르지 않고 여행을 이어 나간 것이다. 무지였지만 별 이상 없었으니 다행이었다.

저녁 식사 후 자전거를 반납하기 전에 방비엥 교외를 다시 한번 돌아

보고 숙소로 돌아와 책을 손에 들었다. 『먹고, 기도하고, 사랑하라』먹고 기도하고 사랑하며 살 수 있다면 그 이상의 꿈같은 삶이 또 어디 있겠는가. 책을 읽으며 그러한 삶을 꿈 꾸고 실현한다는 것도 좋을지 싶었다.

바닥에 먼지가 가득했다. 현지인이 운영하는 값싼 게스트하우스라 해도 청소만큼은 해 줘야 하는데 쥔 아주머니가 조금 게으른 듯했다. 청소한 흔적은 눈 씻고 찾을 수 없었다. 그래도 어쩌겠는가. 이 또한 여행하며 받아들여야 하는 한 부분인 것.

루앙프라방으로 가는 길, 곡예 하는 미니버스

11월 중순 방비엥의 이른 아침 공기는 제법 선선했고 그런 날씨의 아침 식사로는 따스한 쌀국수가 제격이었다. 관광객을 상대로 바삐 움직이는 현지인들을 보며 먹는 쌀국수는 부드럽고 따스한 국물이 곁들인 향채로 나의 미각을 제대로 자극했다.

식사 후 짐을 챙겼다. 다음 목적지 루앙프라방(Luang Plabang)으로 가기 위해서다. 이것저것 손에 잡히는 대로 배낭 안에 밀어 넣고 게스트하우스 길 건너 여행사에 예약한 미니버스를 기다리며 아침 풍경을 담았다. 방비엥의 아침은 제법 분주했다. 길쭉한 카누를 트럭 가득 밀어 놓은 모습이 마치 트럭 짐칸에 총각무를 겹겹이 밀어 넣은 듯했고 여행자의 바쁜 걸음걸이는 경보 경기 선수 같았다. 방비엥의 아침은 활기와 생기 가득한 삶의 모습으로 방법만 다를 뿐 목적은 우리와 다르지 않다는 지극히 평범한 진리의 현장이기도 했다.

　버스는 각자가 예약한 지역을 돌며 사람들을 가득 싣고 마지막으로 나를 태우러 도착했다. 오전 9시. 루앙프라방까지는 6시간에서 6시간 30여 분 걸린다는데 난 창 밖을 보면서 이국적 풍경을 즐기는 여행을 좋아한다. 그러니 나로서는 시간이 오래 걸린다 한들 지루할 이유가 없었

루앙프라방 거리

다. 간혹 생리작용 때문에 곤욕을 겪는 경우만 뺀다면 그런 시간 여행은 언제나 나의 여행 지수를 상승시키고는 했다. 뒷좌석의 흔들림과 울컥거림에 심한 불편함은 반전의 매력처럼 오히려 묘한 쾌감을 줬다.

버스는 휴게소에 한 번 정차한 다음 곧바로 길고 구불거리는 깊은 계곡을 내 달렸다. 산비탈을 위험스럽게 닦아낸 도로를 마치 버스와 승객의 중력 시험이라도 하듯 이리저리 흔들면서 거침이 없었다. 운전자의 능수능란 운전의 기술마저 느껴졌다. 핸들을 조금이라도 잘못 돌리면 곧바로 깊고 깊은 계곡으로 모두의 운명을 맡겨야 할 정도의 험한 도로는 그것만큼이나 아름다움과 신비로움을 눈앞에 펼쳐줬다.

미니버스의 곡예와 태곳적 신비로움이 마치 운명처럼 섞여 있는 상황을 마주하며 난 다른 승객의 표정이나 행동을 신경 쓸 여유 없이 흔들리는 미니버스의 쾌감과 차창 밖의 때 묻지 않은 자연을 만끽하기에 바빴다.

루앙프라방에는 예정 시간보다 조금 일찍 도착했다. 6시간 거리를 5시간 만에 도착했으니 도착까지의 여정 중 느낀 스릴감은 줄어든 시간만큼이나 컸다. 루앙프라방 외곽에서 하차한 승객들은 도심으로 향하는 뚝뚝 기사와 요금을 흥정하기에 여념이 없었다. 배낭여행을 하다 보면 늘 여행 경비에 신경 쓰이고는 하는데 그것은 비단 나뿐만은 아닌 듯 서양 젊은 배낭여행자도 교통 요금을 조금이라도 깎으려고 흥정하고 있었다.

보통 뚝뚝 한 대당 5~6만k 정도를 요구했다. 난 한국 젊은이 5명과 함께 1인당 10,000k으로 루앙프라방 중심가로 향했다. 사실 뚝뚝 한 대에 한국 돈 8,000원 정도니 혼자 이용할 정도의 요금이었지만 경비 절감은 배낭여행이 갖는 매력 중 하나요 필수 조건이니 그 매력에 동참하는 것도 여행자의 기본 소양이라는 생각에서였다.

10여 분 뚝뚝에 몸을 맡기니 여행안내소와 카페가 가득한 거리인 우체국이 보이는 사거리에서 하차하라 손짓했다. 몇 시간 흔들리는 자동차에서 시달린 후 루앙프라방 중심부에 도착하니 피로가 풀리며 목이 말랐다. 서둘러 중심거리에 길게 늘어선 노상 카페로 향했다. 망고 주스 한 잔은 건조한 목을 촉촉하게 적셨고 라오스식 샌드위치는 배에 풍요를 불어 넣으며 처음 도착한 낯섦도 여유로운 마음으로 바뀌게 했다. 그리고 그런 포만감과 여유로 메콩강 변 작은 골목에 있는 게스트하우스에 여장을 풀었다.

비어 라오의 심각한 매력

메콩강 변으로 향했다. 메콩강 우거진 열대 나무가 카페를 덮고 있는 아늑한 카페에 자리를 잡았다. 11월 신선하고 건조한 공기는 상큼한 내음으로 코를 자극했다. 난 그 싱그러움을 맞으며 비어 라오를 한잔 기울이며 메콩강을 바라봤다. 그리고 루앙프라방에서의 새로운 여정을 라오스의 자연과 퍼즐처럼 맞춰봤다. 그림이 그려졌다. 식민지 시절 도시의 건물들과 서양인들의 자연스러운 활보 고즈넉한 자연환경 그리고 감성 여행을 만끽하고 있는 나.

비어 라오는 접하면 접할수록 매력이 느껴지는 맥주였다. 내가 맥주라 하지 않고 굳이 비어 라오라 일컫는 이유다. 마실 때마다 마음과 몸을 상쾌하게 만들어 주고 긴장된 몸과 마음을 편안하게 이완시키니 말이다. 비어 라오 한잔으로도 마음은 평화롭기 그지없었고 그 평화를 담은 마음은 황토색 물결과 열대림에의 조화미를 느끼게도 했다. 평화가 이런 것인가 싶을 정도로 말이다. 또한 눈앞의 모든 게 구름 위를 걷는 듯 기분의 상승곡선을 그리게 했다. 무지개처럼 다양한 평화로 눈에 펼쳐진 것을 그림으로 담아내려면 조색에 꽤 많은 신경을 써야 할 듯싶었다. 과연 내 능력으로 만들 수 있는 색 모두를 동원한다 한들 이 감흥을 담아낼 수 있을까 싶을 정도로 채도는 높았고 가시거리 또한 광활했다.

긴 타원형의 배들이 원색의 옷을 입고 줄지어 선 강을 바라보며 깊은 숨을 호흡하는 나무들과 온순한 사람들의 눈빛 그리고 황갈색 잔잔한 물결에서 문명에 찌든 도시인의 손길이 닿지 않은 순수함이 느껴졌다. 더불어 평화로운 자연의 아름다움에 마음도 평화의 한가운데로 빠져들며 루앙프라방의 깊고 고운 숨결도 느꼈다.

메콩강에 기대 사는 사람들의 여유로운 표정과 눈앞의 펼쳐진 평화롭고 고즈넉한 풍경도 풍요의 강 한가운데로 느릿느릿 한가하게 흘러갔다.

앉아서 생각했다. '나는 여행을 통해 무엇을 얻을 것이고 또 무엇을 찾을 것인가.' 난 분명 그 무언가로 답답했고 정신이 아팠다. 무언지 정확히는 모르지만, 무거운 것이 내 몸과 맘을 짓눌렀다. 그렇게 잠시 생각의 옹달샘에 몸을 담갔다. 얼마 후 생각의 옹달샘은 그 해답을 슬쩍 제시했다. '넌 이번 여행을 통해 내려놓음과 새로운 삶에 대한 동기를 부여받고자 함이야. 그리하여 시간 여행을 통해 세속과 일정한 거리를 두면서 인생에 새로운 과제를 부여받아야 하는 것이야. 예컨대 나눔과 배려 말이지'

생각 웅덩이와 감성을 채우던 시간은 그리 오래가지 않았다. 메콩강 변 카페에 서양 관광객들로 가득 채워졌고 곧 소란스러워졌다. 난 메콩강 변 사색을 통해 항아리의 물이 넘치듯 가득했던 지난 세월의 욕심과 한 방향으로 심하게 기울어진 삶의 방식을 흘려보내려 했다. 혼돈의 마음을 떨치고 마음의 무게를 한결 가볍게 하고도 싶었다. 그리고 그러는 중이었다. 그런데 한 무리의 떠들썩한 서양인들로 나의 바람은 우거진 열대림 사이로 산산이 흩어졌다. 그 무엇도 흘려보낼 수가 없었다. 평온한 마음은 이내 혼란에 빠져들었다. 여행을 즐기는 방법은 인간의 생김새만큼이나 다양할 것이다. 또한 그 다양성을 인정하는 것이 여행하는 사람의 올바른 태도일 것이다. 그럼에도 그 진리는 예외가 됐다. 성스러운 행사를 하듯 나의 마음을 조용히 내려놓고 어지러운 상념과 근심의 조각들을 유유히 흐르는 강물에 흘려보내려 한 게 우선이기 때문이었다. 하지만 나의 희망은 다음으로 넘길 수밖에 없었다.

원망의 눈으로 그들을 바라봤다. 한 여자가 희고 노란 머리에 맥주잔을 기울이며 왁자지껄 떠들고 있었다. 맥주가 아닌 지극히 자기중심적인 사고를 마시고 있다는 생각이 들었다.

맥주 한 잔이 생각났지만, 루앙프라방에 도착한 후 잠시 감성적 시간의 무대를 벗어나니 맥주 한 잔의 청량함은 이제 나의 몸에 각성제 역할만 할 뿐이라 생각했다. 오히려 어두운 게스트하우스의 방 한구석에서 생각에 잠겨있는 편이 더 나을 듯했다. 마음을 가다듬고 메콩강을 바라봤다. '황토색 메콩강 저편 숲속에는 무엇이 있을까?' 궁금증이 일었다. 곧 '무형의 신비로움과 때 묻지 않은 순수함이 있다.' 라는 답이 돌아왔다.

이런! 라오스에서도?

저녁 5시 30분부터 몽족 등 소수민족 상인들이 수 공예품을 풀어 놓으며 야시장을 열기 위해 분주했다. 또한 그들의 분주함으로 하나씩 세워진 가판 상점은 검푸른 어둠과 함께 야시장을 메웠다.

곧이어 민첩한 그들의 빠른 눈동자와 대조되게 천막을 지지하는 쇠기둥 사이 호기심 가득한 눈빛과 느린 걸음으로 가판의 물건을 꼼꼼하게 훑어보는 이방인들이 어우러졌다.

소수민족과 현지인 그리고 다양한 토속상품과 먹거리에 야시장의 주역이라 할 수 있는 여행자들의 양념 같은 어우러짐은 바로 야시장의 매력이었다.

난 야시장에서 다양한 사람들의 모습을 보면서 균형 잡힌 삶이 얼마나 중요한가를 깨달았다. 나 같은 이방인은 겉으로 보이는 이들의 모습에서 척박함과 삶의 고단함을 느낄 수밖에 없다. 그러나 이들의 모습에서는 삶에 찌든 모습은 찾아볼 수 없었다. 적어도 우리의 5일장 상인들과 비교해 우리에게는 없는 여유가 있었다. 입가에 미소를 머금고 작은 목소리로 손님을 대하는 순박한 태도에서 그러한 내 느낌은 전혀 어색하지 않았다. 판매가 활발한 것도 아니었다. 수익도 많을 것 같지도 않았다. 하지만 이들의 모습은 그저 시간과 상황에 맡기는 여유로움이 스며 있었다. 편안한 얼굴로 젓갈에 찰밥을 찍어 입에 넣으며 눈은 손님으로 향했지만 악착같이 물건을 팔려 애쓰는 모습 없이 그저 수줍은 무언(無言)의 눈빛만 보낼 뿐이었다.

루앙프라방 중심가 야시장 골목에 뷔페 골목이 보였다. 이른바 10,000k 뷔페 골목이 그곳이다. 뷔페 골목을 지나쳐 곧바로 이어지는 사거리 구석에서 쌀국수로 저녁을 먹었다. 가격에 비해 양이 많았고 입에도 잘 맞았다.

음식을 비추는 불빛 등에 반짝이는 얼굴을 하고 덜 자란 어린 콩을 통째로 입에 넣는 현지인을 따라 나도 어린 콩깍지를 입에 넣었다. 육수 향과 콩의 비릿한 내음이 잘 어울렸다. 국수에 어린 콩, 얼핏 어울리지 않을 것 같은 곳에 딱 맞는 궁합이 숨어 있었다.

음식값은 당연히 소액임에도 15,000이라는 숫자에 종종 가슴이 오그라들었다. 돈과의 싸움은 배낭여행자의 숙명과도 같은 것이기에 더욱 그랬다. 뱁새눈을 하며 숫자를 찾아 건넨 후 게스트하우스로 향했다.

한 남자가 다가왔다.

"헤이 뚝뚝?"

"노우."

"우먼?"

그는 손으로 섹스 표시를 했다. 순간 이곳이 라오스가 맞나 싶었다. 사회적으로 볼 때 이런 음성적 행위는 결코 생각할 수 없을 터다. 순수 안에 음성적 행위가 공존하고 있음을 그리고 그 행위는 여행자들로 인한 것임을 알게 된 순간이었다. 루앙프라방도 소위 말하는 문화 선진국 국민으로 인해 서서히 타락의 늪으로 빠져들고 있었다.

해탈의 길을 걷는
새벽 스님들의 탁발 행렬과 타락의 문화

어둠이 막 가신 11월 아침은 안개가 살짝 끼어 있었다. 더불어 옅은 안개 사이로는 루앙프라방의 모든 만상(萬像)이 선명하게 다가왔다. 나같이 시력이 좋지 않은 사람도 모든 형태가 뚜렷하게 들어온다면 공기의 맑음이야 더 설명할 게 없는 것. 참으로 싱그러운 아침이었다.

게스트하우스에서 얼마 떨어지지 않은 큰길로 나갔다. 스님들의 탁발 행렬을 보기 위해서였다. 루앙프라방은 탁발로도 유명한 도시로 그 유명세에 발을 들이지 않을 수 없었다.

스님들의 긴 탁발 행렬이 엄숙하게 이어졌다. 소박하지만 무릎을 꿇고 정성스럽게 준비한 음식을 공양하는 모습에서 깊은 불심이 느껴졌다. 간간이 이방인들도 방석을 깔고 앉아 탁발 의식에 참여하는 모습도 보였다.

여행하면서 현지인의 삶에 빠져보는 경험은 여행의 순기능이기도 하다. 그야말로 살아있는 여행이 되는 것이다. 그러니 종교가 무엇이든 따질 일은 아니다. 그 나라의 문화를 깊이 체험하고 느낀다는 것은 여행의 깊이를 더해주는 한편 자신도 들여다볼 기회가 된다. 현지의 다양한 의식을 보는 것에 만족하지 않고 직접 참여한다는 것은 눈으로 보는 것보다 훨씬 깊이 있는 이해를 동반할 거라, 생각하며 새벽의 탁발 의식을 바라봤다.

파란 눈을 한 이방인의 진지한 표정에서 단순한 호기심을 넘어 진지함이 느껴졌다. 그들의 곁에서 호기심으로 바라보는 나의 마음도 더불어 정화가 됐다. 한편으로는 저들 이방인들과 같이 이들의 문화에 빠져볼

용기를 갖지 않은 나의 소심함을 탓하기도 했다. 나를 포함해 많은 사람은 여행하는 동안 이질적인 문화에 낯설고 생소하게 느낄 것이다. 따라서 처음 걸음을 내딛는 순간 여행의 조건은 같다고 할 수 있다. 경험하고 느끼고자 하는 용기의 크기에 따라 여행의 가치나 결과는 다를 거라, 생각하니 나의 소심함이 더욱 아쉽게 느껴졌다.

새벽의 한가운데를 가르고 있는 타국의 엄숙한 종교의식에서 난 왜 그동안 느껴보지 못했던 평온함을 느낀 걸까. 오토바이를 타고 출근길을 서두르는 저들의 평범한 아침의 모습이 왜 부럽기만 한 것일까. 새벽을 맞고 있는 사람들의 얼굴은 평화가 가득 담겨 있었다.

비좁은 길가의 식당에는 라오 커피로 아침을 대신하는 사람들이 삼삼오오 모여 있었다. 더불어 아주머니의 손길도 바빴다. 지극히 평범한, 그러나 진한 평화가 느껴지는 일상이 열리는 중이었다. 한국에서는 느낄 수 없는 느낌이었다. 평상시의 나는 그 어떤 느낌이나 감흥 없이 무념무상이 반복되는 일상의 아침이 대부분이었는데 눈 앞에 펼쳐지는 일상을 통해 그동안 느끼지 못했던 마음의 안식을 받았다.

탁발 행렬을 뒤로하고 아침 시장으로 향했다. 많은 상인이 아침 장사를 준비하고 있는 모습에서, 꾸밈없는 수수한 옷차림에서 아무렇게나 쌓은 물건들과 하얀 비닐봉지를 들고 물건을 찾는 사람들의 편안한 모습에서, 어릴 때의 정겨움을 느꼈다. 이름을 알 수 없는 다양한 채소와 두리안을 비롯한 많은 열대 과일이 산더미처럼 쌓여있었고 그 가운데 주인의 표정은 풍요로움이 느껴졌다. 그렇게 시장의 곳곳으로 순수한 라오스 사람들의 일상이 비단 물결처럼 반짝이는 빛을 발하며 평화롭게 흘렀다.

서민들의 꾸밈없는 표정과 일상을 느끼며 시장 골목에 있는 간이음식점에서 아침으로 쌀국수 한 그릇을 먹었다. 대부분의 노점 쌀국수는 10,000k 정도면 먹을 수 있는데 닭을 삶아 우려낸 육수에 갖은양념과 채소를 더한 국물 맛이 칼칼하면서 시원한 게 먹는 즐거움을 줬다. 매운 고춧가루를 한 수저 넣어 섞은 국물은 거부감 없이 나의 입안을 돌아 혀끝과 목에 짜릿함을 줬다.

빨간 플라스틱 바구니에 담겨 있는 콩 모양의 채소를 먹으니 그 아삭함에 매운맛은 중화됐지만 이마에는 땀이 흐르고 입은 얼얼했다. 입을 호호 불며 이마의 땀을 닦아내는 나의 모습을 보고 있던 옆의 서양 여행자가 '나도 너와 같은 미각이야'라고 말하는 듯 살며시 미소를 건넸다.

여행의 동기를 유발하는 것은 호기심 때문이고 그 호기심의 큰 부분을 차지하는 것 중 하나가 음식문화일 것이기에 비록 언어와 국적은 다를지언정 그도 나와 같은 느낌일 거라는 걸 미뤄 짐작할 수 있었다.

이른 아침 시장을 찾은 많은 이방인이 골목을 들어오고 빠져나갔다. 아침의 루앙프라방은 현지인이나 이방인 할 것 없이 모두가 생기 가득했다. 여행의 감미로움과 사람 내음이 어우러진 시간 앞에 앞으로 난 이곳에서 또 어떤 종류의 호기심을 충족할 수 있을 것인가. 하는 기대감도 함께 흘렀다.

나에게 건넨 사내의 제안이 떠올랐다. 사실 충격이었고 루앙프라방이라는 도시의 속살은 모든 게 깨끗하고 순수한 것만은 아닌 듯했다. 루앙프라방도 자본주의라는 변화의 물결이 서서히 그러나 제법 세게 불고 있는 느낌이 들었다. 인간의 욕심과 이기심이 싹을 틔우는 모습이랄까.

"여자 필요해요? 좋은 여자 있어요."

여행의 시작에 앞서 전혀 예상하지 못했던, 다시 말해 여행 전에 순도 100%의 때 묻지 않은 순수함을 상상했었기에 그 일은 나에게 적잖은 충격이었다. 그러나 한편으로 여행은 때때로 기대와는 다른 방향 또는 전혀 생각하지 못 한 일들과 문화를 마주하는 거라는 생각도 들었다. 그러니 그 일도 여행의 일부며 새로움을 맞아가는 과정에서 배우고 인식하는 여행의 요소기에 경험의 중첩은 여행의 깊이를 더 할 것이라 위안하며 잠시 느꼈던 실망을 접고 현실적 여행의 길을 나섰다.

한 폭의 수채화 쫌 펫(Chom pet) Village

루앙프라방은 중국에서부터 이어진 메콩강과 칸(Khan) 강이 만나는 삼각지에 형성된 도시로 라오스 최초의 통일왕국인 란상 왕국(Lan Xang)의 수도였다. 수많은 불교사원이 옛 모습 그대로 남아 있고 프랑스 식민지 시절 지어진 프랑스식 건물들도 비교적 잘 보존된 세계문화유산의 도시이기도 하다.

루앙프라방 여행의 시작은 주로 메콩강으로부터 시작되는 것이 일반적으로 나의 여행도 그와 마찬가지로 전통 악기 소리가 들리는 골목길을 따라 메콩강으로 향하는 걸음으로 시작했다. 메콩강 건너에 있는 쫌 펫 Village로 향하는 길 말이다.

마을로 가기 위해서는 강을 건널 수 있는 배가 필요했다. 꽤 높은 수령으로 보이는 나무들 아래 유유히 흐르는 황토색 메콩강에는 파란 원색의 옷을 입고 라오스 국기를 단 여러 척의 배들이 손님을 맞이하고 있었다. 많은 배 중 하나를 타고 강을 건너면 내가 가고자 하는 쫌 펫 마을에 갈 것이었다. 하지만 정기적으로 운행하는 배는 없었다. 난감했다. 언어가 통하지 않으니 더욱 그랬다.

선착장에서 나의 표정을 읽었는지 60대로 보이는 뱃사공 한 명이 다가왔다. 그에게 강 건너 마을을 가고 싶다고 하니 2시간 대여료로 20,000k를 요구했다.

여행하다 보면 종종 느끼는 어려움이 있다면 가격 흥정이 그것이다. 딱히 정해진 가격이 없다 보니 값의 적정성에 의문을 품게 되고 그와 더불어 혹여 바가지를 쓰는 것은 아닌지 걱정이 스멀대고는 한다. 호주머니가 불룩하지 않을뿐더러 적당한 가격의 테두리를 많이 벗어난 거라면 속상한 마음이 들 것 같아서다. 물론 가격을 신경 쓰지 않아도 그리 문제 될 정도의 경제 상황은 아니다. 하지만 여행에 있어서는 가격 흥정에 민감해지게 마련이다. 특히 배낭여행에서는 더욱더. 내 마음의 깊이가 얕은 이유이기도 하다. 하지만 나만 그런 것이겠는가. 사실 여행하는 동안 그 누군가가 내 호주머니에 있는 돈을 강탈해 갈 수 있다고 생각하는 것은 만국 공통일 것이다. 익숙하지 않음에서 오는 것이니 왜 아니 그러겠나.

그런 생각을 하며 살며시 가격을 깎아내리니 손사래를 쳤다. 그런 그의 몸짓과 웃음이 순수해 보여 나는 흥정을 멈추고 웃음으로 그의 어깨를 툭 쳤다.

"가자."

강 건넛마을까지는 불과 10여 분 거리였다. 강가에 내려 언덕길을 올라 작은 골목에 접어들었다. 조그만 마을에 이방인이라고는 나 혼자였다. 혼자 배를 타고 건너왔으니 당연했다. 마을은 매우 조용했고 한적했다. 돌과 나무 그리고 함석지붕으로 지은 집 사이의 마을 길을 천천히 걸었다.

아이를 업은 한 아주머니의 수줍은 미소와 그 옆으로 한 무리의 닭들이 총총걸음을 내딛고 있었다. 작은 구멍가게에서는 코흘리개 아이 두 명이 무언가를 열심히 찾고 있었고 오래된 집을 단장하는 남자는 윗옷을 입지 않은 맨몸으로 집 단장의 부지런한 손놀림에 여념이 없었다.

눈을 치켜뜨고 노려보는 누런 견공들의 눈치를 살피며 123개의 계단을 올랐다. 탁 트인 곳에 어머니의 품처럼 메콩강을 보듬고 강 건너 루앙프라방을 포근하게 감싸 안은 풍경이 그림처럼 다가왔다.

풍경은 자연미와 인공미가 담백한 조화를 이루고 있었다. 카르스트 지형의 푸른 분지 안에 아늑하게 자리 잡은 도시의 고풍스러움과 메콩강의 평화스러운 물결에서 한 폭의 맑은 수채화를 보는 듯했다. 경외감마저 느껴지는 나의 눈과 마음도 맑고 투명해지며 형언할 수 없는 감격이 가슴을 파고들었다. 그렇게 왓 쫌 펫(Wat Chompet)에서 바라본 루앙프라방은 자연과의 일체감 자연의 조화로움에 어머니의 젖가슴 같은 포근함으로 다가왔다. 그리고 난 자연이라는 어머니의 따스하고 푸근한 가슴에 안긴 어린아이였고 그런 자연에 안긴 난 또 생각에 잠겼다. 지금 난 무엇에 집중해야 하고 인생의 그 무엇을 충족하려 하는지 해답을 찾아보려고 말이다. 하지만 눈 앞에 펼쳐진 이국의 풍광 앞에서 그 노력은 그저 무의미했다.

자연이 펼친 깊은 감동을 끌어안고 있으니 더 이상 무엇이 필요할까. 그저 감정에 충실하며 순간을 즐기면 될 일일이었다. 벅찬 여행의 감동이 몸을 감싸왔다.

우리와 닮은 듯 다른 장례문화

아름답고 고즈넉한 풍광 앞에 마주하고 있으니 그리운 딸의 모습이 파도처럼 밀려왔다. 나의 타고난 천성이었다. 자유롭게 떠돌고 싶은 나의 영혼 속에 내가 존재하며 그 속에서 소소한 행복과 성취감도 함께 해왔다. 그렇지만 때때로 딸아이에게서만큼은 자유롭지 못함을, 결코 자유로울 수 없음을 깨달았다. 딸 바보 아빠의 운명이다. '아가! 아빠는 널 아주 많이 사랑한단다' 나의 애틋함은 강 넘어, 산을 타고 하늘을 가르며 집에 있는 아이를 향해 가고 있었다. 눈물이 고였다.

난 라오스 여행의 시간 속에서 진정한 자아(自我)와 내면을 들여다보아야 했다. 그것이 주목적인 여행이기 때문이다. 그동안 잊고 있었던 삶, 아니 그동안 방향을 잃었던 삶과 한쪽으로 심하게 기울어져 유연한 사고를 하지 못했던 삶에서 좀 더 균형 있는 삶의 해답을 찾아야 했다. 미로

처럼 얽힌 동굴에서 출구를 찾지 못하고 헤매던 그 깊고 어두운 상념의 늪에서 이제는 빠져나와야 했다. 무겁게 두 어깨를 짓누르고 있는 욕심과 욕망의 무거운 것들도 이제 내려놓아야 했다. 그래야 나의 행복은 물론 가족의 행복도 지켜 줄 수 있을 것이기에.

내 어릴 적 시골 같은 작고 아담한 이국의 작은 마을에서 잠시 눈을 감고 내 삶의 전부며 내 사랑의 많은 것을 차지하는 외동딸을 생각하며 앞으로의 삶에 대한 방향을 잡아갔다.

우거진 숲 사이로 구름이 몰려왔고 인적이 없는 사원의 분위기는 음습했다. 사람의 손길이 전혀 닿지 않아 방치된 듯 보이는 법당과 두 개의 탑 그리고 새롭게 지은 승방 하나가 사원의 전부였다. 깊은 숲에 자리한 사원은 자연스럽게 사람의 손길이 느껴지지 않아 헛헛함을 느끼게도 했다. 마을의 평화로움과 고즈넉한 분위기와 그 느낌이 사뭇 달라 서둘러 사원을 내려왔다.

라오스 전통 음악이 들렸다. 누가 알려주지 않아도 선율로 보아 라오스 전통 음악임을 짐작했다. 나의 발길은 자연스럽게 그곳에서 멈췄다. 음악이 흐르는 가운데 많은 사람이 모여 있었고 음식도 준비돼 있었다. 동네 축제라도 열리는가 싶었다. 이곳 역시 나 이외 다른 이방인은 볼 수 없었다. 난 호기심 가득한 마음으로 동네 축제의 한가운데 들어섰지만 동시에 어색함과 미안함이 안개처럼 밀려왔다.

여행지에서 한 번도 가보지 않은 동네에 가면 처음 마주치는 낯섦과 어색함은 당연하다. 입장을 달리해도 이들 역시 마찬가지일 것이다. 그렇듯 여행은 낯섦과의 만남이며 그 낯섦도 곧 포근함과 익숙함으로 다가온다. 그러니 다소의 어색함과 미안함은 잠시 외면해도 될지 싶어 그들 속으로 조용히 들어갔다.

그런데 알고 보니 음악과 음식은 모두가 장례 행사를 위한 것이었다. 사람들의 흥한 분위기와 많은 음식 사이 한구석에 놓여 있는 꽃상여 한 개가 모든 게 장례를 위한 것임을 말했다.

하얀 봉투 하나씩 들고 사람들이 모여들었다. 라오스의 깊은 숲속 작은 오지 마을에서도 그 누군가의 죽음에 대한 의식은 우리의 그것과 크게 다름이 없었다. 다만 그 슬픔을 나누는 의식의 차이만 있을 뿐이었다.

잠시 스치는 여행자의 눈으로 그들의 의식에 자리한 죽음을 판단한다는 것은 어려운 일이다. 하지만 죽음을 마주하고 그 죽음을 떠나보내려는 사람의 의식만큼은 그곳이 어디든 예외 없이 이루어진다는 것만은 분명했다. 그것은 불변의 진리며 앞으로도 당분간은 그럴 것이다.

먼 이국에서 죽음의 의식을 맞이하는 내 마음도 죽음에 대한 마음으로 숙연해졌다. 마치 내 생명만큼은 영원할 것 같은 착각에 빠진 채 살아가고 있지만 그 누구도 생명의 끝은 피할 수 없는 것 아닌가. 그러니 나 또한 이 죽음의 주인공처럼 그 끝으로 달려가고 있는 것임은 두말할 나위 없다. 그렇기에 남은 삶을 어떻게 살아갈 것이며 또 어떻게 마감할 것인지를 고민하는 것이 꼭 필요한 일이라 생각했다.

학교를 만나면
자동으로 멈추는 발길

학교가 보였다. 초등학교였다. 교사라는 직을 내려놓았지만, 학교는 여전히 고향과 같은 존재기에 어디서든 학교를 보게 되면 그냥 지나치지 못한다.

어린 학생들의 재잘거리는 소리가 열대 숲이 우거진 산 아래 단층 목조건물 안으로부터 운동장을 지나 담을 넘어왔다. 프로그램을 장착한 로봇처럼 나의 발걸음은 그곳으로 향했다.

선생님인 듯 보이는 몇몇 젊은 여성들이 삼삼오오 모여 이야기를 나누고 있었고 교실 한편에서는 단체로 책을 읽는 아이들의 소리가 들렸

다. 책 읽는 소리에는 리듬이 들어가 있어 마치 동요를 부르는 것 같았다. 미소가 절로 머금어졌고 마음도 고향을 찾은 것처럼 편안해지며 마음에 감동이 꽉 차 올라왔다. 나그네처럼 방황하다 집에 들어선 그런 마음과도 같았다. 그 풍경에 취해 교실을 살며시 들여다봤다.

"싸와디."

교실 안의 아이들이 인사 하며 반갑게 손을 흔들었다. 그 모습이 어찌나 예쁘고 천진한지 교실에 들어가 잠시 수업이라도 하고 싶은 욕구가 거침없이 밀려왔다. 꽃을 소재로 미술 수업 한 시간 하면 정말 좋겠다고 생각했다.

아이들의 맑고 순순한 표정에서는 이방인에 대한 그 어떤 경계심도 읽을 수 없었다. 아니 오히려 여행자의 초라한 의심과는 반대로 푸근하고 넉넉한 심성이 느껴졌다. 그들의 눈빛에는 이방인에 대한 작은 호기심과 티 없이 맑고 따스한 마음이 있을 뿐이었다.

어린 시절, 휑하고 어두운 집에 손님이라도 찾아오면 수줍게 손을 흔들며 호기심과 반가운 마음으로 바라봤던 그때 내 모습이 떠올랐다. 이제 마주할 수 없는 아련한 그 시절의 추억들이 지금 아이들의 맑은 눈동자가 있는 현실 앞에서 흑백사진처럼 되살아난 것이다. 그리웠다. 그 시절이. 그 어리고 철없던 어린 시절이.

한편으로는 치열한 경쟁사회에서 건조한 마음으로 생활하는 우리 아이들 그럴 수밖에 없는 현실에 내몰려 있는 우리 아이들의 모습도 교차됐다. 타인에 대한 무관심과 현대 문명에 깊이 빠져든 우리 아이들에게 과연 이 아이들 같은 순수함이 조금이라도 남아 있기는 한 것인지.

수업 시간 핸드폰과 전쟁하며 수업의 반 이상은 아이들 통제에 빼앗기는 우리의 교실 현장이 안타까움으로 다가왔다. 이기적이고 자기중심적 사고에 물들고 있는 우리 아이들의 모습이 지금 이 아이들의 순수한 모습 앞에 극명하게 대비됐다.

아이들은 수업 중간에도 내가 사진을 찍으면 열심히 V자형 손 모양을 지으며 미소로 화답했다. 훈훈하고 사랑스러운 마음들은 큰 호수가 되어 갔다. 천사가 있다면 이런 모습일까. 티끌 하나 묻지 않은 아이들의 순수한 모습에서 이들의 인생길에 밝은 희망의 빛을 보았다. 부디 웃음 속에 담긴 맑은 영혼 하나 잃지 않고 그대로 자리하기를 간절히 빌었다.

현재와 과거가 교차하는 시간, 학교 정문 앞 작은 구멍가게에 매달린 쫀드기에 침을 흘리며 모여드는 아이들 미래의 모습을 그리며 그들의 순수한 미소를 마음에 깊이 각인시켜 넣었다.

서양인들의 유별난 물 사랑 꽝시폭포

흔한 일은 아니지만 현지 투어에 참여하면 정원을 초과하는 일이 간혹 벌어진다. 수요와 공급의 원칙에 따라 공급보다 수요자가 월등하게 많아지면 그럴 가능성은 더욱 커진다.

오후에 출발한 꽝시 폭포 행 미니밴은 12명이 정원이지만 3명을 더 태우고 예정 시간을 20여 분 지나서야 출발했다.

덕분에 비좁은 차 안에서 생각지 않았던 스킨쉽이 이뤄졌다. 안내자의 힘이 지배하는 여행지에서 투어 참가자인 여행자는 그 원칙에 말없이 따라야 불편함을 다소나마 감소시킬 수 있다. 그러니 마치 전쟁터의 전사처럼 행동하는 기사의 거침없는 행동도 여행의 세계에서 흔한 일이라 이해 못할 바 아니다. 이런 기회를 통해 낯선 사람과 스킨쉽을 해 보라는 가사의 배려(?)를 받아들여 마음껏 즐기는 사이 꽝시 폭포에 도착

했다. 입구는 여느 관광지와 마찬가지로 토속상품을 파는 가게와 먹거리 음식이 즐비하게 늘어서 있었고 고기 굽는 연기와 냄새는 미각을 자극했다. 맑은 옥색 물이 시원하게 흐르는 꽝시 폭포는 석회암층이 녹아 흘러 계단을 이루며 시원한 물줄기를 내뿜었고 청량한 공기와 수증기의 작은 물 입자들은 일행을 깊은 폭포의 숲으로 끌어들였다.

동양 최대의 폭포 입구에서 한 쌍의 곰이 짝짓기 하는 가운데 이성과 본능에 더해 충동적 욕망으로 무장한 우리 인간들은 벌이 꿀을 빨듯 폭포를 샅샅이 탐닉하고 있었다.

수영복을 입고 수정처럼 맑고 아름다운 옥색의 물 계단으로 뛰어드는 인간들의 모습에서 자연에 대한 아름다움이나 경외감을 소중한 가치로 여길 여유는 없어 보였다.

서양인들의 물 사랑은 유별난 것 같다. 동양의 자연 존중 사상과 달리 자연을 극복의 대상으로 삼아 생활의 한 방편으로 여겨왔던 그들의 문화 의식이 나은 행동이 아닐까.

자연조차 인간을 위한 하나의 방편으로 삼았던 그들의 도전 정신이 과학과 문명을 발전시킨 공로가 작지 않지만, 동양의 자연 사상이 서양의 그것에 비해 인류 사회에 미친 영향이 과연 작은 것일까. 과학과 문명의 기여도를 떠나 인간 철학이나 사상으로 넘어가면 그 평가는 달라질 수 있을 것이다. 자연이 없다면 인간의 삶도 존재할 수 없으니, 당연히 평가는 달라져야 한다.

꽝시 폭포의 거대한 물줄기가 쏟아지는 폭포의 출발점에 올랐다. 길은 가파르고 미끄러웠다. 하얗게 부서지는 폭포수 우거진 숲도 거친 숨소리와 등줄기를 타고 비 오듯 쏟아지는 땀을 식히지 못했다. 폭포의 꼭대기로 향한 급경사가 상처가 덧난 무릎을 자극하며 찌릿한 통증을 줬다.

폭포 꼭대기에 오르니 아래의 그 웅장함과 달리 작은 내를 이뤄 고막을 때렸던 폭포의 굉음과는 다르게 바위와 숲 사이로 잔잔한 물결이 흘렀다. 그 소리는 새근새근 어린아이의 숨소리와도 같았다. 하지만 폭포의 시작점에 이르자 이같이 잔잔하고 조용한 물줄기는 수평선 넘어 절벽으로 사라지며 어마어마한 물소리의 파열음을 내뿜었다. 마치 조용함을 유지하던 물이 한 번 끓기 시작하면 요란한 소리를 내며 걷잡을 수 없이 넘치는 것처럼 욕망으로 뭉친 인간의 이중성을 보는 듯도 했다.

난 폭포의 웅장함보다는 폭포 위 잔잔한 호수였음 싶었다. 또한 저 아래 아름답고 평화롭게 펼쳐진 옥색의 웅덩이였음 싶었다. 옥색 물 계단의 조화가 보석처럼 빛을 발하듯 누군가에게는 보석이고도 싶었다. 그래서 폭포 위 시원한 물줄기 앞에서 간절한 마음을 모아 조화로운 삶을 찾아 끊임없이 노력할 것을 다짐도 해 보았다.

나 자신을 객관적으로 바라보고 욕심을 떨쳐내며 작은 것에 감사하고 만족할 줄 아는 삶을 찾아내는 것이 여행의 목적 아니던가. 그러한 마음을 아는지 아름다운 폭포 주변의 분위기는 차분히 나의 등을 두드렸다. 너무 많은 생각은 하지 말라며.

메콩강에서 욕심과 허상의 두건을 쓴 나를 바라보다

골목에는 음악이 흘렀고 새들은 그 음악에 맞춰 노래를 불렀다. 울긋불긋 꽃잎에는 몽글몽글 이슬이 맺혔고 녹음이 짙은 나무숲 사이로는 햇살이 흩어졌다. 평화로운 아침에 요란한 오토바이 소음조차 평화로운 분위기에 잔잔하게 스며들었고, 라오 커피 한 잔의 달콤함에 여유로운 미소를 짓는 사람들도 아침 풍경의 소재가 됐다. 한국의 일상에서는 쉽게 접할 수 없는, 쉬이 말로 표현키 어려운 아침의 향기가 먼 나라에서 달려온 여행자의 마음을 빼앗았다.

그 깊은 매력을 온몸으로 느끼며 루앙프라방에서 메콩강을 따라 북쪽으로 25km지점 우강과 합류하는 곳의 빡우 동굴로 향했다.

넓이가 1m도 채 되지 않는 작은 보트에 몸을 실으려 여행객들이 속속 모여들었다. 씩씩하고 굵직한 목소리의 여행사 직원은 일일이 번호를 부르며 배가 한쪽으로 기울지 않게 사람들을 배 양편에 1대 1의 형태로 배열해 앉혔다.

사실 난 빡우 동굴보다 메콩강을 타고 오르내리며 메콩강의 숨소리와 메콩강에 기대 생활하는 사람들의 삶을 들여다보는 것이 주목적이었다. 나의 여행에 있어서는 날 것의 자연환경과 그 자연에 순응하며 살아가는 사람들의 모습을 느끼는 것이 가장 큰 매력이기 때문이다.

보트는 '따다다다' 요란한 소리를 내며 짙은 메콩강의 황토물을 가르며 북으로 향했다. 보트 속도만큼이나 시원한 강바람과 배에 부딪쳐 하얗게 부서지는 물방울이 얼굴을 가볍게 두드렸다.

타원의 곡선으로 일렁이는 물결과 강 계곡을 타고 흐르는 부드러운 바람이 만나 싱그러운 조화를 이루는 아침 공기는 감성의 바다 한가운데로 이끌었다. 넘실대는 황토색 물결 위에 작은 바위섬들이 보일 듯 말 듯 스쳤고 강 위를 날아다니는 새의 모습은 더없이 평화로웠다. 하얀 구름 아래 투명한 원시림의 우거진 산들이 솜 같은 뭉게구름과 파란 하늘이

빡우 동굴이 있는 메콩강

짙은 황토색 강과 어우러져 자연의 위대한 예술가를 만나게 했다.

1시간 30여 분, 메콩이 주는 자연의 합창을 들으며 이국적 분위기에 빠져 감성의 바다에 항해하는 사이 보트는 빡우 동굴 선착장에 도착했다. 선착장에서 동굴은 직각의 높이로 웅장하게 자리했고 동굴 깊이는 생각보다 깊지 않은 가운데 너른 동굴에는 마치 불상 전시장 같은 모습으로 수많은 불상이 놓여 있었다.

상하로 길게 놓인 불상들은 사실 주변의 침략을 피해 이곳 깊숙한 동굴에 옮겨 놓은 것이라 한다. 곳곳에 향을 피워 그 향 내음이 가득한 곳 주변으로는 불자들이 가져다 놓은 꽃들이 가지런히 놓여 있는 모습에서 라오스 사람들의 깊은 불심이 느껴졌다.

현지인뿐만 아니라 여행자들도 방문해 불공을 바치는 빡우 동굴은 주변의 우거진 원시림과 그 앞에 광활하게 펼쳐진 삼각주를 품고 유유히 흐르는 강의 넉넉함에 푸른 하늘과 하얀 구름까지 품고 있어 '생생한 자연적 풍경이란 무릇 이런 것이야'라고 말하고 있었다.

자연의 시간을 잠시 멈추게 했다. 곧이어 잔잔한 강 한가운데에서 고기를 낚는 어부들의 모습이 한 컷의 사진으로 다가왔다. 분명 생계를 꾸리기 위한 치열한 일상일 테지만 여행자의 눈으로는 그들에게서 삶의 치열함이나 서두르는 모습을 찾을 수 없었다.

작은 배에 몸을 의지한 채 그물을 던지고 그 그물을 들어올려 잡은 고기를 손질해 나갔다. 그 옆을 바람결 스치듯 지나는 여행자들에게 그 모습은 그저 호기심을 충족하는 여행의 한 소재겠지만 저들에게는 오늘 하루 열심히 살아가는 삶의 현장일 것이다. 그런 삶의 현장을 보면서 나는

과연 가장으로써 나와 내 가족을 위해 최선을 다해 왔는가 하는 자문에 고개를 숙였다.

강 언덕을 거슬러 잠시 오르니 몽족 마을이 나왔다. 강가의 가파른 언덕에 형성된 몽족 마을은 건조하고 척박했다. 나무 기둥으로 뼈대를 만들고 함석으로 지붕을 얹은 집 아래 간간이 옷감을 짜는 아주머니들의 모습이 보였고 먼지가 푸석이는 마당에는 어린아이들이 발가벗은 채 놀고 있었다.

흙먼지가 이는 언덕 위 가판대에는 작은 병에 담아 놓은 뱀술이 도열해 있었는데 메콩강에 의지해 살아가는 소수민족의 속살이 궁금해 찾아

온 여행자를 상대로 한 듯했다. 이들의 삶에 보탬이 되고 싶어 한 병 사고 싶었지만 혐오스러운 뱀의 모습을 이겨낼 자신이 없어 결국 눈을 질끈 감았다.

이래저래 살 것이 없어 마음이 무거웠다. 밭농사는 고사하고 가파른 강가에 제대로 된 곡식 농사를 짓기 어려워 보이는 척박함이 가슴을 먹먹하게 했다.

잠시의 시간, 이들의 힘든 삶이 강하게 다가오며 불평 가득한 나의 마음이 한심하게 느껴졌다. 이들에 비해 엄청난 물질적 풍요 속에 살면서 마음의 헛헛함을 안고 살아왔으니 왜 아니 그러겠는가.

인간의 욕심은 그 깊이가 끝없이 깊다는 것도 새삼 깨달았다. 가진 게 없을 때 마음은 여유롭고 더불어 욕심도 사라진다. 그런데 나는 어떤가. 아직도 허상을 찾는 돈키호테처럼 욕망의 바다에 빠져 허우적대고 있지 않는가. 그런 나의 모습이 가난한 몽족의 삶이라는 거울 속에 비추어졌다.

지난 30년의 교직 생활이 딱 그랬다. 욕심을 버리고 평범함에 만족했었다면, 가르치는 것에만 전념했었다면, 못 견딜 만큼 힘들지도 않았을 것이고 퇴직 또한 없었을 것이다. 순전히 욕심 때문이었다. 폭주 기관차처럼 속도에 속도가 더해져 그 어떤 제동력으로도 멈출 수 없었던 거대한 욕심 때문이었다. 그 고단했던 생활의 터널을 지나고 보니 그런 것들은 행복한 삶과는 전혀 관계가 없다는 것을 깨달았다.

승진에 매달려 몸을 혹사했던 지난 시간이 꼬리에 꼬리를 물고 스치며 아쉬웠던 나의 그 시간이 라오스 메콩강의 몽족 마을에 흘렀다.

5시간여의 여행은 행복함도 즐거움도 그리고 지난 세월의 아쉬움도 함께 한 시간이었다. 처음 출발했던 장소에 내려 라오 비어 큰 캔 하나를 집어 들고 한 모금 목을 타 넘기니 심한 마음의 갈증까지도 함께 내려갔다.

　여행은 낯선 호기심과 함께 나를 돌아보는 시간이다. 특히 혼자의 여행은 더욱 그렇다. 이질적인 문화와 삶을 접하며 전해지는 느낌과 생각은 자연스럽게 느림으로 이끌었고, 어깨를 짓누르는 욕망도 가볍게 하는가 하면 새로운 나를 발견하기도 한다. 라오스식 바게트 빵 하나에도 만족하게 되고 토마토 한 봉지와 서너 개의 사과만으로도 풍요롭고 행복한 식사가 되고는 한다. 그러니 무에 그리 욕심을 낼 일이던가. 납덩이같이 무거운 탐욕을 내려놓고 마음을 가볍게 하는 것이 더 나은 삶의 만족을 가져올 수 있는 것 아니겠는가. 나의 사랑하는 딸이 미소를 보내며 말하는 소리가 들렸다.

　"아빠 그것을 이제 알았단 말이야?"

자연의 그러데이션

　아침의 루앙프라방은 평화와 안식이라는 평온함을 가져다주고는 했다. 지치고 병든 마음을 토닥이는 어머니의 손길과 같은 따스함도 느꼈다.

게스트하우스의 골목길에 음악이 흘렀고 사람들은 모여 있었다. 며칠째 똑같이 이어지는 그 행사의 정체가 몹시 궁금했다. 집안을 번성하게 해준 것에 대한 감사의 마음과 앞으로도 더 많은 행운이 있기를 기원하는 의식 중이라는 게스트하우스 주인 아들의 답을 들었다.

의식을 치르는 그 집안의 내막이야 알 수 없었지만, 독특한 의식 한가운데에서 그 정성이 느껴졌다. 아침과 저녁까지 이어지는 이들의 의식으로 조용한 골목을 며칠 동안 시끄럽게 해도 누구 하나 불평 없이 덤덤히

받아들였다. 이 모든 게 이들 삶의 일상이고 생활에 깊이 뿌리내린 문화임을 깨달으며 거리를 나섰다.

오늘도 사원에서는 전통 음악이 흘렀다. 그런가 하면 찾아온 이방인들은 여행의 느낌을 주워 담기에 여념이 없었다. 중심가에 늘어선 작은 카페와 노점에는 아침을 해결하기 위해 사람들이 모여들었고 기념품을 파는 가게는 양념 같은 손님과 주인의 흥정이 감미롭게 이뤄졌다. 태양의 강렬한 열기는 사정없이 머리와 등을 강타했고 등줄기는 땀으로 가득 차올랐다. 이럴 때는 시원한 망고 주스가 제격임을 경험으로 깨달았다. 어김없이 망고 주스 한 잔은 타는 목마름을 달랬고 진한 망고 향은 몸 안으로 부드럽게 퍼졌다.

세계문화유산의 도시 루앙프라방은 카르스트 지형의 자연환경으로도 아름답지만, 프랑스풍의 건물과 골목이 고풍스럽게 어우러진 도시다. 흰색과 각종 파스텔 톤의 벽에 원색의 창문, 건물을 덮고 있는 녹색의 화초들이 오차 없는 조화를 이루며 시각적 오묘함을 느끼게 했다.

정리되지 않은 듯 다소 현란한, 그러나 오히려 그것이 더 자연스럽게 다가오는 도시의 골목은 바로 이러한 조화미에서 기인하는 것이 아닌가 싶었다.

아담하고 편안한 느낌을 주는 도시의 곳곳을 돌아보다 보면 마음도 순하게 정화되는 느낌을 받는다. 주홍색 승려복에 양산을 들고 거리를 걷는 스님들의 모습도 도시 고유의 느낌과 함께 루앙푸라방만의 시각적 아름다움을 더 했고 황토색 강 위에 설치한 나무다리를 건너는 스님들의 주홍색 행렬은 녹음 짙은 산, 파란 하늘의 흰 구름과 함께 살아있는 그림이 돼 보는 사람의 마음을 평화로 가득하게 했다. 이런 것들은 분명 루앙프라방에서만 느낄 수 있는 풍경이었다.

배고픔이 밀려왔다. 그늘 밑 행상하는 아주머니에게 대나무통 밥 하나를 사들었다. 달콤하며 쫀득하게 입안에 퍼지는 느낌이 좋아 근사한 식당에서의 식사보다 맛있게 먹었던 것이 대나무통 밥이다. 다시 루앙프라방을 찾을 때까지 그 특유의 달콤한 맛을 느낄 수 없을 것이기에 마지막으로 느껴보고 싶었다. 달고 시원한 망고 주스도 함께 하니 뜨거운 날씨에도 불구하고 입 넘김은 부드러웠고 시원했다.

그늘에서의 소박한 한 끼 식사는 그림 같은 주변 풍경으로 인해 혼자면서도 혼자가 아닌 풍요로움을 줬다.

태양은 하늘 한가운데에 있었고 태양에 뜨겁게 달구어진 계단을 타고 푸씨 언덕에 올랐다. 푸씨 언덕은 루앙프라방 시내에서 가장 높은 곳에 있어 사방으로 루앙프라방 시내가 훤히 내려다보였고 깊은 산 아래로 넘어가는 석양을 조망할 수 있는 곳이었다.

분지를 타고 남, 북으로 불어주는 바람이 제법 시원했다. 녹색의 산과 강으로 둘러싸인 도시는 아담했고 아늑했으며 아름다웠다.

흘러내리는 땀을 닦으며 이국의 독특한 자연환경과 아름다움을 느끼고 또 느꼈다. 그리고 이 모든 게 여행자만의 특권이라 생각했다. 난 여행 중이고 그 특권을 거머쥐고 있는 여행자기에 행복했다. 또 생각했다. 그림이나 언어로는 이 생생한 아름다움을 제대로 느낄 수 없으며 꼭 경외감이 느껴지는 대자연이 아니어도 감성으로 받아들이는 아름다움은 능히 여행의 맛을 풍요롭게 함을 말이다. 그러니 수많은 사람이 긴 시간을 기다려 이러한 아름다움에 빠지려 하는 것 아니겠는가.

 태양이 뿌려놓은 색의 물결로 서쪽 하늘부터 서서히 붉게 물들기 시작했다. 그와 동시에 동(東)으로 향하고 있는 산들의 거대한 몸도 짙은 그늘로 가득 채워졌다. 운집해 있던 사람들의 손놀림도 점차 분주해졌고 그들의 얼굴도 붉은색으로 변했다. 솜처럼 하얗던 흰 구름도 태양을 물고 붉은색으로 덧칠해 나갔다. 더불어 짙은 파란색 하늘도 서쪽으로 향하며 푸른색과 주황색 그리고 다홍색의 그러데이션을 펼쳤다. 장엄한 자연의 서사시가 펴지는 푸씨 언덕은 감동으로 채워진 사람들의 숨결로 잔잔한 울림이 퍼졌다. 더불어 연인의 사랑은 깊어지고 지친 여행자의 마음은 시름없이 평온으로 가득 채워졌다. 나 또한 마음의 안식을 마음 가득 채웠고 자연의 경외감은 자연이 인간에게 주는 넉넉한 배려라 생각했다.

 춤을 추는 사람의 몸동작은 물론이고 손목의 유연함에 푹 빠진 시간이었다. 또한 전통의 매력을 느낀 시간이었다. 게다가 흔하지 않은 것에 대한 귀한 경험이었다.

 루앙프라방 중심의 사거리 광장에서 펼쳐진 춤 공연이 그랬다. 라오스의 전통춤과 음률은 나를 매료하기에 어느 것 하나 부족함이 없었다. 처음 접한 춤사위와 음악이기에 그 신비로움은 평상시보다 컸다. 아니 꼭 그 이유만은 아니었다. 마음을 타고 흐르는 뭔지 모를 심오한 매력이 나를 감성의 늪으로 깊이 끌어들였다. 화려한 무대도 거창한 무대와 조명도 아니었다. 그래서 시선의 분산과 화려함의 왜곡 없이 그들의 동작 하나하나 그들의 연주음악에 몰두해 그 깊이를 알 수 없는 감성의 동굴에 빠져든 것이다.

 딸아이를 위한 선물로 인형을 집어 들었다. 원색의 실로 원주민이 직접 짜서 만든 토끼 인형이었다.

 아이가 선물로 몇 차례 성화를 댔다. 아이의 마음은 여과가 필요 없는 순도 높은 마음이다. 그 아이의 아빠인 난 그 마음과 그 느낌 그대로 여행 중에도 매 순간 함께하는 중이다. 그 결과로 얻어진 허락이었는데, 여러 가지를 제시한 후 아이의 허락을 받은 인형은 앙증맞고 예뻤다. 게다가 가격까지도 선(善)했다.

 이제 루앙프라방에서의 마지막 밤, 그러니까 여행은 끝으로 치닫고 있었다. 세계화의 흐름에 맞게 앞으로 이 도시도 관광산업으로 융성함을 맞을 것이다. 이미 그 변화의 물결은 거세지고 있음과 편안하고 매력적이며 온갖 특색으로 가득한 여행지임도 알았다. 이들의 삶도 앞으로 점점 풍요로워질 것이다. 힘없는 소국으로 살육의 한가운데를 겪었던 전쟁의 고통도 가난하고 힘겨운 이들의 삶도 이제 서서히 윤택해질 것이다.

 라오스는 멈춤이 필요한 나 같은 사람에게 꿈 같은 휴식을 준 곳이었다. 그러니 앞으로 그 안에 사는 사람들의 삶이 풍요로움으로 나아간다고 해도 현재의 느낌처럼 이들의 삶에 평화로운 감성이 떠나지 않아야 함이 맞다 생각됐다.

 조용한 목소리에 작은 행동을 동반한 수줍은 웃음과 순수한 표정이 가득했던 이들의 삶이 내 마음의 평화에 깊이 각인될 것이다.

다시 라오스 남부로,
불만을 토해내는 아내

"당신도 참 대단하다. 하와이 다녀오고 나서 곧이어 베트남 다녀온 지가 두 달밖에 안 되었는데 또 나갈 생각하다니!"

집사람의 얼굴이 어두웠다. 밝은 마음으로 두 손 벌려 환송할 걸 기대한 게 아니었으니 아내의 마음을 알고도 남았다. 가족에게 미안한 마음을 갖는 것은 당연했고 매일 어디론가 떠날 마음으로 살아가는 남편을 향한 아내의 원망도 충분히 이해됐다. 직업이 여행가도 아니고 그렇다고 어떤 원대한 목적을 달성하기 위한 여행도 아니니 아내의 걱정과 불만은 자연스러운 일이다. 그렇지만 억제할 수 없는 고약한 심술이 일렁였다. 열흘 동안 가장의 비움으로 남겨질 가족, 특히 사랑스러운 나의 딸에게는 아빠의 빈자리가 크게 느껴질 것임을 뻔히 알면서 떠나려는 난 고약한 아빠라는 생각도 들었다. 그러나 이해를 구하고 설득하는 과정을 겪다 보면 여린 나의 마음에 여행을 포기할 것 같아 통보만 하고 떠나기로 했다. 즉 평소의 나답지 않게, 이기적이었다. 평소 같았으면 몇 번이고 부탁하고 애원했을 것이니 말이다.

그런 나의 이기적 여행의 동기는 한마디로 매력이었다. 라오스 북부 여행 후 그 매력에 푹 빠져있었다. 그러니 자연스럽게 라오스 남부로 눈이 갔다. 다시 말해 라오스 남부 참파삭(Champasak) 일원과 천 개의 섬이

돈뎃의 시판돈

라는 뜻을 지닌 시판돈(Si Phan Don)이 눈에 잡힌 것이다.

태국의 방콕 수완나폼 공항에 도착한 후 공항에서 노숙하고 이른 새벽 태국 국내 항공편을 이용해 태국과 라오스 국경도시 태국 우본라차타니(Ubon Rackatani)까지 간 다음 그곳에서 육로로 라오스의 빡세(Pakse)로 넘어가는 루트로 계획했다.

건기의 가장 무더운 계절 4월의 현지 날씨와도 한판 씨름을 벌여야 할 것이기에 내 나이에 약간 무리일 수 있겠다 싶었지만, 큰 경기를 앞둔 선수의 마음과 굳은 의지로 떠나기로 했다. 힘든 과정도 여행의 묘미이자 자기 만족의 일환일 수 있으니 말이다. 또 한편으로 바람 같은 삶을 타고 난 나의 성품을 굳이 억제하면서까지 마음에 생채기를 내는 어리석음을 멈추고도 싶었다.

'앞으로 내가 하고픈 일에 대해서 그 어떤 장애나 구애도 받지 않으리라' 다짐했지만, 비행기를 기다리는 동안에도 미안한 마음이 샘 솟듯 했다. 그런 마음조차 지니지 않는다면 양심 불량.

비행기는 뜨고 내렸고 사람들은 분주히 오가는데, 내 마음은 한 곳에 멈추어 깊은 생각의 늪에 빠져들었다.

"스트레스 받지 말고 잘 지내."

"스트레스의 원인균이 없어졌는데 스트레스받을 일 없지!"

"엄마! 지금 무슨 소리 하는 거야! 아빠가 얼마나 착한데!"

전화기 속 딸아이의 목소리가 흔들리는 나의 마음을 잡아줬다. 그래 내가 아이를 사랑하고 생각하는 마음이 결코, 작지 않으며 아이 또한 아빠를 믿고 의지하고 있으니, 마음의 무게를 떨궈버리자며 날 다독였다.

공항에서 찾아온 상념,
만족과 불만족의 차이는 종이 한 장

5시간의 비행 끝에 입국한 스완나폼 공항의 시계는 새벽 1시를 가리켰다. 난 평소에 우울증 약을 먹지 않으면 잠을 청할 수 없다. 천성적으로 타고난 예민함은 중년의 끝자락에서 우울증을 앓게 한 것이다. 그러니 약 없이 공항에서 쪽잠을 청한다는 건 불가능한 일로 내가 할 수 있는 것은 피곤한 몸을 달래며 이른 아침 우본 라차타니행(Ubon Rackatani) 비행 시간을 기다리는 것뿐이었다.

난 태생적으로 방랑기를 지니고 있다. 즉 여행하지 않으면 숨이 멎을 것 같은 기질을 지닌 것이다. 그래서 아내의 불만이나 아이에 대한 걱정 등으로 일렁이는 불안한 마음조차 외면할 정도로 떠남에 대한 욕구를 억제할 수 없다. 그래서 그 모든 걱정과 불안을 뒤로하고 낯선 태국의 공항에서 밤을 지새우는 것이다.

많은 생각의 여러 단면이 영화처럼 지나는 가운데 나 자신을 들여다봤다. 만족과 불만족은 생각의 차이란 생각이 들었다. 행복과 불행의 차이도 생각을 어떻게 하느냐에 따라 달라지듯이 만족하는 삶과 그렇지 못한 삶 역시 내면에 있는 생각의 방향에 달려있다고 생각했다. 비록 특별한 목적 없이 무작정 떠나온 여행길이지만 마음의 방향을 제대로 잡는 게 여행의 목적이니만큼 생각이 많은 여행이 될 것이다. 그러니 서두를 것 없이 많은 것을 충족하고자 하는 욕심은 접어야 한다는 생각에 이르렀다.

빈자리에 쪼그리고 누워 쪽잠을 청하는 옆자리의 젊은이와 강아지를 가방 속에 넣고 예뻐하는 털북숭이 남자, 슬리퍼를 질질 끌며 떠들썩하게 지나는 서양의 젊은 여자들 속에서 생각의 끈을 쉼 없이 풀고 또 풀었다. 저들도 분명 부모님을 떠나 자유로운 영혼을 즐길 것이었다.

요즘 들어 부쩍 돌아가신 아버지가 생각났다. 모든 걸 감싸주셨고 인정하셨던 인자한 아버지. 아버지가 등 뒤에 있다는 것만으로도 득의양양하고 철부지였던 수많은 나날과 마음 깊게 입은 젊은 날의 상처 그리고 가족 또 그 안에 파도처럼 몰아쳤던 갈등 등이 폭풍처럼 몰아쳐 생각의 공간 속에 빠져든 새벽의 공항이었다.

다양한 시행착오는 덤이었던 빡세(Pakse)로 가는 길

아침 7시 태국 국내선 항공편으로 태국과 라오스 국경도시 우본 라차타니에 도착했고 시계는 오전 8시 5분을 가리켰다.

공항은 태국의 지방 국경도시답게 작고 아담했지만 엄연히 주변국의 도시를 연결하는 국제공항이었다.

썽테우나 툭툭 등 태국에서 흔히 볼 수 있는 보편적 교통편은 볼 수 없었고 그를 대신해 미터기를 장착한 택시가 줄지어 있었다. 치앙마이를 종종 방문하면서 이용했던 썽테우나 뚝뚝을 볼 수 없어 이곳이 과연 태국이 맞나 싶게 태국다움이 느껴지지 않는 공항 풍경이었다.

택시를 잡아타고 버스터미널로 이동했다. 여느 도시보다 잘 정리된 거리 풍경과 깨끗한 상점들이 눈에 들어왔다. 사람들도 그리 많지 않았다. 비록 도시의 겉모습일지언정 도시의 느낌이 어느 정도 전달될 정도로 제법 긴 거리였지만, 요금은 62바트로 저렴했다.

라오스 빡세로 출발하는 국제버스는 오전 9시 30분과 오후 3시 30분, 두 편이 있었다.

버스표를 사려고 매표 창구로 갔다. 하지만 표를 사는데 많은 애를 먹었다. 의사소통이 어려웠기 때문이다.

한참을 손짓과 문자를 동원해 의사를 전달하니 좌석이 없다는 답이 돌아왔다. 김이 빠졌다. 허탈한 나의 표정을 물끄러미 바라보던 매표원은 말없이 손가락을 가리켰다. 그의 손가락이 향한 곳은 미니밴이 줄지어 서 있는 곳이었다. 즉 미니버스를 타라는 것이었다. 터미널 직원인 듯 보이는 하얀 제복을 입은 사내의 안내를 받아 미니밴이 있는 곳으로 갔다. 그곳에서 청바지를 입은 한 청년에게,

"빡세~"

하고 외치니 그는 또 몇 대의 미니밴 중 한 곳의 미니밴으로 안내했다. 서 있는 각각의 미니밴은 저마다 목적지가 따로 있다는 뜻이었다.

라오스와 가장 가까이 있는 국경도시 즉 태국에서 라오스와 가장 가까운 도시 총맥(Chong Mek)까지의 요금은 200밧으로 출발 시간은 정해

져 있었다.

제법 잘 닦인 도로를 달려 총맥까지 약 한 시간 조금 넘게 걸렸다. 총맥까지 가는 1시간의 비교적 짧은 시간에도 중간중간 경찰의 검문이 몇 차례 있었는데 주로 라오스인으로 보이는 사람의 여권만을 보는 듯했다. 한 번도 나에게 여권을 보자고 하지 않았으니 그렇게 짐작했다.

작은 국경도시 총맥 버스터미널에 도착해 버스에서 내리니 살인적인 더위가 바로 이런 것인가 싶게도 뜨거운 공기가 온몸을 휘감았고 몸은 일순간 땀으로 범벅됐다.

총맥 터미널에서 태국 출국 세관까지는 약 500m 정도의 거리였다. 그 정도면 가볍게 걸음을 뗄 수 있는 거리였지만 뜨거운 태양열과 도로의 복사열을 감당할 자신이 없어 서둘러 작은 썽테우를 잡아 세관으로 향했다.

세관에 있는 환전 은행을 지나자 곧바로 출국심사가 기다렸다. 보통 때와 같이 여권을 내미니 출국 도장을 찍어줬다. 세관에서 가까운 다오 흐엉 면세점에서 땀을 식힐 겸 잠시 눈요기 쇼핑을 하자 달아올랐던 몸에 냉기가 돌면서 땀으로 젖었던 몸은 쾌적함이 감돌았다.

태국의 마지막 땅 그러니까 다오 흐엉 면세점을 나오니 다시 태양열과 맨땅의 복사열이 사정없이 몸을 달궜다. 라오스 입국장까지는 불과 200여 미터 그 짧은 거리조차 걷기 힘들 만큼 살인적인 더위였다. 참으로 뜨겁고 메마른 날씨였다.

슬래브 지붕에 단층으로 지은 라오스 입국장에서 제복을 입은 라오스 세관원이 등 뒤 선풍기 바람을 맞으며 여행자의 입국을 심사하고 있었다. 라오스 여행에 필요한 한국인 무비자 기간은 15일. 하지만 이곳에서 태국 국경을 넘어 라오스로 입국하기 위해서는 태국 돈으로 100밧을 내야 했다. 100밧을 내야 하는 이유는 알 수 없었고 또 알 필요도 없다 생각했다. 어느 곳이든 그곳에 맞는 시스템이 있게 마련 아닌가. 그렇지만 굳이 생각해 보니 라오스의 경제적 어려움 때문 아닐까 하는 생각이 들었다. 태국과 접해 있고 태국 경제에 의존할 수밖에 없는 현실 라오스에서도 태국 화폐를 사용할 수 있다는 점에서 그랬다. 어쨌든 100밧을 내고 나니 입국 날짜가 적힌 도장을 '꽝꽝' 찍어줬다. 비로소 라오스에 입국한 것이다.

　입국장을 지나니 먼지가 뿌옇게 일어나는 도로에 나무 기둥과 함석으로 지은 음식점과 상점이 즐비하게 들어서 있는 모습이 보였고 지붕에 짐을 가득 얹은 미니버스 몇 대가 사람들을 빼곡하게 태운 채 늘어서 있었다.

　입국장에서 빡세까지는 썽떼우와 미니버스로 가는 방법이 있었다. 이제는 우리나라에서 볼 수 없는 라보 봉고(Labo Bongo) 로고가 선명한 미니버스 기사는 썽떼우를 타면 비포장도로의 터덜거림과 살인적인 더위 그리고 먼지와 싸워야 한다며 에어컨과 차창이 있는 미니버스를 타라고 손을 잡아끌었다. 그리고 그의 감언이설(?)은 곧 나의 마음을 움직였다. 하지만 태국에서 총맥까지 이용했던 미니버스와 그 크기와 시설에서 많이도 열악했다. 그럼에도 승객은 오히려 더 많았다.

　지난 라오스 북부 여행 때 라오스와 말레이시아를 거치면서 느꼈던 인접 국가 간의 경제적 차이를 국경을 넘으면서도 다시 한번 온몸으로 느꼈다.

땀 냄새가 코를 찌르는 봉고 버스 안의 에어컨은 그야말로 무용지물이었다. 하지만 자연 그대로의 남부 라오스 풍경과 짧은 운행 시간은 그 무용지물의 느낌을 무색하게 했다.

빡세까지는 약 한 시간 남짓 비교적 짧은 거리였다. 태국에서 이어진 시간을 더해보니 꼬박 반나절이 넘게 걸린 시간이었다. 짧은 것을 이어 보면 결국 길어지는 것, 시간도 예외는 아니었다. 피곤함이 밀려왔다.

시장이 있고 자전거와 오토바이 뚝뚝이 용광로처럼 뒤섞여 있는 빡세의 이름 모를 거리에 내려 배낭을 짊어지니 피곤한 기색에 뽀글머리 턱수염 무성한 다국적 배낭여행자들이 눈에 가득 들어왔다. 나도 다를 것 없으니 피식 웃음이 나왔다.

배낭을 짊어진 무거운 발걸음을 옮겨 호텔을 찾아 나섰다. 어깨에 무게감과 압박감이 느껴질 즈음 사거리가 나왔고 이어서 경찰서가 나왔다. 그 길 넘어 메콩강이 보였다. 제법 큰 호텔도 있었다. 교통량과 숙소가 몰려 있는 것으로 보아 많은 여행자가 드나드는 곳 같았다.

작은 목소리에 다소곳한 직원들이 인상적인 아담한 호텔에 여장을 푼 후 메콩강을 잇는 다리를 건너며 메콩강의 바람을 맞았다. 습한 공기였다. 하지만 시야가 확 트인 시원한 풍경과 도시를 감싸고 흐르는 평화로운 풍광으로 한국에서 이곳까지 이동하는 동안 피곤해진 몸과 긴장했던 마음은 곧 안정 돼갔다. 내가 맞은 도시의 첫인상은 평화였다.

순박함과 정직함으로 다가온 빡세(Pakse)

소박한 아침 식사를 마친 후 시 판 돈(Si Phan Don)의 돈 뎃(Don Dhet)으로 가기 위해 예약해 놓았던 미니밴을 기다렸다. 호텔 앞에는 삶의 현장으로 오가는 오토바이 행렬이 줄을 잇고 있는 가운데 잠시 후 미니밴이 도착하고 나면 난 세 시간 후 돈 뎃에 도착해 있을 것이다.

여행 중에는 예기치 못한 돌발 변수에도 잘 대비해야 함을 경험했다. 그 경험은 이랬다.

빡세 골목의 작은 여행사에서 돈 뎃 행 버스를 예약하려는데 머무는 호텔 이름을 물어보기에 호텔명이 적힌 명함을 보여줬다. 그런데 알고 보니 내가 머무는 호텔은 1과 2가 있었다. 호텔 명함의 앞면에는 1이, 뒷면에는 2가 선명하게 인쇄돼 있던 것이다. 하지만 누군들 두 개의 똑같은 호텔이 있을 것으로 예상할 수 있었겠는가.

한 시간이 훨씬 넘어도 예약된 장소 즉, 돈 뎃 행 미니버스를 타야 할 곳으로 날 데리러 오지 않기에 택시(모터사이클에 옆으로 좌석을 이어 만든 것으로 일종의 뚝뚝)를 잡아타고 전날 저녁 예약했던 여행사로 찾아가서야 그 사실을 알게 됐다.

"당신을 데리러 갔는데 당신을 보지 못했답니다."

"무슨 소리 하는 거죠? 난 호텔 로비에서 분명 한 시간을 기다렸는데!"

"분명 못 보았다고 그랬는데! 명함 줘보세요. 호텔을 확인해 보죠."

명함을 주니 내가 어제 보여준 건 뒷면 즉 호텔 2. 그런데 난 호텔 1에 머문 것이다. 전혀 예상하지 못한 변수였다.

버스는 이미 떠나버렸으니 하는 수 없이 하루를 더 빡세에 머물게 됐다. 다행히 별도의 요금 없이 다음날로 예약을 변경해 줬다.

예약을 변경하고 나서 하루 동안에 볼라벤 고원(Bolaven Plateau)과 왓푸 등을 승용차로 돌아보는 투어를 신청했다. 요금은 2,550밧. 그리고 곧이어 변덕스럽게 마음의 변화가 찾아왔다. 여행사 직원이 투어를 위해 자동차를 가지러 간 사이였다. 여행사 직원과 단둘이 다니는 게 불편할 것 같아서였다. 게다가 느림과 여유로움으로 생각의 시간을 갖는 것이 여행의 목적이었는데 기사가 딸린 자동차 투어 여행은 나의 여행 목적에 맞지 않는 것이었다.

"미안하지만 예약을 취소해도 될까요?"

2,550바트는 어쩌면 이들에게 큰돈일 수 있을 것이다. 그렇지만 걱정하지 말라면서 집에 두고 온 2,550의 바트 화를 불쾌한 표정 하나 없이 다시 가지고 왔다. 미안한 마음이 들었다.

"대신에 내일 시판 돈 미니밴 요금을 다시 내도록 하겠습니다" 하며 돈을 건네니,

"괜찮습니다. 문제없어요. 내일 기다리시면 됩니다" 하며 거절했다. 미안함과 함께 그들의 욕심 없는 정직함에 감동했다.

'라오스 마사지는 과연 어떨까?' 하는 궁금함으로 여행사 바로 옆 마사지 숍을 찾았다. 전신 아로마 마사지로 한 시간에 60,000k이었다.

태국의 마사지가 뼛속 깊은 곳까지 파고드는 아픔이었다면 라오스 마사지는 부드럽게 피부를 자극하는 마사지라고나 할까. 아픈 것을 싫어하는 나에게 딱 좋은 마사지였다. 몸이 살살 녹아들었다.

빡세에서 유명하다는 람뺑 쌀국숫집으로 향했다. 빡세에서 택시를 탈 때 흥정하게 되면 대부분 20,000k을 달라고 한다. 하지만 4킬로 이내 정도의 거리면 내릴 때 10,000k만 내주어도 아무 불평 없었다.

경제적 여건을 떠나 여행에서의 중요 포인트 중 하나는 현지인의 삶을 느끼고 현지인이 돼 그들의 삶을 경험하는 것 아닐까. 그렇기에 대중교통과 음식을 포함해 되도록 많은 것들에서 그들과 같은 조건을 터득하고 같은 경험을 해야 한다는 것이 나의 평소 생각이다. 그래서 눈치 빠른 난 현지인들의 요금 지불 방법을 엿보았고 그들과 같은 요금을 내 본 것이다.

카우 뿐(Khao Poon)으로 불리는 쌀국수 맛은 환상이었다. 국물에 진하게 스며있는 특유의 강한 채소 향은 무더운 날씨와 뜨거운 국물로 온몸에 땀을 줄줄 흘리게 했지만 시원함을 느끼게 했고 음식은 깔끔하고 정갈했다. 그래서일까. 여행자가 별로 눈에 띄지 않았던 빡세에서 이곳 식당에서만큼은 많은 여행자를 볼 수 있었다.

라오 커피의 특징은 대부분 연유가 들어가 있어서 달콤하다는 것이다. 난 달콤한 커피와 밀크가 첨가된 커피는 좋아하지 않는 편이다. 그래서 더욱 쓴 커피가 생각났다. 람뺑 쌀국수 식당 바로 옆에 있는 피다오 카페 앤 식당(Pidao Cafe & Restaurant)에서 핫 커피를 주문했다. 한국의 아메리카노에 비해 쓴맛이 강했지만, 커피의 묵직한 보디감은 깊었다.

며칠 만에 접한 제대로 된 커피였고 오랜만에 만난 시원한 에어컨 공기는 쾌적함과 여유로움의 맛까지 곁들였다.

시계는 무더위가 가장 기승을 부리는 오후 2시를 가리켰다. 밖에 돌아다닐 엄두가 나지 않았다. 4월 빡세의 더위는 참으로 대단했다. 긴 팔의 옷과 선블록 그리고 마스크 없이 다니는 것은 굉장히 힘들었다. 하지만 어려움을 여행의 일부로 받아들여야 하는 것이 여행자의 자세, 그렇게 생각하니 멈춰 있는 시간이 아까웠다.

여행의 힘은 호기심 충족에 있다. 그리고 그 누구보다 새로운 것에 대한 강한 호기심이 있는 나에게 빡세의 이곳저곳을 누비며 현지인들이 살아가는 모습을 담는 것은 더없이 즐거운 일이었다. 게다가 선블록도 듬뿍 발랐고 얼굴도 가렸으며 모자도 길게 눌러 썼으니, 햇살이 가장 강한 오후 2시일지언정 크게 문제될 일은 아니었다.

중심도로를 조금 벗어나 골목에 접어들자 빡세 사람들의 생활하는 모습이 생생하게 다가왔다.

짚으로 엮은 블라인드를 내리고 양옆으로 원색의 우산을 세운 골목길 풍경은 신선하고 잔잔한 충격을 줬고 흔한 듯 귀한 모습으로 여행의 감성을 자극했다.

평화로운 일상과 여유로움이라는 조각이 잘 맞물려 있는 삶에서 마치 나의 일상인 듯 착각도 하면서 자연스럽게 그런 모습에 스며들었다.

민트색으로 벽을 칠하고 그 옆에 작은 쪽문을 단 아담한 가게와 열대식물을 심은 화분으로 입구를 꾸민 가정집, 그 앞을 슬리퍼에 민 티셔츠를 입은 채 여유로운 모습으로 오토바이를 타고 지나는 평범하고 일상적인 풍경은 잘 다듬어진 여인의 조각처럼 우아한 평화였다. 난 왜 지극히 평범한 일상에 걸음을 멈추고 감동어린 마음으로 바라보고 있는 걸까. 혼자면서 혼자가 아니기 때문이라는 답이 돌아왔다. 즉 이방인이지만 이들과 함께라는 동질감이 느껴진 것이다. 무엇보다 그 어떤 불안 없는 편안함, 게다가 소박한 거리에 돋보이는 이질적 풍경은 평범한 일상 이상의 삶의 분위기를 느끼게 했다. 구조적 형태와 분위기 방식이 다를 뿐 삶은 우리의 그것과 별반 다르지 않음도 함께.

열심히 여유를 잃지 않고 살아가는 사람들의 터전 그 골목의 풍경을 담으며 삶에 충실한 것이 얼마나 중요한지를 깨달았다. 주어진 여건에 잘 적응하고 순응하며 살아가는 삶이 유유히 흐르는 골목이니 비록 일시적으로 머물지라도 그런 나의 깨달음은 당연했다.

한국의 어느 곳에서 누가 어떻게 사용하다가 멀리 이곳 라오스 남부 도시 빡세까지 온 건지 모르지만 이곳에서 그 생명력을 잃지 않고 한국에서 건너온 버스 한 대가 당당하게 서 있었다. 교회 이름도 선명한 그대로였다. 발 달린 짐승이 어디는 못 가겠는가마는 이런 기계야말로 그 쓰임새가 분명해야 국경을 넘어 이동할 수 있는 것인데 그 쓰임새야 말하지 않아도 짐작하고 남았다.

메콩 중·하류 지역 빡세는 시 판 돈(Si Phan Don)으로 가는 거점 도시다. 그래서인지 강폭이 제법 넓었다.

맑은 강은 아니지만 그렇다고 라오스 북부의 메콩강과 같이 짙은 흙탕물도 아니었다. 그런 강의 다리를 건너며 데이트를 즐기는 젊은 남녀의 모습에서 남녀의 애틋한 사랑은 국가와 인종을 떠나 인간 본성이라는 당연한 생각도 했다. 부러운 생각도 함께였다.

　나를 벗 삼아 그 이상의 예쁜 모습을 느끼며 천천히 걸었다. 시골의 모습과 도시의 모습이 중첩된 풍경이 넓게 펼쳐졌다. 그 풍광에서 북부와 다른 시각적 느낌의 이미지와 식민지의 잔재가 남아 있는 잔잔하고 조용한 빡세의 특징을 느꼈다.

빡세의 매력은 삶의 현장에 스며있었다

　빡세는 라오스 참파삭 주의 주도로 인구는 대략 8만 명 정도라고 한다. 도시는 메콩 강(Mekong River)과 쎄돈 강(Xe Don Rive)이 감싸고 있는데 생각보다 넓었다. 물론 타논(Tanon) 10가를 중심으로 한다면 잠깐의 수고로 돌아보는데, 큰 어려움이 없었다.

　타논 10가는 대부분의 여행사와 게스트하우스 그리고 식당들이 몰려있어 여행자들에게는 편리한 곳이었고 남부 라오스 여행지의 거점 도시답게 빡세의 제법 큰 식당과 유명한 음식점에는 외국인들이 줄을 서서 식도락을 즐기는 모습을 종종 볼 수 있었다. 매운 라면 식당도 그중 하나다. 라면 맛이 어떨지 궁금했지만 난 줄 서 있는 것이 귀찮아 그냥 지나치고 말았다. 라면 맛이 다 거기서 거리려니 하는 생각에서다.

　빡세에 사는 현지인들의 삶을 접하기에 다오흐엉 시장(Pakse New market)은 말 그대로 살아있는 날 것의 시장으로 난 다오흐엉 시장에서

사람들이 살아가는 현장의 소리 삶의 생생한 느낌의 강한 울림을 받았다. 우리 시장의 모습과는 판이했다. 주로 서민들이 드나드는 치열한 삶의 현장일지라도 사람들의 모습이나 쌓아 놓은 물품을 비롯해 흥정하고 깎는 모습 등에서 갓 잡아올린 생선처럼 싱싱함을 느꼈다.

  수공예 코너, 금은보석 코너, 과일과 채소 그리고 각종 잡화와 상점들이 즐비한 시장의 한가운데로 들어서면 굳이 그들과 이야기를 나누지 않아도 이들의 삶이 얼마나 신선한지 알 수 있었다.

  빡세는 메콩 강과 세돈 강이 만나는 지점이라서 그런지 민물 생선 시장이 제법 크게 형성돼 있었다. 생선 시장과 생닭을 판매하는 시장 사이

를 지나노라면 생선의 비린내와 생닭의 비릿한 내음이 엉켜 이것이 바로 삶의 현장임을 말했다.

  삶을 담는 사진가처럼 카메라 셔터를 누르다 보니 출출했다. 바나나 구이 아주머니의 살인적인 미소를 핑계 삼아 한 개에 1000k인 바나나 구이 세 개를 집어 들었다. 뜨거운 바나나를 '후 후' 불어 한 입 넣으니 이른 바 '겉 바 속 촉' 달콤함과 부드러운 바나나 향이 입안 가득 퍼졌다. 감칠맛은 덤이었다. 생각보다 맛은 환상이었다. 처음 접한 맛이니 더욱 그랬다. 그래서 한 번쯤 꼭 먹어보겠다고 생각했던 벌레 구이는 바나나 구이의 달콤하고 부드러운 맛이 사라질까 싶어 포기했다. 아니 솔직히 징그러움을 이길 자신이 없었다.

빡세도 다른 동남아 도시와 마찬가지로 저녁 무렵이 되면 많은 오토바이와 차량이 물결을 이루며 거센소리를 내 뿜었다. 우리의 일상이라면 귀에 거슬릴 것이었지만 여행지에서의 소음은 곧 익숙해지게 마련이다. 오히려 여행의 감수성을 증가시켰다. 새롭고 이색적인 것에 대한 충족감이랄까. 삶이 묻어 있는 차량 행렬의 소음조차 마냥 좋았다.

빡세의 골목길을 걷다 보면 우리의 옛 시골 소읍을 걷는 듯은 매력에 빠지게 된다. 물론 루앙프라방이나 방비엥같이 지형적으로 아름답거나 여행자 거리가 조성돼 있지 않아 배낭여행자 거리 특유의 활발함을 느낄 순 없었다. 그래서 더욱 라오스적인 매력으로 가슴에 와닿았다. 이처럼 은근한 매력에 빠져들게 한 것이 빡세의 골목에서 한 사람을 소환한 모습을 접할 수 있었다. 그것은 장기에 푹 빠져있는 사람들 모습이었다.

장기에 푹 빠져있는 사람의 목소리와 표정은 그야말로 심오했고 예사롭지 않았다. 승부 욕구가 강해 보이는 한 사나이의 목소리는 크다 못해 침을 튀기기까지 했다. 흥분한 사내의 모습을 보니 오래 전 함께 근무했던 고집스럽고 독특한 선생님의 모습이 떠올라 쓸쓸한 웃음이 나왔다.

그 친구는 지금 어디에서 근무하고 있을까. 나와 같이 퇴직하지는 않았을 것이고. 문득 궁금해졌다. 성격 한번 참으로 급한 사람이었다. 나이가 들어가는 지금쯤 그의 마음도 전과 같지는 않을 것이다. 여행은 참 별 생각을 소환하고는 한다. 그래서 여행이 필요한 건 아닐지.

한 두어 평 남짓한 상점과 음식점 모터사이클센터 등이 빨갛게 녹슨 양철 지붕 아래 성냥갑처럼 들어서 있었다. 화려함으로 무장한 우리와는 비교할 수 없는 소박함이 묻어 있었다. 그렇기에 더욱 정겨웠고 티 없는 아름다움이 느껴졌다. 꾸밈없는 수수함은 거부감이 느껴지지 않는 법이고 거부감 없으니, 곳곳에 자리한 라오스의 순수한 매력에 빠져드는 것일지 싶었다.

배가 '꼬르르' 하며 소리를 냈다. 저녁 시간이었다. 난 라오스식 바게트 샌드위치인 카우찌(Khao Jee)와 대나무통 찹쌀밥 그리고 파파야 샐러드와 스티키 라이스(Sticky Rice)를 좋아한다. 특히 대나무 통 찹쌀밥은 루앙프라방에서 즐겨 먹기도 했었다.

저녁으로는 파파야 샐러드와 망고가 있는 스티키 라이스인 카우 니아우 막무앙(Khao Niao Mak Muang)였는데 술은 마시지 않기로 굳게 결심했으니 라오스 북부 여행 시 식사와 곁들여 즐겼던 라오 비어의 시원하고 톡 쏘는 맛은 포기하기로 했다. 그럼에도 맛과 여유로움으로 행복했고 마음은 평화로웠다.

4월의 빡세는 가장 무더운 건기 한가운데 즉 여행 비수기였다. 그래서인지 여행객들은 많지 않았다. 밤거리는 평범했고 마치 그 평범함을 메꾸기라도 하려는 듯 어디선가 노랫소리가 울려 퍼졌다.

세 번을 다녀갔던 시장의 아주머니는 나를 기억하듯 볼 때마다 미소를 지었다. 난 그 웃음의 의미를 알았고 그 의미대로 망고와 이름을 알 수 없는 과일을 손에 집어 들고 호텔로 향했다.

라오스의 하루는 또 그렇게 저물어 갔고 문득 거리를 지나며 우연히 보았던 시장 끝 한국 음식점에 손님이 있을지 궁금했다. 중심가에서 떨어져 있어 손님이 없을 듯 보였고 한국인이 멀리 이국에서 고생하는가 싶어 안쓰러운 마음이 들어서였다.

천 개의 섬, 천 개의 마음, 천 개의 삶을 찾아

약(우울증과 잠을 도와주는 약)을 먹었는데도 불구하고 잠이 드는데, 꽤 긴 시간이 걸렸다. 약에 취하면 아침까지 잠을 설치는 일은 별로 없었는데 몇 차례 선잠을 반복했다. 눈은 침침했고 머리는 무거웠다. 다리도 아팠다. 나이는 어쩔 수 없는 것인가 싶어 서글픈 마음마저 들었다. 불과 몇 년 전까지만 해도 그 어떤 강행군도 별 무리가 없었던 몸 아니던가. 나 나름대로 무리하지 않으려 노력했다. 그런데 어느새 이 정도의 여정조차 소화하기에 힘이 드는 체력이 되었나 싶어 서글픈 마음이 들었다. 물론 50대 후반이니 중년의 나이고 아직은 젊고 팔팔한 나이임도 분명했다. 하지만 나이를 생각하리만큼 피곤했다. 배낭여행은 나의 여행에 딱 맞는 스타일이다. 내 스타일에 맞는 여행을 위해서라도 체력 보강에 좀 더 힘을 기울여야 한다는 생각에 정신이 번쩍 들었다.

'과연 오늘은 데리러 올까? 정확히 호텔 1임을 알려주었고 스케줄 변경도 하였으니 틀림없겠지?'

로비에서 시판돈행 미니밴을 기다렸다. 천 개의 섬 시판돈 그중에서 난 돈 뎃(Don Det)으로 갈 예정이었다.

잠시 마음의 소란함이 짜르르한 불협이 일어났다. 그것은 오롯이 나의 몫이었다. 온전하게 모든 자유를 누린다는 것은 아무나 할 수 있는 것은 아닌 일이다. '공감의 말'과 '공감의 글' 하나면 다 해결될 일일 터인데 나의 소심함과 원망의 마음은 늘 일을 그르치고는 했다. 대범하게 살아야 하는데 그러질 못하고 있다.

아내와의 톡 대화가 나의 마음을 다소 어지럽게 했다. 아내의 마음을 이해하려 노력하지만 어쩔 수 없이 여행의 발걸음은 무거워질 수밖에 없었다. 원망 가득한 말들과 짧고 높은 톤의 목소리가 나의 기운을 빼놓은 것이다. '하나를 얻으려면 한 가지는 잃어야 한다'는 진리를 받아들이고 감수해야 하는 것 아닌가. 난 자유로운 여행을 얻었고 아내의 격려를 잃었다고 생각하며 마음을 가다듬었다.

짧은 시간 많은 생각들이 이어지는 사이 톡톡(소형 트럭에 가로로 긴 의자를 설치한 일종의 승합차)한 대가 다가왔다. 기사는 예약 사항을 확인한 후 나를 태우고 난 후 중간에 몇 명을 더 태웠다.

톡톡은 엉덩이를 마사지하듯 진동을 울리며 우리를 시판돈행 버스가 출발하는 여행사에 내려놓았다. 여행자를 위한 버스다 보니 노선버스처럼 시간표는 당연히 없었다. 게다가 하루에 딱 한 번 아침 8시에 출발했다. 예전의 여행처럼 미니밴이려니 생각했는데 대형 버스였고 승객의 대부분은 서양인이었다. 그들은 여행이 마치 일상인 듯한 행색이었다. 산더미 같은 배낭에 트레킹화를 배낭에 주렁주렁 매달고 슬리퍼에 민소매 차림의 그들 옆에 서 있으니, 위축감마저 들었지만, 그 마음을 감추며 버스에 올랐다.

버스는 우리나라에서 수입한 중고 버스였다. 우리나라에서 도시와 도시를 이동할 때 자주 이용했던 버스여서인지 서양인들만 아니었다면 라오스가 아니라 국내에서 이동하는 착각이 들 정도로 익숙했다.

버스는 참빠삭(Champasak)에서 한 번 정차해 각지로 떠나는 승객을 내려놓은 후 삼십여 분을 더 달려 휴게소에 멈췄다. 휴식을 위해서다. 난 배가 고프지 않아 음식을 먹는 대신 휴게소 풍경을 담았다.

어린 아기를 데리고 양념을 다듬고 있는 아낙을 바라봤다. 아낙의 옆으로는 기어다니는 시기를 지나 이제 막 앉기 시작한 아기가 계단 아래로 떨어질 듯 위태롭게 앉아 있었다.

아이의 엄마는 음식을 준비하는 동안에도 아이에게 눈길을 떼지 않았다. 일과 육아를 함께 한다는 것은 이제 우리의 현실에서 익숙할 수 없는 모습이다. 예전의 우리 어머니들, 아니 우리 누님 세대만 해도 흔히 볼 수 있었던 그 모습은 빛바랜 흑백사진이 된 지 오래다.

젊은 아낙의 모습에서 내 어머니를 봤다. 나의 어머니도 어려운 살림에 우리 7남매를 키워내기 위해 저렇듯 힘든 시간을 보내셨을 것이다. 당신의 마음이야 지극정성 자식 사랑으로 7남매 모두를 옆에 끼고 계시고 싶었을 테지만 당신의 노동이 없으면 7남매를 먹여 살릴 수 없기에 당신의 마음과 같이 자식들을 품지 못하고 저 아이처럼 스스로 놀게 내버려 둘 수밖에 없었을 테고.

그런 나의 어머니는 지금 치매를 앓으며 요양원에 계시다. (어머니는 3년 전 코로나가 한창일 때 쓸쓸히 돌아가셨다) 한 번도 편안한 삶을 살지 못했던 나의 어머니. 삶의 끝마저 자식의 보살핌을 받지 못하고 계시는 것을 생

각하며 어머니 젊을 때의 모습이 떠올라 눈가에 이슬이 맺혔다. 어머니의 삶은 치열한 전쟁 같은 삶이었을 것이다. 가늠조차 어려운 힘들었을 어머니의 삶에 한 번만이라도 따스한 마음으로 감사의 말을 해 보았던가. 한 번이라도 진심을 담아 효도를 한 적이 있었던가. 아니었다. 언제까지 내리사랑의 꿀만 빨 것인가. 깊은 죄책감이 밀려왔다.

　버스는 다시 돈 콩(Don Khong)에서 하차할 승객들을 내려 줬다. 돈 콩은 캄보디아 접경 도시로 캄보디아 국경을 넘어가는 길목에 있는 도시다. 그래서인지 내리는 승객의 대부분은 캄보디아로 들어가는 배낭여행자들이었다. 그런 후 돈 뎃 섬으로 들어갈 수 있는 최종 목적지 반 나까상(Ban Nakasang)에 도착했다. 총 네 시간이 소요된 후였다.

돈 뎃 섬으로 들어가기 위해 선착장으로 이동하는데 꼬마 뱃사공이 작지만 힘 있는 목소리로 호객하고 있었다. 꼬마의 목소리가 무슨 뜻인지 몰라 난감해하는데 그 모습을 지켜보던 주민 한 사람이

"돈 뎃?" 하며 손가락을 가리켰다. 난 그가 가리킨 방향을 따라 걸어갔다. 그곳에는 사람들이 모여 있었고 표를 산 후 차례대로 승선하면 된다고 했다. 그러고 보니 꼬마의 손님 끌어들이는 방법이 제법 세련됐다 싶었다. 아까의 그 몸짓은 작은 배로 빠르게 갈 수 있다는 뜻이었다.

꼬마의 배는 거의 카약 수준으로 작고 민첩해 보였다. 많은 사람이 탄 배는 그리 크거나 튼튼해 보이지 않아 꼬마를 따라갈 것을 하는 아쉬움이 들었다.

여행자의 배낭을 뱃머리 쪽 양방향으로 무게 중심을 맞추게 하고 승객 또한 무게 중심을 잃지 않게 나무판 위에 양옆으로 앉게 해 균형을 잡았다. 이윽고 배는 '따따다' 하는 굉음과 함께 물살을 갈랐다.

메콩 삼각주의 너른 강 한가운데 그물을 던지는 어부들의 몸동작은 한 두어 사람 오르면 꽉 찰 작은 배 위에서 곡예라도 하는 듯했다. 어부는 중심을 잡는데 도가 튼 듯 익숙한 몸짓으로 그물을 펼쳤다. 그가 펼친 그물 안에 어떤 물고기가 걸려들었는지, 또 얼마나 잡혔을지 궁금했다.

넓고 잔잔히 흐르는 황토색 메콩강 물결과 그 안에 점점이 떠 있는 크고 작은 섬들, 파란 하늘, 흰 구름 그리고 고기를 잡는 어부들의 모습에서 리피 폭포(Liphi Waterfall)가 있는 시판돈 메콩강 삼각주에 이르렀다는 것이 실감났다.

천 개의 섬이라고 했다. 시판돈이라고도 했다. 그 이유를 알 수 있을

것 같았다. 돈 콩, 돈 뎃, 돈 콘처럼 사람이 사는 큰 섬도 있지만 너른 강 주변에는 수많은 작은 섬들이 파란 하늘, 흰 구름과 함께 강 한가운데를 그림처럼 수놓으며 자연만이 표현이 가능한 아름답고 평화로운 풍경을 광활하게 펼쳤다. 어림잡아 그 숫자를 세어 보아도 백여 개 이상이었으니 구석구석 돌아보며 세본다면 이름 그대로 천여 개는 능히 될 듯했다.

천 개의 섬을 품고 있는 메콩강은 넉넉한 어머니의 품처럼 평화롭고 마음의 안정감을 줬다. 그런 섬을 둘러싼 공기는 여전히 4월 라오스의 작열하는 태양열을 담고 있었다.

어머니의 품이 주는, 메콩강의 평화를 깨트리기 싫어 숙소에서 땀을 식혔다. 건기인 열대 국가여행에서 휴식은 선택이 아닌 필수기에.

여행에서 자전거는 더없이 좋은 교통수단

아무리 피곤해도 신경안정제에 의지하지 않으면 악몽의 연속이고 깊은 잠을 잘 수 없는 나의 몸 상태에서 극도의 피곤함은 불면증에 시달리는 나에게 수면제와 같아 자리에 눕자마자 깊은 잠에 빠져들었다. 밤사이 세차게 퍼부었던 빗소리는 꿈속에서 어머니가 불러주는 자장가처럼 느껴졌다.

내린 비로 뜨거운 메콩강 변의 대지는 이슬을 머금었고 모락모락 안

개가 피어올랐다. 아침 기온은 제법 시원했다. 촉촉이 젖은 대지와 시원한 아침 공기를 맞으며 이른 아침 메콩강 변 아담한 식당에 앉아 라오 커피와 야채 바게트로 돈 뎃의 아침 분위기를 담았다.

평화가 바로 이런 것인가 싶게 이동하면서 느끼지 못했던 평화로움이 마음의 묵은 때를 말끔하게 씻어줬다. 조금만 움직여도 옷을 흠뻑 적시고 맥이 확 풀렸던 더위도 아득하게 느껴졌다.

3년 전 루앙프라방을 여행할 때 시내 중심 도로변 공터에 자리 잡고 장사하던 젊은 부부가 만들어 준 라오스식 샌드위치에 라오 비어 또는 망고 주스 한 잔에도 행복함을 느꼈었다. 원인 모를 행복함이었는데 종종 어깨에 짊어지고 대나무 쌀밥 통을 파는 아주머니에게 쌀밥 한 통 집어 들고 메콩강 변에 앉아 달콤한 쌀밥을 먹노라면 마음의 평화가 찾아들고는 했다. 참으로 잊을 수 없는 맛이었다. 비록 거리 음식이었지만 난 그들에게서 소박하고 따스한 마음을 느꼈고 착 달라붙는 맛으로 먹는 내내 행복을 느끼고는 했었다.

그때의 그 만족했던 시간이 연기처럼 피어올랐다. 강하게 각인 된 그 강렬함 때문일까. 달달한 라오 커피와 라오스식 샌드위치는 적어도 3년 전 루앙프라방에서의 그 맛은 아니었다. 사실 그때의 맛과 느낌이 같기를 바라는 것은 터무니없는 거였다. 처음 접한 후부턴 익숙해지게 마련이고 그 익숙함은 감동을 낮추게 하기 때문이다. 평화로운 주변의 풍경과 분위기는 그때의 미각을 대신해 돈 뎃에서만 느낄 수 있는 시각의 맛을 만들었으니 이 또한 새로운 맛 아닌가. 그때 그 감동적인 맛과 차원이 다른 평화로움에 미각 아닌 감각의 맛이라 생각했다.

여행을 통해 종종 느끼는 거지만, 서양 사람들은 유난히 물을 좋아한다. 방비엥, 루앙프라방에서도 그랬듯이 돈 뎃에서도 물놀이를 즐기는 많은 사람은 주로 서양 젊은이들이었다. 게다가 아시아계는 나 혼자니, 물놀이는 서양 젊은이들 차지가 당연했다.

주황색 구명조끼를 입고 레스토랑 아래 잔잔한 강을 떠내려가는 몇 명의 젊은 남녀의 모습이 눈에 들어왔다. 난 물에 대한 공포가 있어서 물놀이를 좋아하지 않는다. 그저 액티비티한 행동을 보며 대리만족할 뿐이다. 물 공포증이 있기는 하지만 젊은이들이 즐기는 방식이 부러운 것도 사실이다. 게다가 자연과 그럭저럭 어울리는 그림이라 느꼈다. 하기야 마음이 젊으면 무엇인들 못 하겠는가. 다 마음먹기 나름 아닌가. 그리고 나의 마음은 젊지 않은가. 그런 생각에서 나처럼 혼자 여유를 즐기고 있는 중년의 서양 여자에게 '우리 같이 카야킹 함께 어때요?' 라고 하는 발칙한 생각도 해봤다.

자전거는 하루에 10,000낍이면 대여할 수 있었다. 이름도 여권도 필요 없었다. 시판돈을 찾아든 목적 중 하나는 리피 폭포(Liphi Waterfall)를 보고자 함이었다.

전날만 해도 타는 듯 메말라 있던 논들도 빗물로 가득 메워져 있었고 길 중간중간에는 황토 웅덩이가 생겨나 있었다.

건기의 한가운데 그 뜨거움이 최고 절정에 이른 시기인데도 제법 큰 빗줄기가 쏟아진 것이다. 난 물웅덩이 사이로 자전거 운전 실력을 마음껏 발휘해 나갔다.

거센 물이 흐르는 바위에서 곡예하는 어부

돈 뎃섬에서 리피 폭포에 가려면 돈 콘(Don Khon) 섬으로 가야 했다. 내가 가려는 리피 폭포는 돈 콘 섬 끝에 자리하고 있기 때문이었다. 먼저 돈 뎃 섬과 돈 콘 섬을 이어주는 다리에서 표를 구매했다.

다리를 건너니 황토색 물결 위 돈 콘 섬이 아스라이 눈에 들어왔고 그 멀리 산 깊은 곳에 있을, 리피 폭포를 향해 페달을 힘차게 밟아 나갔다. 땀은 온몸을 적시고 숨은 목까지 차올랐지만, 듬성듬성 물웅덩이가 깊이 패어있는 길을 지나는 동안 콧노래가 절로 나왔다.

인적 하나 없는 길, 혼자 하는 여행은 수줍음을 물리치고 노래를 할 수 있게 했다. 그야말로 거침없는 여행의 자유를 만끽하는 시간이었다. 종종 현지인이 왕래하고 있었지만, 나 같은 여행자는 없었다.

4월 건기의 라오스 시판돈은 여행 비수기임을 증명하는 가운데 길 양옆 숲 사이로 원숭이 무리와 땅 위를 자유롭게 날아다니는 새 그리고 웅덩이 사이에 앉아 쉬고 있는 방목한 소들이 이방인의 모습을 무심하게 바라볼 뿐이었다.

돈 콩, 돈 뎃 그 사이로 평평하고 평화롭게 흐르던 메콩강 줄기가 섬과 섬 사이의 바위 협곡을 만나 세차게 부딪쳐 떨어지며 힘차게 포효하고 있었다. 아마도 우기였더라면 시뻘건 흙탕물을 내던지며 더 크고 더 세찬 포효를 했을 터. 그럼에도 자연의 위대함과 웅장함이 느껴졌다.

리피 폭포의 거센 물결이 흐르는 협곡 사이에도 삶의 현장은 자리 잡고 있었다. 깊고 수많은 바위 주름이 켜켜이 쌓여있고 굉음을 내 뿜으며 거세게 흐르는 물줄기의 날카로운 바위틈 사이로 어부 한 명이 위태롭게 매달린 채 고기를 잡고 있었다. 얼핏 보아도 위험해 보였다.

극한 위험을 감수하고 고기를 잡는 이유는 알아볼 필요도 없는 것. 가족의 생계 그리고 가장으로써의 책임감 때문일 것이었다. 과연 나였다면 저와 같은 위험을 감수하며 가족의 생계를 위해 고기잡이를 할 건가에 대한 물음에는 '아니다' 라는 답이 돌아왔다.

아무리 열악한 환경이며 직업의 폭이 극히 제한적일지라도 목숨을 담보한 생계를 감수한다는 건 가족에 대한 책임감이 엄청나기에 가능한 일일 것이다. 어부의 곡예와 같은 삶에 존경스러운 맘이 느껴졌다.

잠시 폭포를 벗어나 물소리 벗 삼아 휴식을 취했다. 새소리가 들렸고 더불어 평화로움도 느꼈다. 그런가 하면 붉은 개미가 허벅지를 타고 올랐지만, 작은 생명체가 나를 어떻게 하든 내버려 둘 작정이었다. 만약 날 문다면 그 아픔이 어느 정도일까. 궁금했다. 그런데 가만히 있어도 물지 않았다. 뒷목과 등줄기를 기어다니는 것으로 보아 필시 나의 땀 내음 때문일 것으로 생각했다. 아차! 등을 물렸다. 제법 따끔했다. 하지만 생소한 경험으로 생각해 거부감은 없었다. 어쩌면 여행이 주는 작은 선물 같기도 했다. 별것 아닌 것에도 의미가 부여되는 것 말이다.

발등이 따끔했다. 좀 전의 붉은 개미와는 다른 아주 작은 개미들의 습격이 한참 진행 중이었다. 요 며칠 사이 무좀이 생겨 양말을 벗어놓고 있었는데 뜻밖의 공격을 당한 것이다. 큰 것에 대한 만반의 대비, 작은 것에 소홀한 대가의 기습 공격이었다.

　우리의 삶도 이와 별반 다르지 않을 것이다. 큰 화근이나 큰일에 대한 대비는 나름대로 수단을 강구하면서도 대수롭지 않은 작은 일엔 별것 아닌 것으로 여기고 무시하고는 한다. 결국 작은 일들이 겹치고 겹쳐 감당할 수 없을 정도로 커졌을 때 모든 게 처음으로는 되돌릴 수 없는 결과를 범하고 만다.

　작은 것, 별 것 아닌 것도 신중하게 생각하는 것이 삶의 지혜가 아닐

까. 너무 앞만 보고 최고의 가치와 최고의 명성에만 집착한 나머지 진정한 행복의 가치를 잊고 살았다는 생각이 들었다. 큰 것만 쫓았던 삶, 그래서 소소한 행복을 잊었던 삶이었다. 지금 나의 인생은 어떤지 인생의 남은 길은 잘 가고 있고 또 잘 가려 노력하고 있는지 한 번쯤 돌아볼 때라는 생각이 들었다.

내려놓고 던져버리면 편할 걸 왜 그렇게 집착하고 욕심부리며 힘들어하고 아파했던가. 늘 그렇듯 다람쥐 쳇바퀴 돌 듯 원점으로 돌아오더라도 여행을 통해 내려놓는 거에 대한 해답을 얻으려 했다. 새털처럼 가벼운 삶을 사는 지혜도 얻으려 했다. 그래서 남은 인생만큼은 후회 없는 나날을 보내고 싶었다.

생각의 한가운데에서 그러한 생각에 용기를 주듯 웅장한 물소리는 나의 귀를 스치고 지나 등을 토닥였다.

리피 폭포 끝의 돌고래 포인트에 다다르니 두 개의 식당이 나왔고 식당 사이로부터 강가까지는 건기로 인해 모래사장이 하얗게 고운 속살을 드러내놓고 있었다.

"돌핀 돌핀 마이 보트!"

엄청난 호기심이라면 모를까. 한낮의 뙤약볕(오후 1시)에서 극한 더위를 견디며 선뜻 민물 돌고래를 접견할 용기가 나지 않았다. '민물 돌고래가 이곳에서도 서식하는군. 특히 캄보디아 국경 근처인 이곳에서 볼 수 있다니' 그 인식만으로 족했다.

"싸바디! 두 유 원 드링크?"

"켄 아이 해브 라오 비어?"

자리에 앉았다. 금주를 결심한 후 지금까지 술 한 모금 입에 대지 않았지만 음료수라 생각하고 한 병 주문했다. 갈증이 심할 때의 라오 비어는 참으로 매력적이다.

기왕 앉은 김에 음식도 주문했다. 동시에 빡세에서의 그 알싸하고 화끈했던 램프 쌀국수가 생각났고 강한 국물 맛을 이 식당에서도 느낄 수 있을지 하는 기대감으로 치킨 스프에 담긴 쌀국수를 한 젓가락 입에 넣었다.

닭가슴살을 곁들인 쌀국수에 동남아 특유의 강한 내음과 매운맛을 역시 이곳에서도 느낄 수 있었다. 하지만 약간 아쉬웠다. 생 향채를 주었더라면 더욱 맛있게 먹었을 텐데 말이다. 아쉬운 표정을 읽었는지, 어부 두 명이 허름한 옷차림에 빈 그물을 어깨에 메고 본인들은 지금의 삶에 만족하고 있다는 듯 여유로운 미소를 보냈다.

나의 고향, 나의 작은 학교

강과 섬, 뜨거운 태양, 강태공이 그물을 던지는 모습과 농민들의 삶이 존재하는 곳이 돈 뎃이었다.

선착장 입구에서 강변 식당을 지나 섬 깊숙한 곳에 들어가니 시간을 돌려 이방인들에게 알려지지 않았을 시절의 삶을 들여다볼 수 있었다.

녹슨 양철집들과 수확 후 바싹 말라 갈라진 논 물동이를 이고 가는 아

낙네 그늘 밑에 매어놓은 돼지 등의 광경에서 여행자들이 분주히 오가는 섬 입구와 강변 주변과는 분위기가 확연히 달랐다. 애초 원형 보존의 삶이 있는 곳에서 난 순수하고 가치 있는 삶에 대해 생각하지 않을 수 없었다. 많은 변화와 물욕에 빠진 삶이 어떤 것인지 잘 알기에.

밀러드는 자본주의 문화를 재빠르게 받아들인 주민들은 일찌감치 관광산업에 뛰어들어 게스트하우스나 식당, 여행사 등을 운영하며 자연환경에 의존하며 살아가는 사람들에 비해 경제적 풍요를 누리는 듯했다. 섬으로 들어가는 좁은 길, 이른바 여행자의 길에는 제법 그럴싸한 레스토랑이 몇 군데 있었는데 한 눈에도 외지인의 투자가 이루어졌음을 짐작할 수 있었다.

많은 것에서 순기능과 역기능이 있게 마련이다. 그러니 자연을 크게 훼손하지 않는 선에서 이들에게 일자리를 제공하고 경제력을 뒷받침한다는 측면으로 볼 때 외지인의 투자가 그리 나쁜 것은 아닐 것이다.

그럼에도 섬의 안쪽 사람들은 입구의 사람들과는 달리 자연에서 얻는 삶에 만족함을 느끼는 듯했다. 물질적 풍요보다 정신적 풍요로에 만족하는 삶이 진정 행복한 삶이라 하지 않던가. 물질적 풍요 속에 살아가는 것에 익숙해지면 정신적 만족감을 느낄 기회가 적거나 만족을 위한 노력을 등한시하게 돼 있다. 그래서일까. 내 눈에 비친 이들의 얼굴에는 삶에 찌든 표정은 없었다.

오히려 돈을 들여 건물을 짓고 숙소와 식당을 하는 사람들의 표정에서 삶의 어둡고 지친 모습을 봤다. 이유는 명확한 것. 물질의 풍요는 욕심을 부르고 그 욕심은 행복한 삶에 치명적인 결과를 준다. 잠시 스쳐 지나가는 여행자가 겉에 보이는 모습을 보고 평가하는 것 자체가 주제넘을 수 있다. 하지만 난 '소유와 쓰임'에 대한 우리 인간의 생각과 이들의 삶이 교차하면서 '만족한 삶'에 대해 성찰해 봤다. '안빈낙도(安貧樂道)'라 하지 않던가.

참으로 메마르고 뜨거운 날씨였다. 숲속 나무조차 그 메마름에 못 이겨 우리나라의 겨울나무처럼 앙상한 가지만 드러내놓고 있었다. 하지만 그 뜨거운 날 그늘에서 해먹에 몸을 뉘고 한가로이 음악을 들으며 따라 부르는 사람의 모습에서 그리고 생필품을 들고 강으로 향하는 사람에게서, 아이와 엄마 그리고 할머니가 함께 논두렁에서 무언가를 열심히 잡는 모습에서 또 그물과 어획물을 들고 해맑은 미소로 주고받는 그들의 이야기 속에서 각박하지 않은 삶의 여유를 느꼈다. 그들을 물끄러미 바라보며 각박했던 지난 삶을 자각했고 가벼운 삶이 절실하다는 생각도 했다.

모녀와 할머니가 무엇을 잡았는지 궁금해 한참을 기다렸지만, 알 수 없었다. 그 궁금함이 우습기도 했다. 잘 살고 있고 잘 살아갈 것이며 표정에서 소박한 삶에 만족하고 있음을 느끼면 될 일.

어디선가 시끌벅적한 소리가 들려왔다. 그 소리를 따라가다 보니 M16 소총을 어깨에 메고 걸어가는 두 남자의 모습이 보였다. '위험한 물건을 어디에 쓰려고? 사냥?' 참으로 어색하고 낯선 모습이었다. 두려움도 살짝 일었다. 라오스는 아직 전쟁 중인가?

소리의 진원지는 학교였다. 두 남자가 M16 소총을 메고 지나간 길 언저리에 있는 학교에서 하얀 교복을 입은 학생들이 놀이인지 경기인지 모를 거에, 열심이었고 주변으로는 목이 터지도록 응원하는 함성 소리가 교정을 울렸다.

주먹 만 한 쇳덩이를 던져 밖으로 밀쳐내는 게임이었다. 학생들과 교사 그리고 구경하는 주민들의 반응은 무더운 날씨만큼이나 뜨거웠다. 나도 그늘 한 귀퉁이에 자리를 잡았다.

아이들 움직임과 반응만 봐도 짐작되는 감성 언어가 있다. 이를테면 아이들 눈으로 본 감정이입 같은 것. 그 감성 언어로 나도 기꺼이 동참했다. 그리 많지 않은 학생과 교사 주민들이지만 게임에 열중하고 호응하는 모습을 보며 그 흥미로운 열기에 나도 빠져들었다. 몰입 와중에도 낯선 이방인에게 길을 터주고 함께 사진을 찍어주는 이들의 순수함에서 이질감은 사라졌고 시간이 지날수록 분위기의 매력에 깊이 빠져들었다.

얼마 후 또 다른 작은 초등학교에서 걸음을 멈추고 선생님을 따라 열심히 언어교육을 받는 아이들의 모습을 오랜 시간 바라봤다. 나의 발걸음을 멈추게 한 모습 그것은 어김없이 학교였다. 그들 중 나에게 눈길을 건네며 웃고 있는 한 아이의 모습과 아이들을 가리키며 중간에 간간이 교실 밖을 내다보는 선생님의 모습에서 나의 그 시간이 또 소환됐다. 내 삶이 묻은 정겨움에 금방이라도 저들 곁으로 들어가야만 할 것 같았다. 그야말로 지나온 나의 삶과 나의 자취가 담겨 있는 내 모습이었다. 또한 내 속살이 느껴지는 현장이었다.

우리 아이들은 어떤가 하고 생각했다. 저 또래의 우리 아이들은 저 아이들과 같은 순수한 미소를 지을 수 없지 않은가. 학교 안과 밖에서 전쟁과 같은 치열한 경쟁 속에 살아가는 우리 아이들에게서 저렇게 해맑은 웃음이 스밀 수 있을까? 지금쯤 엄마와 영어 공부에 시달리고 있을 우리 딸의 모습도 떠올랐다. 부모의 불안감을 없애려고 아이를 힘든 공간으로 밀어 넣는 것은 아닌지 아이의 교육에 무엇이 올바른가에 대한 생각들로 가득 메워지며 아이들과 함께했던 지난 삶이 주마등처럼 스쳤다.

자연이라는 이름의 아이들

해가 떨어지는 메콩의 일몰은 바다 수평선 아래로 숨으면서 하늘을 붉게 물들이는 것과는 달랐다. 해변의 일몰이 '화려함'이라면 돈 뎃 메콩의 일몰은 '우아함'이었다. 자연스러움보다 더 큰 자연스러움이랄까. 잔잔한 물결과 섬으로 수놓은 강 수평선 위 서쪽 하늘부터 붉은색으로 그러데이션 된 풍경은 파란 하늘과 대조돼 환상적인 아름다움을 선사했다. 강 위로 아이들 고무신 던지는 모습까지 더해져 평화로움까지 붉게 물들이며 그림을 뛰어넘는 풍경이 됐다.

숲을 담은 크고 작은 섬들이 비친 물결은 붉은색의 수채물감을 풀어놓은 듯했고 강과 맞닿은 웅장한 구름은 흰 여백을 붉은 물감으로 채워

나간 채색화 같았으며 검푸른색을 머금고 있었다. 그 한가운데 강한 다홍색 빛을 발산하는 일몰은 고요함과 스치는 바람 소리, 물새 소리와 어우러져 자연의 걸작을 그려 나갔다.

그 우아함에 넋이 빠져있는 동안 어디선가 재잘대는 아이들 노는 소리가 들려와 그 소리를 따라갔다. 주도로의 업소 주변에 살고 있는 어린아이들이 총출동한 듯했다.

총 13명의 아이가 슬리퍼를 던지고 피하는가 하면 긴 장대에, 꼽으면서 놀이에 여념 없었다. 그 모습은 순수 자체요, 어릴 적 나의 모습이기

도 했다. 아이라는 이유로도 예쁘기 이를 데 없는데, 아날로그적인 모습
으로 노는 모습을 보니 더욱더 예쁘고 순수해 보였다. 맨발로 어떤 다툼
없이 그저 즐겁기만 한 모습이었다. 자본과 문화 수준을 아무리 높인다
한들 이렇게 살 수 있을까? 우리 아이도 저 아이들과 같이 자유롭게 뛰어
놀며 살았으면 좋겠다 싶었다.

일몰이 지나간 밤하늘은 유난히 밝고 영롱했다. 초롱초롱한 별빛은
우리 아기 눈망울 같았다. 그런 검푸른 하늘의 무수히 많은 별을 바라보
니 딸이 무척 그립고 보고 싶어졌다. '잘 자거라 아가. 아빠는 지금 네 생
각에 깊이 잠겨있단다.'

오토바이로 바람을 가른 곳은 볼라벤고원

또 어떤 곳에서 라오스 남부의 숨결을 느껴볼 것인가 생각하며 시판
돈에서 여정을 거슬러 다시 빡세로 돌아왔다.

볼라벤 투어 상품은 그리 많지 않았다. 카탈로그에는 미니밴을 이용
한 투어 상품이 150,000k으로 나와 있지만 대부분의 여행사에서는 그
상품을 판매하지 않았는데 여행 비수기 때문이었다.

단체상품이니만큼 단체에 해당하는 가격으로 단독 투어는 가능했다.
며칠 전, 운전 겸 가이드가 동행한 단독 투어가 불편할 것 같아 포기했었
는데 또다시 그런 투어에 선뜻 마음이 허락하지 않았다. 사실 경제적 부

담도 무시할 수 없었다.

　망설이는 나에게 여행사 직원은 오토바이를 렌트해 다녀오면 어떻겠냐고 건의했다. 오토바이야말로 혼자 여행에 제격. 왜 그 생각을 못 했나 싶었다.

　다음 날 오토바이 대여점 오픈 시간에 맞춰 오토바이를 빌렸다. 렌트 요금은 크기별로 달랐고 내가 빌린 오토바이는 하루 대여료로 90,000K이었다. 자동차에 비해 위험하고 불편할 것이었다. 하지만 시원한 바람을 맞으며 내 달린다는 것도 또한 여행의 묘미. 난 주저 없이 시동을 걸었다.

　인도네시아 발리 우붓에서 며칠간 오토바이를 렌트해 시원한 바람을 맞으며 내 달렸던 시간이 떠올랐다. 실행에 옮기기에는 나의 간 크기가 작아 포기했지만 사실 그 후 몇 번인가 가죽 잠바에 가죽바지를 입고 오토바이 여행을 해야겠다고 생각한 적이 있었다. 그렇듯 작은 오토바이일지언정 바람을 가르며 내달리는 여행의 매력은 상당했고 볼라밴 여행을 위해 바람을 가르는 여행의 하루가 시작됐다.

　다행히 오토바이를 대여하면서 지도를 한 장 얻었다. 아니 지도가 꼭 필요할 거라면서 루트 체크까지 도와준 오토바이 대여점 사장 덕분에 볼라벤 고원으로 가는 루트를 대략 그릴 수 있었다.

　도로의 크기에 비해 볼라벤고원으로 가는 길은 비교적 한산했다. 시내 중심가의 대여점에서 빡세 북부 버스터미널까지는 곧고 넓은 도로가 이어지다가 터미널을 지나면서부터는 2차선의 좁은 도로가 이어졌다.

가는 중간 곳곳에는 도로 확장 공사가 진행되고 있었고 포장하지 않은 도로는 온몸에 황토색 흙먼지를 얹어줬다.

흙먼지가 가득한 2차선 도로를 20여 분 달리니 오른쪽에 다오 커피 공장(Dao Caffee Factory)이 눈에 들어왔다. 산업 기반이 미약한 라오스에서는 제법 큰 기업인 듯했다. 굴뚝에서 뿜어져 나오는 하얀 연기로 커피 볶는 향이 밖에까지 풍겨 나오는 것 같았다. 갓 볶은 원두로 진한 향이 우러난 커피 한 잔 마시고 싶은 마음을 달래며 가던 길 이어 나갔다.

자만심이라는 옷을 입고 하게 된 고생

길을 더 달리니 한 길로 이어지던 길이 네 갈래로 나뉘었다. 지도로는 방향을 잡기 어려웠다.

현지인들에게 아무리 '볼라벤 고원'을 외치며 물어도 웃기만 할 뿐 모른다는 표정을 지으며 지나갔다.

나중에 알았다. 내가 서서 길을 물었던 그곳 전체가 볼라벤고원이기 때문이었다는 걸. 그러니 폭포의 이름이나 농장 등과 같이 지명을 정확하게 말했어야 했다. 참으로 난감했다. 지도를 몇 번 반복 해 들여다보니 왔던 길 한참 전 삼거리에서 좌회전했어야 했다. 볼라벤의 소수민족 마을과 폭포를 가기 위해서는 지도에 표시된 노란 선을 따라가야 했는데 주황색 선으로 뱅그르르 돌아가게 된 것이었다. 거리는 총 210km의 거리였다. 작은 오토바이로는 무리가 따를 것이고 시간은 촉박할 것이었다. 뛰어난 방향감각을 지녔다 자부한 결과였다. 그 자신감으로 지도를 꼼꼼히 확인했어야 했는데 처음 지도를 볼 때 그려 넣은 기억을 믿은 것이 화근이었다.

다시 뒤돌아가기에는 너무 먼 거리였기에 네 갈래의 길 중 맨 왼쪽 도로로 접어들어 속력을 높였다. 오토바이 엔진의 진동으로 손이 떨리고 엉덩이가 아팠다. 가도 가도 끝이 없었다.

길 중간중간 잠시 멈춰 지명을 확인해가며 70여 km를 더 달리니 바니 벵(Bane Beng)이라는 마을이 나왔다. 아무도 없는 길을 달리다 마을이 보이자 비로소 조마조마했던 마음이 안정됐다.

배가 무척 고팠다. 식당도 많지 않을뿐더러 배가 고파 식당의 분위기나 메뉴 등을 살필 겨를 없이 가장 먼저 눈에 띈 식당으로 들어가 자리를 잡았다.

"점심 좀 먹을 수 있을까요?"

주인은 알아서 내가 좋아하는 라오스식 쌀국수를 내왔다. 향채와 어우러진 깊은 국물 맛, 껍질이 쫀득한 닭고기까지 라오스 쌀국수 맛은 정말이지 마약과 같았다. (마약을 해본 적 없지만) 따스한 국물에 강한 향채를 곁들이면 그 맛에 깊이 빠져들지 않을 수 없게 된다. 얼큰함이라 설명하기에는 뭔지 부족한 심오한 맛이 라오스 쌀국수다. 배를 채우고 나니 모든 긴장과 피로가 한꺼번에 풀렸다.

건기의 폭포는 그 웅장함이 많이 축소돼 마치 수줍음 많은 새색시 같은 모습이었다. 그래서일까. 우기 때라면 감히 상상도 못 할 일이 벌어지고 있었다.

너비 50m, 높이 10m는 족히 돼 보이는 폭포는 아이들의 놀이터가 된 채 몇몇 아이들은 폭포 위에서 거리낌 없이 뛰어내렸다.

놀이터 주변 숲에선 물소 떼가 한가롭게 풀을 뜯고 있었는데 폭포와 병풍 같은 주변의 산세와도 제법 잘 어울렸다. 그런 분위기와 함께 꼬리를 흔들며 파리를 쫓는 소 떼의 느긋한 몸짓에 나의 마음도 느긋해졌다.

참파삭주의 주도 빡세에서 가장 먼 폭포인 볼라벤의 땃 로 폭포(Tat lo Waterfall)는 세 개의 폭포가 있는데 그 첫 번째 폭포가 땃 항 폭포(Tat Hang Waterfall)고 두 번째 폭포는 땃 항 폭포에서 700m 쯤 후에 나오는 땃 부 폭포(Tat Bu Waterfall)로 높이는 꽤 높았는데 아쉽게 물줄기가 말라 있어 볼 수 없었다. 그곳에서 10km 정도 더 위로 거슬러 가면 나온다는 땃 부옹 폭포(Tat Buon Waterfall)는 가다가 그만 포기하고 말았다. 산에서 내려오는 물줄기로 형성된 그 폭포 역시 건기의 메마른 날씨로 물줄기가 말라 있을 것 같아서였다.

유년시절을 떠올리게 한 과일 집 모녀

하늘에 먹구름이 몰려오더니 비를 뿌리기 시작했다. 비는 점점 굵어지며 장대비로 변했고 저체온에 빠질 것 같았다. 다행히도 피할 곳을 만나 길가의 작은 카페 옆에 원두막 같은 움막으로 비를 피해 들어갔다. 나

외에 길을 지나던 몇 명의 현지인과 서양인 부부도 비를 피해 찾아들었다. 비는 천둥 번개와 함께 거셌다. 비를 피할 곳이 없었더라면 필시 저 체증에 빠졌을 세찬 비였다. 열대의 나라에서도 비를 맞으니 꽤 추웠다.

한 시간여 그렇게 세차게 내리던 비가 점점 가늘어지고 비를 피했던 사람들 모두 제 갈 길 떠나기 시작했다. 나 역시 긴장이 채 가시지 않은 마음으로 길을 나섰다.

얼마 지나지 않아서 빗줄기는 완전히 멎었고 이어 빠소암 폭포

(Phasouam Waterfall)로 접어들었다.

깊은 숲은 포근한 어머니의 품과 같았다. 넓은 곳 모두를 물로 채웠을 빠소암. 깊은 숲속 빠소암은 그 폭의 넓이에 한 귀퉁이를 공간으로 남겼다. 그 광경에 나의 영혼도 자연과 하나 된 듯했다. 이국적이지만 친근한 풍경은 이곳에 살고 있는 라벤족 어린이에게도 있었다. 그들은 수줍음과 순수함을 넘어 적극적이고 장난 어린 모습으로 이방인인 나를 맞았다.

"싸바디!"

이름이 르엉이라는 꼬맹이는 들마루에 앉아 나에게 인사를 건넸다.

귀여운 얼굴에 똑똑해 보였다. 그 미소에 보답할 마땅한 것이 없어 마음이 편치 않았다. 대신 사진을 찍어줬고 해맑게 손을 흔들어 준 예쁜 꼬마에게 부디 그 모습 그대로 건강한 어른이 되기를 기원하며 미소를 건넸다.

아이들의 맑은 눈동자 넘어 낙엽을 쓸고 있는 라벤족 아낙의 모습에도 평화가 깃든 모습이었다.

볼라벤 고원의 커피농장을 꼭 돌아보고 싶어 일찍 서둘렀음에도 갑작스러운 여정과 준비 소홀로 아쉬운 발길을 빡세로 돌려야 했다. 다음 날 아침 라오스를 떠나야 했기 때문이다. 볼라벤과 빡세 여행은 아쉬움이 남는 시간이었다. 하지만 다 채우지 않고 남겨놓는 것이 여행의 지혜 아니던가. 그래야 다시 찾게 될 것이니 말이다.

하루의 강행군은 열대과일을 불렀다. 아침에 빡세를 벗어나 다오 커피공장을 지나자마자 좌회전해야 했던 길. 그 지점 삼거리에 몇 개의 과일 노점이 있었다. 두 모녀가 열심히 생활하는 모습에 이끌려 다가간 과일가게에서 잭 푸룻과 망고 그리고 구슬과일 (편의상 붙인 과일 이름)을 샀다. 망고를 바로 먹을 수 있게 손질해 달라고 했다. 딸은 손을 깨끗이 씻고 정성스럽게 과일을 깎아줬다. 과일맛도 좋았지만 부담 없는 편안한 정겨움에서 여행의 맛을 크게 느끼곤 한다. 아마 어릴 때 정에 대한 궁핍함에서 나온 것일지 싶다.

나의 유년은 참으로 정이 그립던 시절이었다. 친척이라도 한 사람 집에 들라치면 그렇게 좋을 수 없었고 그가 떠난 자리가 그렇게 썰렁하고 차가울 수가 없었다. 어둡고 칙칙하고 사람의 온기가 많지 않았던 어릴 때의 기억이 찾아올 즈음 수줍은 딸과 딸의 어머니는 잠시나마 나의 어릴 때 궁핍했던 정을 메웠다.

해가 떨어지고 있었다. 참으로 오랜 시간 먼 거리를 돌아다녔다. 하루 종일 연락 한 번 하지 않았으니 분명 딸과 아내는 삐졌을 것이다. 걱정됐다. 동시에 소심함도 발했다. 깊은 잠을 자는데 늘 어려움을 겪는 난 생각의 깊이를 줄여야 했다. 생각을 내려놓고 잠에 빠져들었다.

다음 날 아침 빡세를 출발 태국 씨완나켓을 경유, 돈므앙으로 이어지는 항공편으로 라오스를 떠남으로 여행을 마무리했다.

열흘 남짓의 시간은 귀하고 의미 있는 시간이었다. 교사 시절과 어린 시절의 추억을 소환했고 그 추억을 바탕으로 나를 알아가는 시간이었다. 다소 복잡하고 꼬인 실타래처럼 생각과 물욕으로 가득한 마음의 깊이도 줄이는 계기가 됐다. 물론 한국으로 돌아가 또다시 일상에 빠지다 보면 관성적 습관이 나를 지배하게 될 것이다. 그래서 다시금 나의 이성과 감성을 빼앗기고 생각의 늪에 빠져 허우적거릴 것이다. 하지만 순간순간 나에게 소중한 것이 과연 무엇인지 그리고 앞으로 어떤 삶을 살아야 할 것인지를 깊이 생각하고 깨닫게 된 것은 라오스 여행이 준 소중한 선물이었다.

여행을 통해 자신을 들여다보고 자신과 끊임없이 대화했지만, 여행으로 잘못된 생각과 행동을 완전히 변화시킬 수는 없을 것이다. 그러니 관성이 나를 지배하는 시간이 다시 이어지게 될 때 난 다시 여행을 시작할 것이다. 여행은 그렇듯 나를 찾고 소중하게 여기는 시간을 여행의 그릇에 담아 놓는다.

나를 소중하게 여기는 것 외에 무엇이 더 중요하겠는가. 그래서 또다시 떠날 꿈을 꾸고 계획하는 것 아니겠는가. 그렇듯 내 추억은 십여 일 라오스에서의 시간을 감성이 만든 형태와 선명한 색으로 그림을 그리고 있었다.

싱가포르

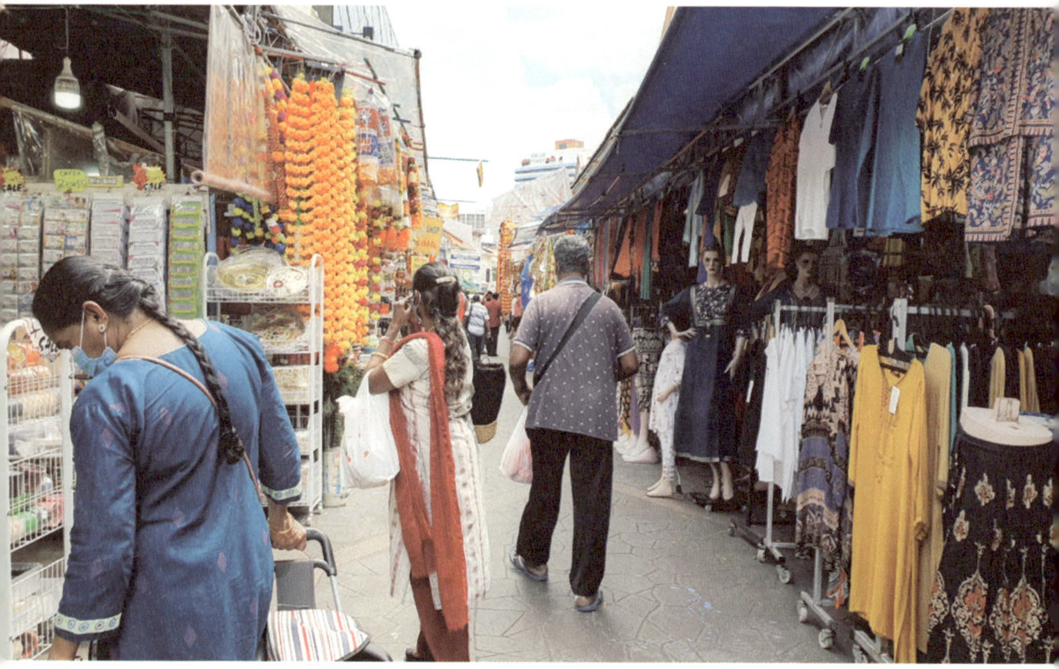

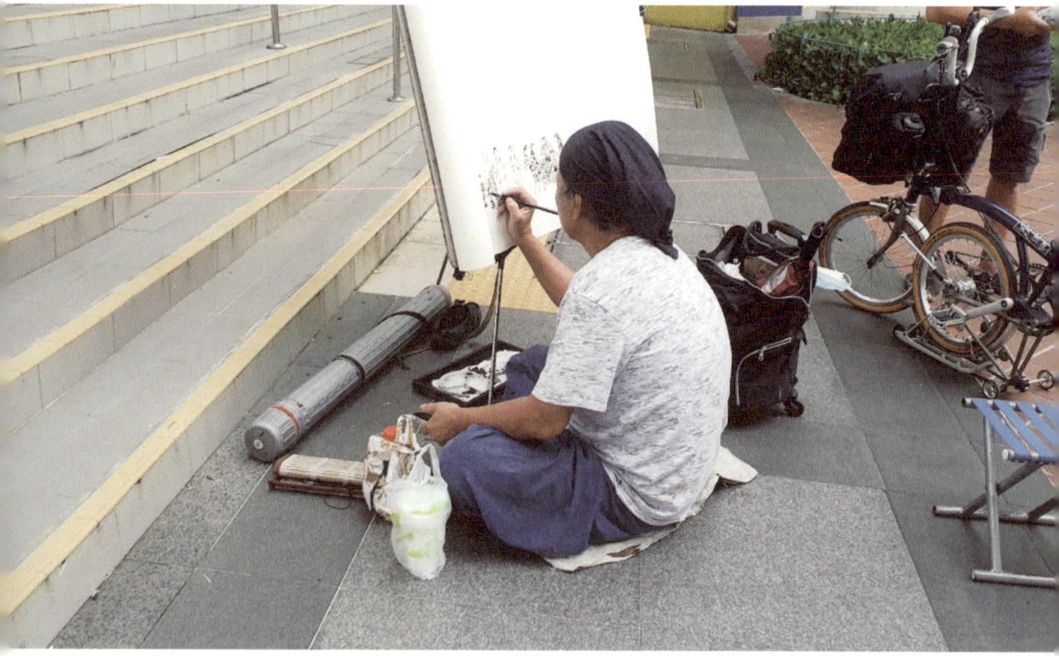

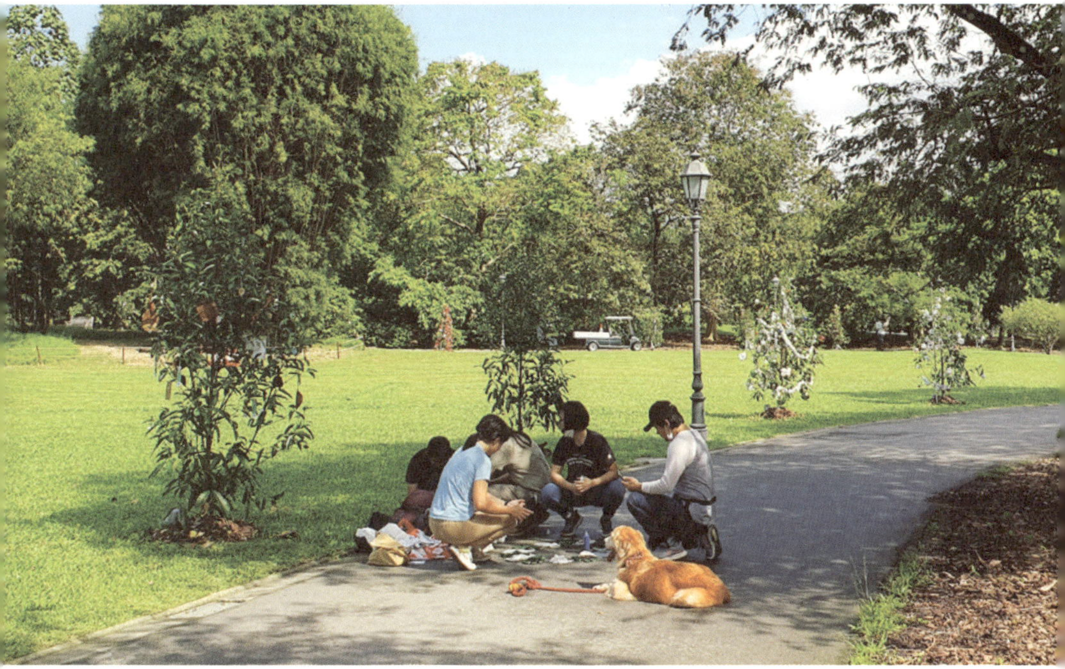

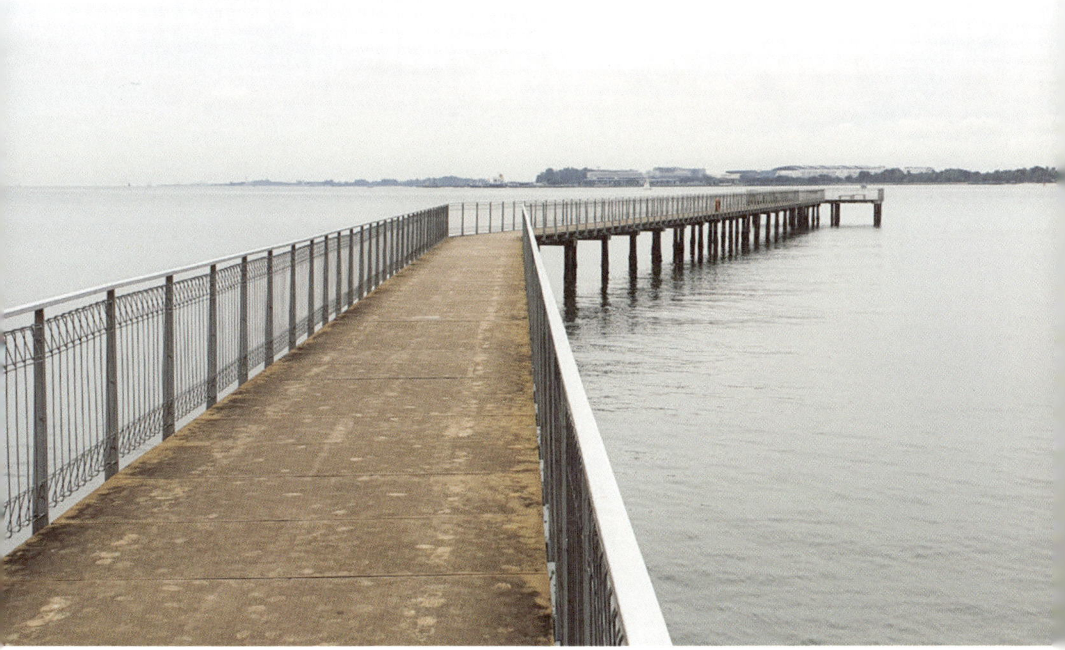

세기의 회담
싱가포르

VI. 세기의 회담
싱가포르

코비드 19 펜데믹의 끝이 보이다

 2019년 11월 미얀마 북부 여행을 다녀온 지 만 3년. 그 지긋지긋한 코비드 19펜데믹의 긴 터널 끝이 보이는 2022년 겨울 난 다시 여행의 기지개를 켰다. 사실 미얀마 북부 여행 후 남부로의 여행을 계획했기에 쓰고 남은 미얀마 화폐인 짯도 많이 남겨 왔었다. 하지만 곧바로 코비드 19펜데믹이라는 돌발 변수가 생겼고 더욱이 미얀마 군부 쿠데타가 이어지면서 포기해야만 했다. 그렇게 3년이 지난 후 나는 여행을 시작한 것이다.

 여행지로 터키, 일본 등 여러 곳을 생각했지만 이러저러한 이유로 떠나는 여정이 여의치가 않았다. 정원 가꾸기, 텃밭 가꾸기 등 해야 할 일이 많았고 무엇보다 사춘기로 접어든 딸아이에 대한 걱정 때문이었다. 일련의 일도 아이에 대한 믿음도 안정됐고 더 늦추면 여행 감각이 무뎌질 뿐 아니라 게으름에 빠질 것 같아 해외여행의 문을 활짝 열기로 했다.

그 첫 여행지는 싱가포르.

사실 싱가포르는 나의 여행 스타일에 맞는 여행지는 아니었다. 다만 긴 시간을 돌아가는 여행이니만큼 쉼을 겸해 가벼운 여행을 하려고 선택한 것이다. 그야말로 무계획이 계획인 여행으로 어릴 때의 감성을 자극할 만한 미개발지도 없을 테고 내가 좋아하는 소수민족 탐방이나 오지 여행도 어려울 것이었다.

싱가포르는 코로나 예방 접종에 상관없이 입국이 가능한 국가였다. 대신 접종하지 않은 사람은 코로나 관련 여행자 보험과 음성확인서와 3차까지 완료한 사람은 영문 증명서를 갖고 있어야 했고 난 여러 가지 입국에 맞는 조건을 갖췄으니 가벼운 걸음을 내디뎠다.

약간의 연착 후 밤 10시 35분 출발한 비행기에는 싱가포르까지 가는 승객과 대만으로 가는 승객이 섞여 있었는데 대만에 잠시 착륙해 대만 승객을 내려주고 대만에서 싱가포르로 가는 승객을 탑승시킨 후 5시간 만에 싱가포르에 도착했다. 온라인으로 SG Arivel 카드를 미리 작성했기 때문에 별도로 입국 카드를 작성하지 않아도 됐다. 염려한 접종 증명서는 확인도 하지 않았다. 괜한 염려였다.

오전 6시. 공항에 앉아 목적지를 고민했다. 아무리 쉼이 목적이며 무계획이 계획인 여행일지라도 목적지는 정해야 움직일 것 같아서였다. 체크인 시간 때문에 곧바로 호텔이 있는 차이나타운으로 가는 것보다는 다른 곳을 먼저 둘러보고 체크인 시간에 맞춰 차이나타운으로 가야 할 듯싶었다. 그래서 정한 곳이 보타닉 가든(Botanic Gardens)으로 배낭 메고 이리저리 돌아다니는 것보다 여유롭게 정원의 고즈넉함을 느끼는 게 좋겠다는 생각에서다. 한숨도 잠을 청하지 못한 상태니 더욱더.

짊어진 배낭보다 무거운, 습하고 더운 날씨

싱가포르에서 대중교통을 이용할 때 좋은 게 교통카드라 해서 투어리스트 카드(Tourist Card)를 샀다. 3일 동안 MRT와 버스를 무제한 이용할 수 있는 일종의 교통카드로 싱가포르 현지인이 사용하는 EZ 링크 카드와 비슷한 카드다.

City Train이라 적힌 MRT를 타기 위해 터미널 3으로 이동했다. 터미널 1에서 스카이 트레인을 타고 터미널 3에서 내려 이정표를 보고 따라가 에스컬레이터를 타면 됐다. 보타닉 역에서 나오니 곧바로 보타닉가든으로 이어졌다. 공원 입구에 이르자 열대우림과 다양한 열대식물 그리고 새 울음소리가 반겼다. 매우 뜨겁고 습한 공기도 함께였다.

스콜이 한차례 내렸는지 땅은 젖어 있었다. 공원 한쪽에서는 크리스마스트리를 장식하느라 여념이 없었고 보타닉가든의 첫 풍경은 자연과 인공의 어우러짐이었다.

한국에선 갑작스러운 기온 급강하로 매서운 한파에 이어 기내에서조차 추위에 떨었었다. 그 추위는 공항의 강한 에어컨 바람으로 이어지면서 과연 열대 나라인지 헷갈릴 정도로 한기를 느꼈었는데 보타닉가든에서의 산책은 그야말로 더위와 습기와 싸워야 했다. 서둘러 화장실을 찾아 들어갔다. 조금이라도 가벼운 옷으로 갈아입기 위해서다.

열대의 나라답게 금세 몸을 지치게 했다. 여유롭게 천천히 돌아보면 좋으련만 어깨를 짓누르는 배낭의 무게가 그러지 말자고 재촉했다. 하지만 나의 여행은 우직함과 저돌적인 것이 특징. 배낭의 무게를 가볍게 무시했다.

호수 근처의 거대한 씨 아몬드(Sea Almond)는 그 당당함이 공원을 압도했다. 호수 주변의 열대 나무보다 월등히 크고 오래돼 보이는 나무는 그 존재만으로도 보타닉가든의 가치를 말했고 공원 잔디밭을 그림처럼 거느리고 있는 큰 대나무 무리의 독특한 모습도 그랬다.

벤치에 앉아 잠시 멍때리고 있는데 닭 한 마리가 화려한 옷을 입고 다가왔다. 수탉이었다. 그저 가축으로만 여겼던 야생닭의 모습이 신기했다. '야생 닭이라!' 녀석도 비둘기처럼 사람의 인심을 알아버린 것 같았다. '그런데 어쩌냐. 나에겐 너에게 줄 그 어떤 것도 없는데' 미안하게도 녀석은 한참을 가지 않고 서성였다. 생존 욕구는 동물이나 우리 인간이나 어쩔 수 없는 본능이라 생각하니 저 녀석이나 나나 별반 다르지 않다는 생각이 들었다.

향(香)의 향연 리틀 인디아

보타닉가든에서 이어지는 DT 라인을 타고 두 정거장. 리틀 인디아

(Little India)에서 내렸다. 과연 '소(小)인도'라 불리 울 만했다. 내리는 승객의 대부분도 인도인이었고 거리로 나오니 인도의 느낌은 강하게 묻어났다. 향신료 냄새가 코를 자극했고 향(香)냄새는 온 거리를 메웠다.

갖은 내음을 몸으로 느끼며 시장기를 해결하기 위해 음식점을 찾아 들어갔다. 음식은 커리와 닭. 인도 주식인 란(LAN) 종류가 대부분이었고 모든 음식은 4-10달러 정도였다. 난 란의 담백한 맛이 좋아 란과 모습이 비슷한 페이퍼 도싸이(Paper Dosai)를 주문했다.

잠시 후 거대한 빵 덩어리와 세 개의 소스가 실려 왔다. 란인 줄 알았는데 아니었다. '겨우 이거야?' 겉모양만 컸지 속은 텅 빈 모습이기에 양이나 찰까 싶었다. 잘 살펴보니 밀가루를 얇게 펴서 프라이팬에 기름을 두르고 볶아냈다. 말하자면 우리의 부침개에 아무것도 넣지 않은 그런 것이랄까. 다른 점이라면 더 얇고 돌돌 말려 있다는 것.

언젠가 란의 그 담백함이 그리워 집에서 밀가루를 반죽해 오븐에 구워 봤지만, 인도인 것에 비한다면 어림도 없었다. 담백하면서 묵직한 맛이 일품이었던 란을 맛보기 위해서였는데 아쉬웠다. 하지만 맛은 그럭저럭 괜찮았다. 바삭하면서도 쫄깃한 것이 생각보다 좋았다. 두 개의 다른 칠리소스와 한 개의 커리 소스에 찍어 먹으니, 조합이 그럴듯했다. 손에 기름이 범벅 될 정도로 기름이 많았음에도 전혀 느끼하지 않았다. 게다가 공갈빵처럼 속이 텅 비어서 양이 차지 않을 줄 알았는데 다 먹고 나니 제법 배가 빵빵하게 불렀다. 뜻하지 않게 색다른 음식문화를 경험한 것에 만족한 식사였다.

식당을 나와 두어 개의 계단을 오르니 음식 천국 식도락의 광장이 펼쳐졌다. 내가 좋아하는 전통 란의 크기가 종류별로 있었는데 '이런 곳에서 음식을 먹었어야 했는데' 하는 아쉬운 마음이 들 정도였다. 그렇듯 여행에서 종종 아무것도 아닌 거에 느끼는 아쉬움과 미련, 평소와 다른 느낌과 언어와 감성 등이 양념 버무리듯 조화되는 것이 여행의 매력이다.

큰 거리로 나서니 원색의 거대한 물결이 춤을 추고 있었다. 건물도, 과일도, 꽃도, 심지어 여인네의 얼굴과 옷도 온통 원색의 물결을 이뤘다.

힌두신이 좋아하는 꽃과 장식이 도열한 상점들로 생동감이 넘쳐났다. 힌두신께 바치기 위한 그들의 정성은 신에게로 향한 짙은 향과 함께 상점 곳곳을 원색의 추상화로 채웠다. 원색의 물감을 풀어 놓는다면 그대로 간딘스키의 추상화가 아닐지 하는 생각마저 들었다. 그리고 그곳에는 유모차에 앉아 해맑게 웃던 우리 아이의 모습도 있었다. 추억이라는 이름을 한 모습으로.

시간이 흐를수록 배낭은 납덩이처럼 무거워졌다. 그런 상태로 배낭을 메고 다니는 것이 무리일지 싶어 예약한 호텔로 향했다. 호텔은 리틀 인디아에서 NE 선으로 세 역에 있는 차이나타운에 있었다.

역에서 나오자마자 뜨거운 기운이 몰아쳤다. 거의 모든 음식을 웍과 강한 불을 사용해 조리하는 중국 음식 특성상 식당에서 뿜어 나오는 열기와 뜨거운 햇살이 맞물려 거리를 용광로처럼 달궜다. 그 열기를 피해 모스크 스트리트(Mosque St)에 수줍은 모습으로 깊숙한 곳에 자리한 호스텔(캡슐 호텔이라 부름)에 체크인하고 나니 몸도 마음도 제자리로 돌아가는 듯 피로가 풀렸다.

플로우 우빈 섬

싱가포르 유일의 미개발지 플로우 우빈 섬으로

아침부터 날이 흐렸다. 난 싱가포르에서 유일하게 남은 미개발지인 플로우 우빈(Pulow Ubin) 섬에서 자전거를 빌려 구석구석 돌아볼 생각으로 길을 나섰다.

차이나 타운에서 NE Line 을 타고 한 정거장인 오트람 파크(Outram park)에서 EW의 녹색 라인으로 갈아타 창이 공항 가기 전 타나 메라(Tanah Merah) 역에서 하차했다. 선착장이 있는 창이 빌리지로 가는 2번 버스는 역 개찰구를 나와 계단으로 이어진 지하 B출구로 나가야 했다.

여러 대의 버스가 지나간 후 2번 버스가 도착했다. 2층 버스로 승·하차는 우리와 같았다. 난 차창 주변의 풍광을 감상하고 싶어 2층에 올랐다. 시야가 확 트여 싱가포르 외곽의 풍경들이 한눈에 들어왔다.

타나 매라 주변은 도심에 비해 매우 한적했고 쾌적한 느낌의 빌리지(village)가 대부분이었다. 아름드리 큰 열대림 가로수에 차량도 적었다. 차에 내려 반나절 천천히 걸어보고 싶을 정도로 전원의 풍경이 참 아름다웠고 가로수도 웅장하고 멋졌다. 도로 한가운데 하늘로 치솟은 나무는 가지가 넓게 펼쳐있어 차량 행렬과 회색의 삭막한 도로 분위기를 부드럽게도 했다.

버스는 역에서 출발한 지 약 30분 만에 종점인 창이 빌리지에 도착했다. 여러 식당과 상점이 있는 빌리지에 들어서자, 시장기가 돌았다. 11시도 채 안 된 시간 난 아침 겸 점심을 먹기로 했다. 음식 이름을 모를 때는 사진을 통해 선택하는 것이 현명한 방법. 밥과 튀긴 닭 그리고 멸치와 소스 오이가 있는 세트였는데 제법 입에 잘 맞았다. 특히 소스는 우리의 쌈장과 비슷한 맛이라서 밥을 비벼 먹기에도 딱 이었다.

식사 후 섬으로 들어가기 위해 빌리지 길 건너에 있는 창이 포인트 페리 터미널로 향했다. 터미널에는 통통배 여러 대가 정박해 있었는데 7명의 사람이 모이자, 배 한 척이 시동을 걸었다.

창이 포인트에서 10분. 섬에 이르니 자연 그대로의 이국적 해안 풍경이 눈에 들어왔다. 흔히 보아왔던 해안 풍경과는 그 주변 풍경이 사뭇 달랐다. 맑은 하늘과 구름, 고층빌딩의 흐릿한 도시와 섬이 보이는, 그리고 하늘을 뜨고 내리는 항공기까지, 게다가 식생 하는 생물과 주변 풍경도 우리의 해안과 달랐다. 작은 해변과 곧바로 바다로 이어지는 열대 숲, 내 눈에 들어온 것은 '자연의 풍요' 라는 것이었다.

미 개발 자연과 호흡한 여행다움의 시간

자전거를 대여해 플로우 트리 테일(Pulow Tree Tail)을 지나 책자와 습지로 향했다. 그 길에 생태 견학하는 몇 명의 학생들이 신중한 표정으로 가이드의 설명을 듣고 있었는데 이내 사라지고 곧 나 혼자가 됐다. 그야말로 사람도 주민도 거의 보이지 않는 섬 깊은 곳 혼자만의 라이딩이었다.

살며시 으스스한 기분이 들었다. 자연의 소리가 생소하니 더 그런 느낌이었다.

책자와 우빈 습지로 가는 길목에서 갈림길이 나왔다. 한 곳은 원 웨이(One Way), 또 한 곳은 사이클링이라 돼 있었는데 원 웨이는 오르막길. 당연히 싸이클링 길로 들어섰다. 하지만 깊은 숲은 가도가도 끝이 없었다. 그래서 갈림길로 돌아 나와 이정표를 보니 좀 전의 길, 즉 원 웨이 길이 맞는 거였다. 습한 기온으로 땀은 비 오듯 쏟아지고 맥은 풀렸다. 잠시 목을 축인 후 원 웨이 길인 오르막길로 접어들었다.

아이가 '헬로우' 인사를 건넸다. 사내아이였다. 곁에는 부모와 여동생, 즉 가족 탐방자였다. '항구에서 꽤 긴 거리인데 어린아이가 이 먼 곳까지!' 아이들이 기특했다. 중국계 싱가포르 가족의 모습을 통해 자식 교육 방법을 뒤돌아봤다. 귀하다는 이유로 나약하게 키우고 있는 나의 그리고 당신의 자식을 생각하면서.

거대한 나무 한 그루가 열대 밀림 숲에 떡하니 서 있었다. 헤리티지 트리(Heritage Tree)였다. 짐작으로 높이는 20m 지름은 어른 네 사람 정도 팔 벌려 손잡을 정도였다. 수령은 알 수 없었으나 나무 이름으로 대충 짐작해 봤다. 대략 200년이라고.

항구에서 한 시간, 드디어 책자와 습지 입구에 도착했다. 입구에는 엄마와 아들이 숲 한가운데에서 먹이에 열중이었는데 그 가족의 이름은 야생 멧돼지였다.

잠시 후 아빠와 누나까지 모여들었다. 생태 환경이 그만큼 살아있다는 증거 아니겠나. 처음 보는 모습이며 부러운 모습이었다.

   책자와 방문센터에서는 섬의 해안에 서식하는 희귀한 해안 동식물을 안내했고 그곳을 지나 뒷문으로 나가니 창이 방향으로 나무 테크로 된 해변 둘레길이 나왔다. 주변의 해안 식물들을 안내하는 표시판을 통해 어떤 식물들이 자라고 있는지를 대략 알 수 있었고 더불어 주변의 풍경은 그림 같았다.

   책자와 습지를 중심으로 360도로 놓인 우드 해안 길은 그야말로 환상이었다. 짙푸른 바다와 잔잔한 물결, 흰 구름과 녹음이 우거진 맹그로브 숲 우드 길과 조화를 이룬 뛰어난 풍광과 고즈넉함이 더해져 여행의 맛

을 풍요롭게 했다.

　길을 따라 걷다 보니 맹그로브 나무숲이 펼쳐졌다. 어떤 동물들이 살아갈지 대충 짐작 가는 숲이었다. 이를테면 '맹그로브 크랩!'

　우드 길 끝에서 습지로 들어가는 나무 데크길에 전망대가 있었는데 너른 열대 습지와 해변 풍경을 조망하기에 더없이 좋아 주변의 바다와 우거진 열대 숲에 서식하는 동식물에 대해 상상하는 시간을 갖게 했다.

　난 책자와 습지에서 말레이시아 반얀 트리를 비롯해 지자위 타워(새), 말레이 애플 등 동·식물의 생태 환경이 뛰어난 곳임을 느낄 수 있었다. 특히 야생 돼지들의 천국이라는 걸 실감할 수 있었는데 이는 직접 목격한 것이기에 소리 말고는 볼 수 없는 다른 생물과 다른 점이었다. 그리고 해안 생태 습지와 육지의 생태 습지가 함께 공생하고 있음을 함께 느낀 시간이기도 했다.

　섬에서 생태 환경은 물론 주변 풍경도 아름답다는 빌라우 채석장으로 향했다. 습한 공기와 이름을 알 수 없는 새소리와 동물 울음소리 우거진 열대 숲 한가운데 혼자 라이딩하는 난 정글을 탐험하는 탐험자처럼 호기심으로 가득했다. 하지만 채석장에 이르자 빌라우 채석장 저수지는 폐쇄돼 있었다. 수정같이 맑은 저수지라는데 아쉬웠다. 폐쇄 이유는 당연히 보호의 일환일 것, 그러니 받아들여야 했다. 억지로 가고자 하는 마음만 있다면 못 갈 것도 없었지만 목적이 주가 되는 여행은 옳지 않다는 생각에 기꺼이 발길을 돌렸다.

　길을 따라 라이딩을 이어 나갔다. 바닷가에 캠핑장이 여러 곳 눈에 띄었다. 그야말로 텐트만 설치해 야영을 즐길 수 있도록 한 캠프 사이트였

다. 소박한 캠핑장을 보니 우리의 캠핑 문화는 분명 문제가 있다는 것을 느꼈다. 그도 그럴 것이 캠핑 즉 야영은 자연과 호흡하고 자연을 몸으로 느끼며 하루를 보내는 건데 우리의 캠핑 문화는 그것과는 거리가 먼 것이 사실이다.

호화 텐트에 많은 도구를 준비하고 갖은 음식을 만들며 불 멍까지 이어지는 솔직히 야영 문화라 말하기 부끄러운 일들을 너무나 당연하게 받아들이고 있지 않은가. 나 또한 그 부분에서는 할 말이 없다. 나부터라도 그런 문화에서 빠져나와야겠다고 생각했다.

동쪽 섬을 돌아 나와 서쪽으로 향했다. 섬임에도 크고 작은 호수들과 습지가 여러 곳에 있었다. 작은 도로를 따라 라이딩을 이어 나가다 보니 켄탐 마운틴 바이크 파크(CanDam Moutain Park)라는 이정표가 보였다.

마운틴이라면 산을 뜻할텐데 아무리 보아도 산은 없었다. 맹그로브 숲과 해안선을 지나자, 낮은 구릉지 안의 맑은 호수 즉 켄탐 호수가 나타났다. 그래서 붙여진 이름인가 싶었다.

호수는 열대 숲과 화강암 절벽을 병풍처럼 두르며 그림 같은 모습을 하고 있었고 물은 짙고 푸르렀으며 잔잔했다. 평화가 이런 것인가 싶은 고요한 호수였다.

엉덩이에서 불이 난 5시간의 라이딩은 그야말로 행복한 라이딩, 신나는 라이딩, 자연과 호흡한 라이딩이었다. 설명할 수 없는 것들로 마음 가득한 시간을 가득 안고 창이 포인트에 도착하니 섬에 들어갈 때와 달리 짐 하나하나 보안 검색을 했다. 그 이유가 궁금했다. '섬에 있는 보호종을 가져 나오지 못하게 함' 이라는 답이 돌아왔다.

노인 두 분이 열심히 과일을 팔고 있었다. 목이 말라 야자수 한 통 따 달라고 했다. 혼자 마시기에 꽤 큰 양이었다. 그런데 몽키 바나나도 사 먹으란다. 노인의 요구를 들어주고 싶었지만, 나의 장 상태가 허락하지 않았다. 노인 셋이 운영하는 소박하고 작은 과일가게, 욕심 없이 몸을 부리며 건강을 유지한다는 의미에서 용돈벌이 정도야 될지 싶은 소박한 생각이 스쳤다. 나이 먹으면 나도 그러고 싶다는 생각도 함께.

세기의 담판이 이루어졌던 센토사 섬

아침은 낮에 비해 움직일 만한 기온으로 날도 맑았다. 차이나타운에서 두 정거장인 하버프런트 역으로 향했다. 트럼프와 김정은의 세기적 담판이 열렸고 또 결렬됐던 센토사 섬으로 가기 위해서다.

하버프런트 역과 연결된 비보 시티 몰(Vivo City Mall)은 토요일 아침을 맞아 많은 사람으로 북적였다. 그들을 따라 나도 지하 음식점 코너에서 늦은 아침을 먹었다. 사실 아침 겸 점심이었다.

메뉴는 튀긴 생선과 두부 채소가 있으며 자극적이지 않고 입에 거부감 없는 따스한 국물의 담백한 맛이 일품인 직접 만든 쌀국수였다.

우리에게도 익숙한 커피 빈에서 아메리카노 한잔 마시며 사람들 생활 모습을 보이는 그대로 또 다가오는 느낌대로 생각해 봤다. 표정과 의상, 생긴 모습은 영락없는 우리의 모습이었다. 그렇지만 무언가 다른 분위기, 생활의 윤택함으로 설명하기에는 어딘지 부족한 난 서두르지 않는 저들의 여유로운 행동에서 이어지는 잔잔한 정서로 이해하기로 했다.

거대한 크리스마스로 장식한 몰 밖은 야자수 사이 뜨겁고 강렬한 햇볕이 내리쬐고 있었다. 딱 내가 좋아하는 분위기였다. 생명력이 강하게 느껴지니 말이다. 못 말리는 열대지역 사랑이다.

센토사행 모노레일을 타기 위해 비보 시티 3층으로 올랐다. 별도의 티켓 구매 없이 첫날 사뒀던 투어리스트 카드로 탈 수 있었다.

비보시티 역에서 한 정거장에 있는 리조트 월드(Resort World)역에 내리니 곧바로 유니버설 스튜디오로 이어졌다.

주말임에도 생각보다 사람은 많지 않았다. 이곳을 찾는 사람의 대부분은 여행자이기 때문일 것으로 생각됐다.

난 사실 어드벤처나 유니버설 스튜디오 같은 인위적인 문화에 별 관심이 없는 편이다. 하지만 여행은 경험 아니던가. 체험적 경험도 있지만 시각적 경험도 있으니 천천히 돌아보며 시각적 체험을 했다. 바다를 건너는 케이블카와 바다 위의 호화 크루즈선, 하버프런트와 센토사를 연결하고 있는 다리들이 눈 안에 들어왔다.

바닷가로 나가는 길에 있는 한국 음식점 거리인 인사동 코리아 타운(Korea Town)은 한 겨울이었다. 팬데믹 여파 때문일 것으로 여겨졌다. 단체여행자들이 몰려들어야 할 텐데 다니면서 한국어를 들어보지 못했으며 한국 음식을 찾는 대부분은 한국인일 텐데 문을 닫았다는 것은 그만큼 한국인이 없다는 뜻 아니겠나.

다시 모노레일에 올랐다. 탄중 비치에 가기 위해서다. 리조트 월드 역에서 임비치 역을 지나 종착지인 비치 역에서 내렸다. 그곳에 탄중 비치로 가는 셔틀버스가 날 기다리고 있었다.

느릿느릿 팔라원 비치를 지나 탄중 비치에 도착했다. 바다 위에는 상선(商船)들이 있었고 그 거대한 인위적인 모습과는 별개로 바닷가엔 크고 작은 야자수에 희고 고운 모래사장, 열대 수와 작은 섬 두 개가 어우러져 아름다운 해변 풍경을 연출하고 있었다. 해수욕을 즐기는 사람들도 많지 않아 쾌적한 느낌이었다. 습기를 머금은 바닷바람은 비릿했지만, 숲에서 풍기는 상큼한 내음은 코를 자극하며 휴식의 기분을 상승시켰다.

물이 무서운, 그래서 해수욕을 싫어하니 난 해수욕하는 사람들의 모습을 담으며 무아지경의 휴식을 즐겼다. 옆에서 떠들며 공놀이하는 한 무리의 싱가포르 젊은이들까지 아우르며.

잠시 후 맑던 하늘에 구름이 몰려오더니 이내 비를 뿌리기 시작했다. 그에 아랑곳하지 않는 해변 사람들, 어쩌면 오히려 비를 즐길 수도 있겠다 싶었다. 나처럼 바지에 티셔츠 차림이 아닌 비키니에 수영복이니 말이다. 하지만 나 또한 반겼다. 지붕이 있는 벤치에 앉아 있으니 비 오는 해변의 운치가 나쁘지 않았다.

개 한 마리가 수영하고 있었다. 낮은 곳에서 바다를 향해 걸어가 수영하는가 싶더니 해변으로 나와 모래사장에 나뒹굴었다. 그러고는 몸을 털고는 다시 바다로.

계속 반복되는 개의 모습에 '그래도 넌 나보다 낫구나. 난 물이 무서워 바다에 뛰어들 엄두도 못 내고 있잖니' 하는 생각에 피식 웃음이 나왔다.

겨울, 그러니까 우기 센토사 섬의 가랑비를 맞았다. 팔라원 비치까지 이어지는 도보에 지붕이 설치되었기에 맞을 만했다. 아니 오히려 흐릿한 분위기로 운치 있는 걷기였다. 촉촉이 젖은 길가 화초의 영롱한 방울이 그랬고 몽환적 모습의 바다가 그랬다.

팔라원 비치는 탄중 비치와 같은 듯 다른 모습이었다. 탄중 비치는 조용하고 사람들도 많지 않았지만, 팔라원 비치는 많은 젊은이들이 해변 놀이를 즐겼고 행사가 진행되며 떠들썩했다.

작은 섬으로 연결된 출렁다리는 그야말로 짜릿한 흔들거림을 줬고 섬 전망 포인트 아래 센토사 섬이 한눈에 보이는 바다 위 삼삼오오, 형형색색 카누를 즐기는 사람들의 힘찬 구령 소리는 바다에 스며들고 있었다.

걷기 딱 좋은 날씨에 아름다운 해변을 느끼기에는 걷는 게 최고 일지

싶어 시솔로 비치(Sisolo Bich)까지 계속 걸었다.

모로레일 비치스테이션 너머의 시솔로 비치는 탄중 비치나 팔라원 비치와는 또 다른 모습이었는데 크지 않은 해변에 해수욕을 즐기는 사람들도 많았고 각종 음식점과 즐길 거리와 볼거리 그리고 음악이 흘러 한여름 바캉스 모습을 보는 듯했다. 같은 섬, 같은 해변, 또 다른 얼굴의 해변이었다.

센토사는 싱가포르의 역동성과 경제적 위치가 어느 정도인지 알 수 있으며 고즈넉함과 조용함을 느낄 수 있는 아름다운 해변과 트레일 코스까지 갖춘 섬이었다. 사람들도 북적이지 않고 시끄러움도 없으며 반려견과 함께 산책을 즐기는 사람들의 모습이 매우 인상적인 섬이었다. (비수기인 우기였기는 하지만)

무역이 발달한 국가답게 바다 위 크고 작은 상선들의 모습도 무척 인상적이었는데 다시 찾고 싶은 섬 중의 하나임에는 분명했다.

압도적인 야경과
추억의 도시국가 싱가포르

마리나 베이는 싱가포르에서도 야경으로 유명한 도시다. 그런 야경을 보기 위해 마리나 베이 센즈로 향했다. 불가능을 가능하게 한 건축으로 유명한 마리나 베이 센드 호텔이 있는 곳이다. 마리나 베이 센드 쇼핑센터는 MRT 마리나 베이 역에서 곧바로 연결됐다.

마리나 베이 센드 쇼핑센터는 말 그대로 인산인해였다. 주말이기도 하려니와 크리스마스 시즌 초기이기 때문이었다.

화려한 크리스마스 장식이 각층 계단과 로비에 가득했고 다양한 색과 형태의 조명을 반짝이며 유명 아티스트의 공연장을 방불케 했다.

하버 프런트의 비보 시티 몰은 각층 출입구에만 대형 트리를 설치했는데 난 그곳의 트리를 보면서도 트리 장식에 꽤 신경 쓴 느낌을 받았다. 그러나 마리나 베이 센즈 쇼핑센터는 규모와 화려함에서 그 차원이 달랐다.

 진열 상품 디스플레이와 입점 브랜드도 큰 차이가 있었다. 비보 시티 몰은 일반인들이 접할 수 있는 중저가 상품이 대부분이지만 마리나 베이 센즈 쇼핑센터는 대부분 유명 브랜드였다. 대형 쇼핑센터에 구름 같은 인파라는 점에서는 같았지만, 서민적인 느낌과 귀족적인 느낌이랄까 보지 않았으면 그 확연한 차이를 알지 못했을 거였다. 그냥 보는 것에 만족하고 즐기면 될 일인데 왠지 모를 불편함이 느껴졌다. 중산층 소시민인 내 자격지심의 발로임이 분명했다. 하긴 싱가포르 1인당 국민 총생산이 우리의 두 배인 64,000 $이니 명품관이 성업할 수 있는 것을 이해 못 할 바는 아니었다.

 마리나 베이 센즈 쇼핑센터를 나와 바라보는 싱가포르강과 바다가 만나는 호수 건너 고층 빌딩이 빼곡히 들어서 있는 모습은 마치 내가 우주도시에 서 있는 것 같은 착각에 빠질 정도로 비현실적인 모습에 해는 서쪽으로 기울고 있었다.

 구름에 그 빛이 살짝 가린 채 빌딩과 빌딩 사이로 더욱 도드라지며 거대한 빌딩 숲과 만나 몽환적인 느낌을 줬다. 형언할 수 없이 분출하는 감성을 전율하듯 받으며 난 아트 사이언스 뮤지엄(Art Sience Musium)과 헬스 브리지 아래를 지나 가든스 바이 더 베이(Gardens Buy the bay)로 향했다.

 분명 야경은 낮의 그것과는 느낌이 다를 터다. 빛이라는 시각적 효과는 자연의 빛, 즉 태양과는 받아들이는 감성적 차이가 있기 때문이다.

태양은 생명의 근원이기에 살아 숨 쉬는 공기처럼 그 중요성과 가치를 생각하지 않지만, 인공의 빛은 어둠을 밝힌다는 가치가 존재하기에 마음을 끌 수밖에 없다. 하물며 각양각색의 화려한 빛이라면 더욱 빠져들 수밖에 없을 것이다. 그러니 세계적으로 유명한 야경을 지닌 마리나 베이에 많은 사람이 모여드는 것은 당연했다.

마리나 베이 센즈 몰에 쇼핑을 즐기는 사람도 많았지만 가든스 바이 더 베이도 수많은 사람으로 북적였다.

세계 곳곳의 수목을 심어 놓은 플라워 돔(Flower Dom)과 클라우드 포레스트 돔 주변의 조명을 따라가다 보니 푸른색, 순홍색, 민트색 등 밀려드는 아름다운 조명 옷을 입은 조형물들이 눈에 들어왔다. 그 이름도 찬란한 슈퍼 트리 글로브(Super tree glove)였다. 음악과 조명 사람들의 환호 크리스마스 장식까지 환상적 빛의 향연이 펼쳐졌다. 열대 정원 사이로 얼굴을 드러낸 여러 개의 슈퍼 트리 글로브 사이로 마리나 베이 센즈 호텔의 웅장한 야경까지 더 해 지구가 아닌 외계 행성과 같은 느낌이 들 정도로 화려하고 아름다운 야경이었다.

12년 전 우리 가족도 마리나 베이 센드 야경을 바라보면서 환상의 기분에 젖었었지만, 이런 야경은 보지 못했었다. 2019년 개장했다고 하니 당연했다. 우리 가족과 함께였더라면 하는 아쉬움이 남았고 왜 싱가포르가 밤의 도시라 하는지의 물음에 마리나 베이 센드에서 슈퍼 트리로 이어지는 아름답고 환상적인 야경은 단호하게 답했다. '빛의 강력한 예술'

딸아이와의 추억이 소환된 시간, 멀라이언 파크

　스콜이 지나갔는지 거리는 빗물로 가득 고여있었고 MRT 리플렉스 역을 나오니 숲의 한가운데였다. 거대한 빌딩 숲, 그 위압감으로 단번에 기가 죽었다. 그나마 고층 빌딩 숲 앞과 거리에 세워진 각종 조형물이 중압감과 답답함을 다소 완화시켰다.

　빌딩 숲을 뒤로하고 싱가포르강 방향으로 100m 정도 왼쪽으로 플러턴 호텔이 눈에 들어왔다. 호텔은 고풍스러운 외관에 기품이 넘치는 내부로 매우 고급스러웠다. 그 분위기에 또다시 기가 눌린 난 사진 찍을 엄두조차 나지 않았다.

　지하층으로 내려가는 계단에서 웨딩 촬영하는 젊은 남녀 사이를 지나 행사에 초대받지 않은 손님의 마음으로 서둘러 나왔다. 마음은 고급스럽고 고풍스러운 호텔 분위기를 만끽하고 싶었지만 말이다.

　호텔 지하 출구에 있는 에스컬레이터를 타고 따라가니 멀라이언 파크(Merlion Park)가 나왔다. 오전임에도 멀라이언 주변은 싱가포르를 상징하는 조형물답게 많은 사람이 운집해 있었고 멀라이언은 마치 사람들의 시선이라도 의식한 듯 물고기의 몸에 사자의 머리를 하고 시원한 물을 뿜어냈는데 사람들은 그런 멀라이언의 모습을 담느라 여념이 없었다.

딸아이가 또 소환됐다. 갓 걸음마를 배워 아장아장 걸으며 멀라이언을 보고는 손뼉 치고 좋아했던 12년 전 나의 외동딸 모습이 하얀 멀라이언의 모습 앞에 나타난 것이다.

그 시절 아이의 해맑은 모습에 얼마나 행복했는지 오랜 시간이 흘렀지만 귀엽고 천진했던 아이는 내 눈앞의 현실처럼 느껴졌다.

잠시 가족에 대한 그리움에 빠질 즈음 뜨거운 태양에 벌겋게 달아오른 나의 몸은 이제 그늘로 가라 재촉해 서둘러 그곳을 빠져나왔다.

낮의 풍경은 어제의 그 야경과는 완전히 달랐다. 거대한 건물과 조형물이 즐비했음에도 밤에는 화려한 빛으로 거대함을 환상으로 바꿔 놓았지만, 낮은 원래 본연의 모습을 잃지 않고 웅장함이 느껴졌다. 난 그 웅장하고 거대한 빌딩군을 뒤로하고 에스플러네이드(Esplanade) 다리로 향했다. 곧 나의 시선은 다리의 끝 하늘과 닿은 곳에 멈췄고 이어 독특한 건물 지붕이 눈에 들어왔다. 바로 두리안을 형상화한 지붕이었다. '두리안을 건축에 응용하다니!' 동남아 국가다운 발상과 독창성, 독특함이 느껴졌다.

에스플레너이드 다리를 다시 건너, 보키트로 가는 길에는 아침부터 무덥고 습한 공기가 밀려왔다. 정말 끈적이고 더운 날씨였다. 그런데 그런 날씨에도 뛰는 사람이 있었다. 그 모습을 바라보는 내가 숨이 막힐 지경이었다. '헉! 이런 날씨에'

나의 소심함은 올 때처럼 시원한 호텔 지하 에스컬레이터를 오르게 하지 못하게 했다. '초대받지 못한 자.' 해서 뜨거운 용광로 길을 걷고

플러턴 호텔과 고층빌딩

길을 건너, 보키트로 향했다.

보키트는 싱가포르강을 따라 교역이 시작된 역사적 지점이라고 한다. 플러턴 호텔 옆을 지나자 하얀 철교가 눈에 잡혔다. 흰 철교는 푸른 나무, 구름 낀 하늘, 주변의 건물과 어울리며 순백의 조형이 더욱 두드러졌다.

다리를 뒤로하고 싱가포르강을 따라 걸으니 흰 벽에 주황색 지붕으로 된 건물들이 강을 따라 마치 의장대가 도열한 듯 서 있었다. 보키트였다. 건물과 나무, 강 사이로 음식점이 즐비했고 아시아의 모든 음식이 다 모여 있었다.

오전 11시, 점원들은 점심 준비에 여념이 없었다. 주변의 아기자기한 풍경과 레스토랑을 보니 야경을 바라보며 시원한 맥주를 곁들인 저녁 식사는 참으로 근사할지 싶었다. 가족과 함께라면 더욱더. 하지만 더위에 지친 몸으로 햇살을 받는 자리에 앉아 점심을 한다는 것이 그리 내키지 않았기에 시원한 에어컨에 느긋한 점심과 커피 한 잔의 여유를 즐기기 위해 하버프런트로 향했다.

노인들의 여유로움이 부러운 차이나타운

차이나타운은 중국인들이 모여 형성한 거리답게 거리는 온통 붉은 깃발에 붉은 간판 심지어 등까지도 붉은 가운데 부처님의 치아가 보관되어 있다는 불아사는 문이 닫힌 채 사천왕이 양옆을 지키고 있었다. 절 안의 모습이 궁금했지만 아쉬움은 차이나타운 콤플렉스 광장에서 무도회를 보는 것으로 대신했다.

이들이 무도를 즐기는 모습은 각국의 차이나타운이나 중국을 여행할 때 흔히 볼 수 있었던 모습으로 정서상 우리의 민요에 맞춰 추는 이른바 '덩더쿵 춤'과 같은 것이 아닌가 싶었다.

나이도 잊고 유연한 몸동작을 자랑하는 노년의 삶이 부러웠다. 대중, 다시 말해 공원의 많은 사람이 보는 앞에서 아무 거리낌 없이 인생을 즐긴다는 건 나 같은 소심한 사람은 꿈도 못 꿀 일이다.

사람들이 드나드는 모퉁이에서 시선을 의식하지 않고 인물 수묵화를 그리는 노인도 부러울 따름이었다.

스리 마리암만 사원은 공사 중으로 사원의 탑은 두루마리를 입고 철제 구조물의 도움을 받는 중이었다. 그런 어수선한 가운데서도 힌두인들은 신께 경배를 드리고 있었다. 이곳 차이나타운에서 힌두사원이 있다는 것이 궁금해서 그 이유를 찾아봤다. 그러니까 전에는 인도인들이 살았었고 중국인들이 하나둘씩 들어와 자리를 잡으면서 인도인들은 지금의 리틀 인디아 지역으로 자리를 옮겼다고 한다. 즉 원래부터 터를 잡고 살았던 인도인들은 중국인들에게 자리를 빼앗긴 것이다. 중국인들의 대단한 생활력을 느끼지 않을 수 없었다. 세계 곳곳에 터를 잡고 그들만의 타운을 이루며 공생한다는 것은 작은 나라에 계층 간 세대 간 지역으로 나뉘어 다투고 반목하는 우리가 배워야 할 점이 아닌가 싶었다. 말레이계와 인도계가 60% 이상을 차지하는 다민족 국가인 싱가포르와 말레이시아에서 거의 모든 경제를 중국인이 거머쥐고 있다는 것은 결코 우연은 아닐 것이다. 활활 타오르는 열정과 어떤 어려움도 굴하지 않는 근면성 그리고 창의력을 지닌 우리지만 중국인의 민족 우선 공존 사상은 꼭 배워야 한다는 생각이 들었다.

주거지 탐방의
잔잔한 즐거움

복잡한 도심 사람들이 복잡하게 바삐 움직이는 모습에서 벗어나 조용한 곳을 느끼고 싶었다. 그래서 찾아간 곳이 띠옹 바루와 티나 메라다.

차이나타운에서 그리 멀지 않은 띠옹 바루 거리 곳곳의 거대한 가로수는 줄지어 서 있으며 큰 그늘을 만들었다. 열대 국가인 만큼 겨울잠이 필요 없는 식생 환경으로 웬만한 가로수는 우리의 수백 년 된 정도의 크기만 했다. 거대한 나무 기둥에서 뻗은 가지 형태는 시각적으로도 짜임새와 균형이 잡혀있어 조화미를 느끼게 했는데 가로수를 보는 것만으로도 여행을 만끽할 정도로 수려했다.

거리는 깨끗했고 차량은 많지 않았으며 큰 나무와 나무 사이 아래 화려한 원색의 꽃들이 피어 있는 곳에는 크고 작은 콘도미니엄(아파트)이 들어서 있어 띠옹 바루가 싱가포르의 전형적인 주거지임을 말했다.

노인들이 산책하는 모습도 심심치 않게 볼 수 있었고 반려견을 끌고 공원을 산책하는 서양인들도 종종 눈에 띄었다. 콘도 입구의 작은 식당과 상점에서 삼삼오오 앉아 음식을 나누며 이야기하는 사람들의 모습에서 여유로운 평화의 일상을 느끼게도 했는데 그런 모습에서 그야말로 주거지로 최적의 환경이 아닐까도 싶었다. 그래서인지 문득 한 달 임대료나 주택 가격은 얼마 정도 하는지 궁금했다. 사실 난 우리 딸 유학지로 싱가포르도 생각했었지만, 비싼 학비와 주거비 부담이 커서 싱가포르를 제외했었다. 한 달 정도 살아볼까, 하는 마음이 일렁거렸다.

현재는 그 어디에서도 과거의 모습을 찾아볼 수 없는 쾌적한 주거지지만 띠옹 바르는 역사의 고비마다 묘지나 거주지와 피난처 등으로 모습을 달리해 왔다고 한다.

이름도 중국 이민 1세대 선구자들의 이름을 딴 것이라고 하는데 현대식이고 쾌적한 주거 환경을 바라보면서 중국인들의 개척정신과 도전정신을 느낄 수 있었다.

삶에 대한 애착과 남다른 생활력은 환경의 열악함쯤은 얼마든지 극복할 수 있으며 그 땀의 결실로 조용하고 평화로움이 광활하게 펼쳐진 곳에서 후손들이 살아갈 수 있는 것 아니던가. 우리가 그런 것처럼.

공원이 앞에 있는 홀스 슈 블럭은 근대 문화유산으로 지정된 곳이라 한다. 건물 전체의 모습이 말발굽 같다는데 눈높이에서 본 모습, 즉 평원법 시각으로 바라볼 때 말발굽 모양은 찾기 어려웠다. 분위기는 조용했으며 앞의 공원은 그야말로 텅 빈 상태로 간간이 고양이만 오갈 뿐이었다.

홀스 슈 블록의 건물 형태는 곁에서 볼 때는 마치 경기장의 담 같았다.

띠옹바루의 주택

창문이나 출입문이 없었다면 딱 경기장으로 착각하기 쉬운 모습이었는데 건물 가까이 다가가니 사람들이 살고 있었다.

건물 안으로 들어가 봤다. 안에는 타원형 모양으로 또 다른 생활공간이었다. 위에서 보면 이름 그대로 말발굽 모양일 것 같기도 했다.

건물을 돌아 나오는데 한 개의 팻말이 보였다. 헤리티지 트레일이었다. 그만큼 역사적으로 유산적 가치가 높다는 의미다. 여유가 있다면 헤리티지 트레일을 돌아 나오는 것도 좋을 듯싶었다.

베독 타운(Bedok Town)이라는 작은 동네는 티나 메라 역에서 20분 정도의 거리였는데 티옹 바루와는 분위기가 달랐다. 티옹 바루는 사람들의 왕래와 차량이 일정했으며 고층 아파트와 다양한 샵도 볼 수 있었지만 타나 메라는 티옹 바루에 비해 더 고즈넉하고 조용했다.

역 주변에서 흔히 볼 수 있는 쇼핑센터는 물론 그 어떤 상점도 볼 수 없는 그야말로 완전한 주거지로 우리가 아파트라 부르는 콘도도 단층이었고 고급 주택과 타운하우스가 많았다. 동네 골목마다 작은 공원과 어린이 놀이 기구와 노인용 운동기구가 있었으며 주택단지를 이어주는 작은 도로는 간간이 애견을 데리고 산책하는 사람들이 보였다.

주택의 담장과 공원에는 능소화가 만발해 있었는데 여름꽃 능소화는 내가 무척 좋아하는 꽃이다. 그래서였을까. 풍요로움과 예쁜 화장을 한 여인처럼 잘 가꾸어진 정원이라는 느낌이 크게 다가왔다.

두 마을 방문은 그리 긴 시간은 아닐지언정 이국적 분위기를 여과 없이 느낌 그대로 담아낼 수 있었다는 뿌듯함이 깃든 시간이었다. 단순한 호기심을 넘어 여행의 감성 한복판에 서 있다는 느낌이 꽉 찬 시간이기도 했다.

　무릇 여행은 시각과 감각이 함께여야 한다. 그리고 그 감각의 주제가 꼭 생활 깊숙한 것일 필요는 없다. 그림을 그린 화가의 감성과 개성과는 별개로 감상자의 해석 여지가 있듯이 여행도 그런 것이다. 그들의 생활의 진풍경과는 별도로 골목을 거닐며 보이는 그대로의 느낌과 감성을 받아들이는 것이 여행의 순기능 중 하나가 아니겠는가. 그런 시간을 오롯이 담은 주거지 탐방이었다.

혼자 동남아 오지를 다니는 동안 가족에 대한 사랑,

지난 나의 삶,

현재의 위치 등 많은 생각이 함께했다.

그래서 여행기라기 보다는 여행 자서전에 가깝다.